W0235679

Salomon Korn
Geteilte Erinnerung

Köpfe der Republik

Salomon Korn

Geteilte Erinnerung
Beiträge zur ›deutsch-jüdischen‹ Gegenwart

Mit einem Geleitwort von Marcel Reich-Ranicki

PHILO

©1999 Philo Verlagsgesellschaft mbH. Berlin

Alle Rechte vorbehalten.

Ohne ausdrückliche Genehmigung des Verlages ist es nicht gestattet, Teile des Werkes
auf fotomechanischem Wege (Fotokopie, Mikrokopie) zu vervielfältigen.

Umschlaggestaltung: Gunter Rambow, Frankfurt/Main

Satz: Sven Jahn, Frankfurt/Main

Druck und Bindung: SDV Saarbrücker Druckerei u. Verlag GmbH, Saarbücken

Printed in Germany

ISBN 3-8257-0141-7

Inhalt

III. Jüdisches Leben in Deutschland

Geleitwort
Marcel Reich-Ranicki

Der heute leider fast vergessene Literaturkritiker Moritz Heimann, der von 1868 bis 1925 lebte und rund dreissig Jahre als Lektor im S. Fischer Verlag arbeitete, war ein preussischer, ein märkischer Jude, einer, der gern und auffallend häufig betonte, er sei beides zugleich: ein Deutscher und ein Jude. In diesem Dualismus sah er weder etwas Ungewöhnliches noch gar einen Widerspruch. Er erläuterte ihn mit einem Vergleich: »Es ist nichts Unnatürliches darin« – schrieb er –, »seine Bahn mit zwei Mittelpunkten zu laufen, einige Kometen tun es und die Planeten alle.«

Dieser schöne Ausspruch stammt aus dem Jahre 1917 und war schon damals, fürchte ich, auf betrübliche Weise weltfremd. Es ist eine alte Geschichte, doch bleibt sie immer neu: Die 1812 in Preussen verfügte Emanzipation der Juden war nicht mehr und nicht weniger als eine behördliche Verfügung, als ein Verwaltungsakt, der gegen den Willen oder zumindest ohne Zustimmung des deutschen Volkes erlassen wurde. Man hatte also den Juden die bürgerliche Gleichberechtigung offiziell und formal zugebilligt – und sie in Wirklichkeit beinahe immer verweigert. Mit anderen Worten: Die Juden wurden in Deutschland (in Österreich war es sehr ähnlich gewesen) anerkannt und zugleich diskriminiert.

Viele von ihnen versuchten die tatsächliche Emanzipation durch außergewöhnliche geistige oder künstlerische Leistungen zu erlangen oder gar zu erzwingen. Wie Moritz Heimann wollten sie Deutsche und Juden zugleich sein, sie glaubten allen Ernstes an jene Bahn mit zwei Mittelpunkten. 1933 brach ihre Welt, die ohnehin auf Sand gebaut war und auf Illusionen beruhte, zusammen.

Nach 1945 kamen wieder Juden nach Deutschland, aber es waren meist nicht etwa heimkehrende Emigranten, sondern Juden aus osteuropäischen Staaten, vor allem aus Polen, Ungarn, Rumänien und der Tschechoslowakei. Die meisten von ihnen hätten Heimanns Bild von den zwei nebeneinander existierenden Mittelpunkten, sollten sie es überhaupt verstehen, sofort und entschieden verworfen. Denn in ihrem Dasein gab es nur einen Mittelpunkt – den jüdischen.

Ihren Aufenthalt in der Bundesrepublik empfanden sie als provisorisch, an deutscher Kultur waren sie in der Regel nicht interessiert. Als ich in den sechziger Jahren in Wien vor eincm jüdischen Publikum einen Vortrag über Fragen der deutschen Literatur hielt, machte mich der aus Berlin stammende, hochgebildete Botschafter des Staates Israel hinter vorgehaltener Hand darauf aufmerksam, daß von ihm abgesehen kein einziger der Anwesenden die von mir erwähnten Namen Kleist, Fontane oder Rilke je gehört hätte. So wurde damals in der Regel über die Probleme der Juden gesprochen: hinter vorgehaltener Hand.

Viele Jahre später, es muss wohl 1986 oder 1987 gewesen sein, hat unser Fernsehen einen informierenden und kommentierenden Film über Juden in Deutschland geboten. Die Grundstimmung wich von den in jenen Jahren üblichen Dokumentationen über das nach wie vor als heikel empfunden Thema nicht ab: Sie war freundlich und wohlwollend. Der Redakteur, der Autor, der Regisseur, der Kameramann – sie alle gaben sich Mühe, nur ja nicht aus der Reihe zu tanzen. Sie wollten es allen recht machen. Allen? Auch den deutschen, den nichtjüdischen Zuschauern?

Einer fiel aus dem Rahmen, ein Kommentator, der offensichtlich die feste Absicht hatte, sich keineswegs an der leider bisweilen üblichen und natürlich stets gut gemeinten Heuchelei zu beteiligen. Es war Salomon Korn, den ich damals noch nicht kannte. Er stellte sich – das spürte man sofort – mit seiner ganzen Persönlichkeit dem Judentum, und er bekannte sich eindeutig zur jüdischen Gemeinschaft.

Aber vom Problematischen der deutsch-jüdischen Beziehungen sprach er offen. Die meisten in der Bundesrepublik wohnhaften Juden seien – erinnerte er – aus den osteuropäischen Ländern nur mit leichtem Gepäck gekommen. Sie dachten nicht daran, in Deutschland zu bleiben, vielmehr wollten sie hier Geld verdienen, um weiterwandern zu können – nach Israel, in die Vereinigten Staaten oder nach Australien. Doch mit der Zeit seien ihre Reisekoffer grösser und schwerer geworden und ihre Wohnungen geräumiger und besser ausgestattet. Schließlich, sagte Korn, seien diese Juden unentschieden gewesen, ob sie, wie ursprünglich geplant, emigrieren oder vielleicht doch hierbleiben sollten.

Seine Ausführungen entsprachen dem Sachverhalt. Und jedem seiner Sätze war zu entnehmen, daß er die Situation, die er erklärte, genau kannte. Denn sein eigenes Lebensgefühl sei – sagte er später – im Land der ehemaligen Täter jahrzehntelang vom Bewußtsein getragen und gekennzeichnet gewesen, in Deutschland, ähnlich wie Tausende anderer Juden, nur im Transit zu leben. Er verheimlichte nicht, daß ihm dies keineswegs normal schien. In den neunziger Jahren, in denen sich Korns Publizistik in jeder Hinsicht entwickelte, tauchten in seinen Darlegungen die Worte »normal« und »Normalität«, stets in Anführungszeichen, immer häufiger auf – und sie betrafen nichts anderes als die fehlende Normalität in den Beziehungen zwischen den Juden und den Nichtjuden in diesem Land.

So wurde Korn zu einem Sprecher der Juden, der, oft von Aktuellem ausgehend und das Aktuelle kommentierend, niemals das Prinzipielle und das Fundamentale aus dem Auge verliert. Sein Judentum ist in hohem Maße der Tradition verpflichtet, doch will es von Schwärmerei und von mystischer Ekstase nichts wissen. Korns unermüdliches Engagement ist oft emotional gefärbt, ohne sich je vom Emotionalen hinreissen zu lassen. Im Gegenteil: Seine Leidenschaftlichkeit ist skeptisch, ja luzid. In jeder seiner Arbeiten ist das den Juden nicht zu Unrecht oft nachgerühmte Vertrauen zur Logik und zur Vernunft unverkennbar – genauer: zur ethischen Macht der Vernunft.

Die jüdischen Intellektuellen waren hierzulande oft ein irritierendes und provozierendes Element. War das für Deutschland schlecht oder vielleicht eher gut? Thomas Mann sagte 1937, der Jude bilde mit »seiner Leidenserfahrung, seiner geprüften Geistigkeit und ironischen Vernunft ein heimliches Korrektiv unserer Leidenschaften«. In der Tat wurden die Juden in dieser Eigenschaft – als ständiges Ferment – am meisten benötigt und bestimmt am wenigsten geliebt.

Diese geprüfte Geistigkeit, diese ironische Vernunft – sind sie jetzt überflüssig? Kann es sich Deutschland leisten, auf dieses heimliche Korrektiv zu verzichten? Ich frage, aber es ist nicht meine Sache, zu antworten. Im August 1999 sagte Korn in einem Interview: »Wir befinden uns zur Zeit in einem historischen Prozess, der vom Juden in Deutschland über den deutschen Juden hin zum jüdischen Deutschen führen wird.« Dies ist die Aufgabe, der Salomon Korns Tätigkeit gilt, zumal seine publizistische Arbeit.

Einführung

Bis Ende der siebziger Jahre stand für mich nicht endgültig fest, ob ich dauerhaft in Deutschland bleiben würde. Meine Familie stammt väterlicherseits aus Polen, wohin sie nach der spanischen Inquisition eingewandert war, mütterlicherseits ebenfalls aus Polen mit Wurzeln in Rußland. Unter dem weitgespannten Bogen unserer Familiengeschichte betrachtet, hätte Deutschland nur Durchgangsstation einer langen, immer noch nicht beendeten Wanderschaft sein können. Erst nachdem ich 1980 den Architektenwettbewerb für das Jüdische Gemeindezentrum Frankfurt am Main gewonnen hatte, setzte während dessen Realisierung ein allmählicher Bewußtseinswandel ein.

Seit 1973 habe ich mich wissenschaftlich mit dem Synagogenbau in Deutschland beschäftigt und dabei die Geschichte der deutschen Juden näher kennengelernt. Ausschlaggebend für mein Interesse an diesem Thema war zum einen der Wunsch, die Wurzeln meines Berufes im Zusammenhang mit dem Judentum zu erforschen, zum anderen, etwas über die jüdische Geschichte des Landes zu erfahren, in dem meine Familie zu jener Zeit 25 Jahre lebte. So wurde mir allmählich eine Geschichte vertraut, die nicht die meine war. Damals erkannte ich, daß die langen Schatten des nationalsozialistischen Massenmordes an den Juden nicht nur in unsere Gegenwart hineinfielen, sondern von unserem Bewußtsein auch in die deutsch-jüdische Vergangenheit zurückprojiziert wurden. Sie verdunkelten eine jahrtausendealte Geschichte mit Höhen und Tiefen so vollständig, daß – von ihrem Ende her betrachtet – selbst die Höhen wie Tiefen erscheinen mußten. Und was nach 1945 geschehen war, verdiente als vermeintlich vorübergehender Aufenthalt keine besondere Beachtung. Innere Distanz zum Land der ehemaligen Täter, das Bewußtsein, sich hier nur im Transit aufzuhalten, kennzeichnete über Jahrzehnte hinweg auch mein Lebensgefühl.

All diese Erfahrungen warf ich in die Waagschale, als ich daranging, ein jüdisches Gemeindezentrum für Frankfurt zu entwerfen. Mir war bewußt, daß dieser Entwurf im Spannungsfeld zwischen

Provisorium und Dauerhaftigkeit, Zerbrechlichkeit und Festigkeit, Bruch und Kontinuität liegen mußte – Erkenntnisse aus meiner Beschäftigung mit der Geschichte des Synagogenbaus in Deutschland: Keine andere Baugattung spiegelt die jeweilige gesellschaftliche Situation einer Minderheit so deutlich wider wie die religiösen und weltlichen Gemeindezentren der Juden. Das mußte in besonderem Maße für die Zeit nach 1945 in Deutschland gelten. »Der Bruch als Symbol« deutet an, was in der Abhandlung »Synagogenarchitektur in Deutschland nach 1945« und in den anderen Aufsätzen des ersten Kapitels dieses Buches behandelt wird.

Als im September 1986 das Jüdische Gemeindezentrum Frankfurt eröffnet wurde, erinnerte mich dieses Ereignis an die Wüstenwanderung der Kinder Israel: 40 Jahre hatte es gedauert, bis sie ihre provisorischen Zelte mit festen Häusern vertauschten. Viele Mitglieder der Jüdischen Gemeinde empfanden das damals ähnlich. Zum ersten Mal schloß ich nicht mehr aus, daß Frankfurt ein dauerhafter Aufenthaltsort für mich und meine Familie sein könnte. »Wer ein Haus baut, will bleiben« war der programmatische Kern meiner Ansprache anläßlich der Eröffnung des Jüdischen Gemeindezentrums. Seither haben diese Worte Eingang in zahlreiche Reden anläßlich der Eröffnung von Synagogen, jüdischen Gemeindezentren und Ausstellungen gefunden und stehen damit für Sinneswandel und Neuorientierung der heutigen Juden in Deutschland.

In der Folgezeit hat mich die Errichtung des Jüdischen Museums Berlin besonders fasziniert: hier fand ich einige meiner Gedanken zu »Architektur und Judentum« konsequent verwirklicht. In den Aufsätzen »Phantomschmerzen« und »Ein Bau wie Kain und Abel« versuche ich, mich den räumlich-plastischen Qualitäten dieses außergewöhnlichen Bauwerkes zu nähern. Am Ende des ersten Kapitels soll in Erinnerung gerufen werden, daß es in der deutschen Baugeschichte bereits vor tausend Jahren eine christlich-jüdische Symbiose gab, die diese Bezeichnung auch verdient hat. Dies war der ausschlaggebende Grund dafür, daß ich im Frühjahr 1996 dem Ruf Helmut Kohls folgte und Mitglied im Kuratorium des Dombauvereins Speyer wurde. In dieser Stadt hatten Christen und Juden im 11. Jahrhundert gemeinsam an der Errichtung von Dom, Synagoge und jüdischem Ritualbad teil, und hier verteidigte der Bischof von Speyer die Juden seiner Stadt, als 1096 marodierende Kreuzritter auf dem Weg ins Heilige Land zahlreiche jüdische Gemeinden entlang des Rheins auslöschten.

Nach Eröffnung des Jüdischen Gemeindezentrums wurde ich 1986 in den Vorstand der Jüdischen Gemeinde Frankfurt gewählt. Bis dahin hatte ich mich eher theoretisch und wissenschaftlich mit jüdischer Geschichte und jüdischem Leben in Deutschland auseinandergesetzt. Selbst während des Faßbinderkonfliktes, 1985, nahm ich noch eine distanzierte Haltung dazu ein. Mit Errichtung des Gemeindezentrums und Übernahme politischer Verantwortung im Vorstand der Jüdischen Gemeinde Frankfurt änderte sich dies während des sogenannten »Börneplatz-Konfliktes«. Bei Ausschachtungsarbeiten am Börneplatz, dem früheren Judenmarkt, im Zentrum Frankfurts, wurden im Frühjahr 1987 Fundamente und Kellerreste von 19 Häusern, darunter zwei jüdische Ritualbäder des spätmittelalterlichen Ghettos freigelegt. Der anschließende Streit, ob und in welchem Umfang die Funde erhalten bleiben oder dem an dieser Stelle geplanten Verwaltungsbau der Stadtwerke zum Opfer fallen sollten, spaltete auch die Mitgliederschaft der Jüdischen Gemeinde. Die sinnlichen Zeugen einer jahrhundertealten jüdischen Vergangenheit bedrohten gefühlsmäßig das eigene freie Schweben im vermeintlich geschichtslosen Raum; sie erzeugten seelische Berührungsängste, weil die Konfrontation mit einer, wenn auch für Juden aus Osteuropa nur vermittelten oder gar geliehenen Vergangenheit, immer auch Fragen nach der Zukunft impliziert. Zu diesem Konflikt habe ich damals mit zahlreichen Aufsätzen gegen den Bau der Stadtwerke auf dem historischen Börneplatz Stellung genommen und mich damit in eine wichtige kommunalpolitische Kontroverse öffentlich eingemischt.

Wegen seiner lokal begrenzten Bedeutung hat dieser Streit keinen Eingang in das vorliegende Buch gefunden. Er war jedoch der Beginn von immer zahlreicheren Stellungnahmen zum jüdischen Leben in Deutschland, darunter auch solchen zu Gedenktagen und Gedenkorten. Diese bilden seit über einem halben Jahrhundert Festpunkte, an denen die zweigeteilte Erinnerung von Juden und

Nichtjuden bei gemeinsamen Gedenkveranstaltungen deutlich wird. Die Traumata, die Auschwitz auf seiten der überlebenden Opfer und deren Nachkommen hinterlassen hat, sind von anderer Qualität als die der »Täternachfahren«. Überraschenderweise ist dies lange übersehen oder verdrängt worden, wie zahlreiche, geradezu befreiende Reaktionen auf den hier im zweiten Kapitel veröffentlichten Aufsatz »Die zweigeteilte und die gemeinsame Erinnerung« belegen. Unter solch ungeklärten Voraussetzungen wird gemeinsames Gedenken zur mühsamen Gratwanderung entlang des kleinsten gemeinsamen Nenners, ebenso wie die Errichtung von »angemessenen« Gedenkstätten für die Opfer des nationalsozialistischen Massenmordes im Land der ehemaligen Täter.

Seit der deutschen Vereinigung findet »Jüdisches Leben in Deutschland« unter veränderten Voraussetzungen statt. Solange Deutschland geteilt war, erblickten viele Juden im westlichen deutschen Teilstaat ein Provisorium, das ihrer eigenen Seelenlage entsprach und in dem man sich wenigstens materiell behaglich einrichten konnte. Mit dem Ende der deutschen Teilung wird eine solche Haltung und damit das bisherige Selbstverständnis der hier lebenden Juden in Frage gestellt. »Das Ende der Schonzeit«, »Heiteres Identitätenraten«, »Auf der Suche nach innerer Festigung« und die übrigen Aufsätze des dritten Kapitels beschäftigen sich mit der Zukunft jüdischen Lebens in Deutschland. Wichtige Aspekte sind dabei der politische Generationswechsel nach der Bundestagswahl 1998, der verstärkte Zuzug von Juden aus der ehemaligen Sowjetunion und die zunehmende Bedeutung der Muslime in Deutschland.

Mitte der neunziger Jahre ernannte mich der Zentralrat der Juden in Deutschland zu seinem Gedenkstättenbeauftragten. Dies hatte unter anderem zur Folge, daß mich das Innenministerium, als Beauftragte der Bundesregierung, zum Jurymitglied des 1994 ausgeschriebenen ersten Wettbewerbes um das Berliner »Denkmal für die ermordeten Juden Europas« berief. Was dann folgte, war einer der fruchtbarsten und folgereichsten Lernprozesse meines Lebens. Er begann bei der Vorbesprechung der Jurymitglieder am 21. März 1994 in der Berliner Akademie der Künste. Während der Aussprache stellte ich den Antrag, die Bezeichnung »Denkmal für die ermordeten Juden Europas« in »Mahnmal für die ermordeten Juden Europas« umzubenennen. Dies wurde abgelehnt. Von Anbeginn war es die Absicht der drei Auslober – Bund, Land Berlin und privater »Förderkreis« –, kein Denkmal für alle Opfer oder gar ein Mahnmal gegen das nationalsozialistische Jahrhundertverbrechen in seiner umfassenden Dimension zu errichten, sondern ausdrücklich das Andenken der ermordeten Juden Europas zu wahren. Genau genommen hätte die korrekte Bezeichnung »Denkmal für die von Deutschen ermordeten Juden Europas« lauten müssen, doch es ging den Initiatoren, wie die mit Bedacht gewählte Bezeichnung belegt, nicht um die Erinnerung an den von Deutschen in der Vergangenheit verübten Massenmord, sondern um das von Deutschen in der Gegenwart zu pflegende Gedenken an die jüdischen Opfer. Daß ein solch gedanklicher Ansatz im Land der ehemaligen Täter, in dem vor allem Tat und Täter im Vordergrund stehen sollten, unangemessen ist, versuche ich im vierten Kapitel »Das ›Holocaust-Mahnmal‹ in Berlin« aufzuzeigen. Ein Blick auf die Beziehung zwischen »Holocaust-Mahnmal« und nationaler deutscher Identität belegt, daß dieses nationale Monument im Herzen Berlins nicht an die deutsche Vergangenheit, sondern an die deutsche Gegenwart und Zukunft und damit an ein gebautes Symbol deutscher Geschichte zu binden wäre. Allein dadurch würde das öffentliche Bekenntnis zur Tat ebenso deutlich werden wie das Bewußtsein der kulturellen und zivilisatorischen Selbstamputation der Deutschen durch den Holocaust. Die unglaubwürdige Identifizierung mit den Opfern, deren Verlust nur dann betrauert werden könnte, wenn man ihn tatsächlich als solchen empfände, hat zu irreführenden Fragestellungen während der beiden Wettbewerbe und nach deren Entscheidung geführt. Wo die Voraussetzungen eines Wettbewerbes falsch sind, kann dessen Ergebnis nicht richtig sein.

Zu begrüßen ist, daß der Deutsche Bundestag mit seiner am 25. Juni 1999 getroffenen Entscheidung ein »Holocaust-Denkmal« in der deutschen Hauptstadt zu errichten, dem umstrittenen nationalen Monument die Legitimation des deutschen Volkes erteilt hat. Weil diese Entscheidung nur die jüdischen Opfer betrifft und damit eine Hierarchisierung der Opfergruppen festgeschrieben wurde, wird die Debatte durch berechtigte Forderungen anderer Opfergruppen weitergehen. Meinen diesbezüglichen Empfehlungen vor dem Kulturausschuß des Bundestages im März 1999 (»Wie soll das Parlament entscheiden?«) wurde nicht gefolgt. Das war für mich nach einer mehrjährigen kontroversen Debatte keine Überraschung. Wer die kürzlich erschienene 1300 seitige Dokumentation »Der Denkmalstreit – das Denkmal?« liest und den Fortgang der Behandlung dieses Themas in den Mühlen der Bürokratie, den Ausschüssen und der Parlamente verfolgt, erkennt sehr bald, daß das Entscheidungsverfahren schon früh in den abgegrenzten Bahnen politischen Kalküls und politischer Rücksichtnahmen verlief, statt von Anbeginn einer inneren Logik der Sache zu folgen. Mit meiner Stellungnahme ging es mir vor allem darum, Alternativen aufzuzeigen und sie sowohl in den Protokollen des Bundestages als auch in der Frankfurter Allgemeinen Zeitung festzuhalten. Keiner soll später sagen, es habe sie nicht gegeben. Im Aufsatz »Durch den Reichstag geht ein Riß«, der mehrfach nachgedruckt wurde, sind solche Alternativen aufgezeigt.

Während des Gespräches zwischen Martin Walser und Ignatz Bubis im Dezember 1998, bei dem auch Frank Schirrmacher anwesend war, konnte ich aus nächster Nähe beobachten, wie zwei Männer mit unterschiedlichen, von den Verbrechen des Nationalsozialismus überschatteten Biografien um die Legitimation ihres Lebensweges und ihres Lebenswerkes ringen. Was mich nach wie vor an diesem Streit verwundert, ist, wie plötzlich er – zumindest vorläufig – beendet wurde. Die drängenden Fragen nach dem Umgang mit der Erinnerung an den Holocaust, nach ihrer Weitergabe an die nächste Generation und nach ihrer Zukunft sind aufgeworfen, Antworten darauf aber nur unvollständig gegeben worden. In den Beiträgen des letzten Kapitels versuche ich, die wesentlichen Gründe des Konfliktes zwischen Walser und Bubis zu benennen.

Der Buchtitel »Geteilte Erinnerung« verweist in seiner Doppeldeutigkeit gleichzeitig auf Trennendes und Verbindendes in der kollektiven Erinnerung von Juden und Nichtjuden in Deutschland. Das Trennende wird definiert durch die unterschiedlichen Opfer-

und Täterbiografien mit ihren jeweiligen Erfahrungen, Schicksalen, Traumata und den daraus hervorgegangenen legitimatorischen Erinnerungen. Das Verbindende betrifft vor allem den Konsens darüber, was einst Unrecht war, gleichgültig, wem es angetan wurde. Aus diesem Konsens heraus kann eine von Opfer- und »Täternachfahren« gleichermaßen zu übernehmende Verantwortung für die Zukunft erwachsen, die es dann gestattet, die zweigeteilte Erblast der Erinnerung gemeinsam zu tragen.

Salomon Korn
Frankfurt am Main, im Juli 1999

Kurz vor Fertigstellung dieses Buches erreichte mich die Nachricht vom Tode Ignatz Bubis'. Das aus diesem Anlaß von mir gegebene Interview »Normalität läßt sich nicht herbeireden« wurde in Erinnerung an diesen außergewöhnlichen Menschen als Nachtrag in den vorliegenden Band aufgenommen.

Frankfurt am Main, im August 1999

Architektur und Judentum

Der Bruch als Symbol
Zur jüdischen Baukultur in Deutschland

»In welchem Style sollen wir bauen?« zählte zu den zentralen Fragen der Baukunst im 19. Jahrhundert. Die Antwort darauf war einfach: Einem neu erwachten Nationalismus – die eigentliche Quelle dieser Fragestellung – stand im Zeitalter des baukünstlerischen Eklektizismus das gesamte Arsenal der Architekturgeschichte zur Verfügung. Daraus konnten sich alle Baugattungen, je nach angestrebter »Aussage« im öffentlichen Raum ungehemmt bedienen – auch der Synagogenbau als Baugattung einer Minderheit. Dieselbe Frage ist viel schwieriger zu beantworten, wenn sie auf jüdische Baukunst in Deutschland nach dem Holocaust zielt. Bauformen und Baustile sind heute nicht mehr einfach Träger ablesbarer Botschaften und durchaus geeignet, jegliche Aussage baukünstlerisch zu neutralisieren – ja, zu »verdrängen«. Welches also könnten die Koordinaten sein, die die Richtung zu einer möglichen Antwort weisen?

Über nahezu zwei Jahrtausende hinweg war die Synagoge zugleich sakrales und profanes Gemeindezentrum der Juden; in Deutschland reicht ihre Geschichte quellenmäßig bis ins erste Jahrtausend zurück. Dennoch war der jüdische Sakralbau für Kunst- und Baugeschichte, sofern er überhaupt zur Kenntnis genommen wurde, allenfalls ein Randphänomen. Tatsächlich hat der Synagogenbau zum Hauptstrom deutscher Baukunst keinen nennenswerten Beitrag geleistet. Die Gründe sind einsichtig: Mit dem Erstarken des Christentums zur weltlichen Ordnungsmacht begann die jahrhundertelange Unterdrückung der Juden; rigide kirchliche Einschränkungen gegen Synagogenbauten, aber auch materielle Not, genereller Zunftausschluß und somit die Unmöglichkeit, ehrbares Bauhandwerk auszuüben, haben in Deutschland die Entwicklung einer eigenständigen Synagogenarchitektur und die Ausbildung charakteristischer jüdischer Sakralstile verhindert. Aufgrund der eingeengten Entfaltungsmöglichkeiten paßten sich die Juden jahrhundertelang dem Baustil der jeweiligen Region und Epoche für ihre Kultbauten an.

Abb. 1: Wiesbaden, Synagoge. 1869. Außenansicht.
Architekt: Philipp Hoffmann.

Ein grundlegender Wandel in Stil- und Raumauffassung des Synagogenbaus vollzog sich erst Ende des 18. Jahrhunderts, als – etwa zeitgleich mit ersten Emanzipationsbestrebungen der Juden – der Architektur das breite Spektrum historisierender Baustile zur Verfügung stand. Jedem Stil kamen andere, aus abend- und morgenländischer Geschichte abgeleitete Bedeutungen und Sinngehalte zu; die Wahl eines bestimmten Baustils hatte öffentlichen Bekenntnischarakter.

Für den Synagogenbau dieser Zeit war bedeutsam, daß im sakralsten aller überkommenen Baustile, der Gotik und Neugotik, Wünsche nach nationaler Einheit und Größe im Sinne des christlich-deutschen Mittelalters zum Ausdruck kamen. Da zu jener Zeit die Lösung der »jüdischen Frage« in der Christianisierung der Juden gesehen wurde, konnte es – sofern die Betonung jüdischer Eigenständigkeit im Vordergrund stand – für den Synagogenbau durchaus bedeutsam werden, Stilelemente zu vermeiden, die einen baulich-symbolischen »Übertritt« zum Christentum assoziativ nahelegten; andererseits wollten Juden das Bekenntnis zum deutschen Vaterland, ihrem neuen Jerusalem, auch öffentlich zeigen. Für den meist christlichen Synagogenbaumeister entstand in diesem Zwiespalt das Problem, in Baugestalt und Stilwahl die schwierige optische Differenzierung zwischen »deutsch« und »christlich« vornehmen zu müssen; er sollte den jüdischen Charakter des Sakralbaus herausarbeiten, ohne zu starke Anklänge an den Kirchenbau, dennoch das deutsch-nationale (Bekenntnis-)Element betonen – eine schwierige Gratwanderung, wenn man bedenkt, daß fast immer orientalisierende Stile herangezogen werden mußten, um die Eigenständigkeit des Judentums öffentlich zu manifestieren (Abb. 1). Allerdings barg diese Verwendung neoislamischer Stilelemente die Gefahr in sich, »undeutsche« Assoziationen zu wecken und damit gesellschaftliches Außenseitertum visuell zu verstärken.

Diesem synagogalen Stilkonflikt entging zum Beispiel Gottfried Semper bei der 1840 erbauten Dresdner Synagoge durch romanisierende Gestaltung des Äußeren und orientalisierende Ausschmückung des Inneren, wobei er andeutungsweise auf Elemente der Stiftshütte und des Tempels zurückgriff (Abb. 2, 3). Dazu gehörte auch die von ihm gewählte Doppelturmfassade, die in der Folgezeit von einigen Synagogenbaumeistern als Symbol der beiden Säulen des jüdischen Tempels, Jachin und Boas, ausgegeben wurde (Wien 1858, Budapest 1859, Frankfurt am Main 1860, Pilsen 1861, Berlin 1866).

Abb. 2: Dresden, Synagoge. 1840. Südseite. Architekt: Gottfried Semper.

An der 1860 eingeweihten Hauptsynagoge in Frankfurt am Main läßt sich ablesen, wie gesellschaftliche und religiöse Spannungen zwischen christlicher Mehrheit und jüdischer Minderheit ihren baukünstlerischen Ausdruck fanden (Abb. 4). Schon das Einweihungsdatum (23. März) hatte Symbolcharakter: Es fiel auf den Frühlingsanfang und war gleichzeitig Neumondtag des jüdischen Monats Nissan, an dem die Juden aus ägyptischer Sklaverei erlöst wurden – was bedeutsam war, da die Judengasse im Volksmund »Neu-Ägypten« genannt wurde.

Aus der zeitgenössischen Berichterstattung über die Einweihung wird ersichtlich, daß die Israelitische Gemeinde mit dem Neubau das Ende des finsteren jüdischen Mittelalters und den Beginn einer helleren, neuen (Emanzipations-)Zeit markieren wollte. In der allmählich zerfallenden, düsteren Judengasse, die sinnfällig an jahrhundertelange Unterdrückung und Erniedrigung ihrer Bewohner gemahnte, »steigt jetzt ein Tempel empor, der in seinen edlen, lieblichen Formen gleichsam den Sieg einer helleren, lichteren und duldenden Zeit verkörpert (...). Ein

Abb. 3: Dresden, Synagoge. Inneres nach Osten.

reichliches Licht strömt durch die hohen Bogenfenster in den inneren Raum und trägt nicht wenig zu der herrlichen Wirkung bei«, wie das Frankfurter Konversationsblatt von 1860 hymnisch schrieb.

Abb. 4: Frankfurt a. M., Hauptsynagoge. 1860. Westseite.
Architekt: Johann Georg Kayser.

Für das äußere Erscheinungsbild der Synagoge trifft dieser harmo-
nische Eindruck nicht in gleichem Maße zu; es ist ein Stilgemisch

aus orientalisierenden Formen (arabische Minaretts, islamisch-persische und -indische Kielbögen, russische Turmhelme) und europäischen Architekturelementen (Treppengiebel deutscher Bürgerhäuser, abgestufte gotische Gewändesäulen mit Kapitellen). Die
Verwendung maurischer Stilformen deutet auf die Absicht hin, die
Erinnerung und Verbundenheit mit der aus dem Orient stammenden »alten« jüdischen Religion zu betonen, während mit den gotisierenden die »neue« Zugehörigkeit zur deutschen Nation dargestellt werden sollte.

Dieser Stileklektizismus versinnbildlicht die Versuche, durch Mischung orientalischer und abendländischer Bauformen für die in ihrer
gesellschaftlichen Stellung noch bedrohten Juden einen eigenen,
identitätsstiftenden Baustil zu finden und gleichzeitig die Zugehörigekeit zu den Deutschen zu bekennen. Der Frankfurter Hauptsynagoge wohnte, wie allen in außereuropäischen Stilen gehaltenen Synagogen, ein grundlegender Formenkonflikt inne: Der europäischen
Baugestalt waren »fremdländische« Stilelemente lediglich appliziert,
das heißt: der hier angesprochene neoislamische Stil hat nirgendwo
sichtbar sowohl Grund- und Aufriß als auch stilistisches Dekor des
Synagogengebäudes konsequent durchdrungen und zu einer Einheit
geformt. An der Nahtstelle zwischen abendländischer Bauhülle und
morgenländischen Stilelementen zeichnen sich auf architektonischer
Ebene jene feinen bis breiten Risse ab, wie sie in der gesellschaftlichen
Situation der Juden während ihres Kampfes um rechtliche, soziale
und konfessionelle Gleichstellung allenthalben zu beobachten sind.

Die bereits zu ihrer Zeit von jüdischer Seite als zwiespältig empfundene Verwendung islamisch-orientalisierender Stilelemente im
Synagogenbau veranlaßte unter anderen den königlich-hannoverschen Baurat Edwin Oppler (1831-1880), gebürtiger Jude, die Abkehr von neo-islamischen Synagogen zu fordern. Nach seiner Auffassung standen sie in keiner Beziehung zum Judentum der Neuzeit
und waren nur als »Verirrungen« zu betrachten. In Anlehnung an
die mittelalterliche Synagogenbautradition, den jeweils herrschenden Baustil zu übernehmen, bevorzugte er nach Landessitte christliche Kirchen als Synagogenvorbilder. Er wollte in »rein deutschen
Stylen« bauen, wie die Synagogen in Bleicherode, Breslau, Hameln,

Abb. 5: Hannover, Synagoge. 1870. Südseite. Architekt: Edwin Oppler.

Hannover und Schweidnitz bezeugen (Abb. 5, 6). Was in früheren Jahrhunderten beim Synagogenbau unmittelbare Entlehnung gerade vorherrschender Architekturformen gewesen war, rückte jetzt in die Nähe der Reproduktion bereits reproduzierter historisierender Baustile – Kopie der Kopie bis zur optischen Selbstverleugnung, um als Jude, nach Opplers Worten, »im Staate aufzugehen«. Allerdings sollten an die Stelle des allzu christlich-kreuzförmigen Kirchengrundrisses ein Zentralbau mit Kuppel, an die Stelle des Kreuzes auf der Kirchturmspitze der Daivdstern auf der Synagogenkuppel treten. Der vermeintlich »jüdischere« Zentralbau stand nach Opplers Ansicht nicht in der Tradition romanischer Langhauskirchen und war somit geeignet, den jüdischen Charakter der Synagogenkirchen ausreichend hervorzuheben. Den romanischen Stil zog er dem gotischen vor, weil ersterer durch seine »byzantinische Abstammung« (also doch ein bißchen Orient?) dem angeblich jüdischen Kuppelbau näher verwandt sei. Bei der intensiven Suche nach jüdischen Bauformen war es offenbar nebensächlich zu beden-

Abb. 6: Hannover, Synagoge. Inneres nach Osten.

ken, daß kuppelgedeckte Zentralbauten weder originär christliche noch jüdische Entwicklungen repräsentieren, sondern auf heidnische Herkunft verweisen, nämlich auf Tempelbauten zur zentralen Präsentation des Götzenbildes.

Im Synagogenbau ist die Kuppel auf kreisförmigem Grundriß erst seit etwa Mitte des 19. Jahrhunderts bekannt. Ihre Anwendung entsprach eher Repräsentationsbedürfnissen und optischer »Kirchenkonkurrenz« eines wirtschaftlich aufstrebenden Judentums als Anforderungen des synagogalen Ritus. Der Absolutheitsanspruch der kreisförmigen, in sich ruhenden Kuppel als Sinnbild des Himmels entspricht nicht gerade einem dem Diesseits zugewandten, weil ständig ums religiös-soziale Überleben kämpfenden Judentum und seiner (pragmatisch gewordenen) Religion. Bedenken gegen monumentale Kuppelbau-Synagogen sind auch hinsichtlich des einseitig auf ein Zentrum ausgerichteten Synagogenraumes angebracht. In Synagogen mit reformiertem Ritus, wo die Vorbeterestrade (Almemor) nicht in der Raummitte, sondern, wie in Kirchen, in der Nähe der Ostwand steht, betont die Kuppel eine leere Mitte. In Synagogen mit konservativem und orthodoxem Ritus, wo es durch die Stellung des Almemors in der Raummitte zu einer räumlichen Spannung zwischen diesem und der an der Ostwand stehenden Heiligen Lade (Aron Hakodesch) kommt, betont die Kuppel ausschließlich den einen Zentralpunkt der Synagoge. Indem die kreisförmige Kuppel nicht gleichzeitig auch das andere Zentrum der Synagoge, die Heilige Lade, betonen kann, bleibt die synagogale Raumantinomie auf der Strecke. Die absolute Raumform, ob mit oder ohne Kuppel, ob reiner Zentralbau oder reines Langhaus, ist stets spannungslos und dem synagogalen Raumkonflikt nicht angemessen.

Es ist zu fragen, was an »verwertbaren« Erkenntnissen aus dieser Zeit für die heutige Gestaltung einer zeitgemäßen Synagoge oder eines zeitgemäßen jüdischen Gemeindezentrums in Deutschland bleibt. Das Bekenntnis zur deutschen Nation durch optische Selbstverleugnung und demonstratives Betonen jüdischer Eigenständigkeit waren und sind zwei Seiten derselben Medaille: beide Verhaltensweisen zeugen von einem Bewußtsein, das von hohem gesellschaftlichen Rechtfertigungsdruck bestimmt war. Diese bereits zu ihrer Zeit fragwürdige Wahl kann eine Generation nach dem nationalsozialistischen Völkermord weder für die hier lebenden Juden noch für die vorliegende Bauaufgabe befriedigende Lösungen bringen – wenngleich sie noch für Jahre als Problem virulent bleiben wird. Was heute beim Bau eines jüdischen Gemeindezentrums oder einer Synagoge mit einem gewissen Maß an Authentizität thematisiert werden kann, ist die ambivalente Situation der Juden in Deutschland selbst. Die historischen Risse, Schnitte und Brüche, wie sie durch die deutsch-jüdische Geschichte hindurchgehen, sind Ansätze, die sich baulich darstellen lassen. Auch daß aus Ruinen überhaupt noch einmal jüdisches Leben in Deutschland hervorgegangen ist, kann die Aufgabendefinition mitbestimmen.

Dem Bruch als Architekturmetapher kommt – in welcher Ausformung auch immer – bei der Gestaltung neuer jüdischer Gemeindezentren und Synagogen in Deutschland sowohl in der Anordnung der Gebäudeteile zueinander als auch in der Verwendung jüdischer Symbole konzeptionelle Bedeutung zu. Auf diese Weise sollte die Wirkung der Vergangenheit auf die Gegenwart der Juden in Deutschland baulich versinnbildlicht und ihre Bedeutung für deren Zukunft sichtbar gemacht werden.

Synagogenarchitektur in Deutschland nach 1945

Bis zum 9. November 1938 gehörten jüdische Gotteshäuser wie selbstverständlich zum Stadtbild vieler deutscher Ortschaften. Diese Stadtsilhouetten mit Kirchen und Synagogen waren weithin sichtbare Zeichen einer engen Verknüpfung zwischen Geschichte der deutschen Juden und deutscher Geschichte. Als am 9. November 1938 im gesamten Deutschen Reich Synagogen brannten, bedeutete dies das Ende einer traditionsreichen, über tausend Jahre alten jüdischen Sakralbaukultur in Deutschland. Somit gehören Synagogen einer Baugattung an, die im wesentlichen aus dem Bild deutscher Städte, aber auch aus dem Bewußtsein breiter Bevölkerungskreise verschwunden ist.

Die wenigen, nach 1945 in der Bundesrepublik Deutschland und der DDR etablierten jüdischen Gemeinden haben – schon rein zahlenmäßig – keine nennenswerte neue Sakralbautradition begründen können: Synagogen und jüdische Gemeindezentren sind in Deutschland Randerscheinungen der Architektur geblieben. Dieser quantitative Aspekt erschwert das Erstellen von Typologien und angemessenes Einordnen der wenigen Bauwerke in Entwicklungstendenzen moderner Synagogenarchitektur. Daneben besteht auch ein grundsätzliches Problem: In der vorwiegend deskriptiven Literatur zum Synagogenbau fehlen unterscheidende Merkmale und Maßstäbe zur architekturkritischen Beurteilung synagogaler Bautraditionen.

Angesichts dieser Schwierigkeiten scheint es fruchtbar, zunächst einen Schritt zurückzugehen und die Frage aufzuwerfen, ob es besondere Kennzeichen des Synagogenbaus gibt, die eine Beurteilung jüdischer Sakralbauten jenseits zeitgebundener Architekturströmungen gestatten; an ihnen wäre auch der marginale Synagogenbau in Deutschland nach 1945 zu messen. Gleichzeitig muß aber auch versucht werden, jene andere, zeitgebundene Frage nach möglichen Auswirkungen des gewaltsamen historischen Bruchs auf diese Baugattung zu beantworten.

Aufgrund dieser Vorüberlegungen geht dem eigentlichen Thema dieser Untersuchung eine kurze Beschreibung dessen voraus, was aus der Synagogenbaugeschichte als Architektur der Synagoge abgeleitet werden kann – also eine Bestimmung des architektonischen Wesens der Synagoge. Danach soll anhand ausgewählter Beispiele der Synagogenarchitektur in Deutschland nach 1945 versucht werden, die Fragen nach möglicherweise vorhandenen Kontinuitäten und Brüchen innerhalb dieser Baugattung zu beantworten.

Der synagogale Raumkonflikt

Das erste Gotteshaus der Juden war das Stiftzelt (Stiftshütte): »Ein Heiligtum sollen sie mir machen, daß ich einwohne in ihrer Mitte«(1), lautete Gottes Anweisung an die Kinder Israel noch vor Besiegelung des Bundes (Abb. 7). Anstelle von Götzenbildern sollten

Abb. 7: Stiftzelt (Stiftshütte).

sie von nun an in einem provisorischen und portativen Heiligtum einen unsichtbaren Gott verehren, der weder Gestalt noch Namen hatte. Die Erfüllung dieser Forderung als Grundlage des Bundes bedeutete für die Kinder Israel den endgültigen Verzicht, göttliche Macht durch Vergegenständlichung der Gestalt Gottes magisch bannen zu können; sie war gleichzeitig die Anerkennung seiner unsichtbaren Allgegenwart und in letzter Konsequenz der »Triumph« der Geistigkeit über die Sinnlichkeit. Wie schwer es den Juden fiel, ein Heiligtum anzunehmen, dessen Gottheit nicht mehr sinn-

36

Abb. 8: Tempel in Jerusalem. Nach einem Gemälde von J. Danckerts.

lich erfaßbar war, zeigt nicht nur der Tanz ums goldene Kalb, sondern auch das zweite jüdische Gotteshaus, der Salomonische Tempel (Abb. 8). Schon seine an phönizischer Tempelbaukunst orientierte Gestaltung läßt graduelle Aufweichungen des abstrakt-monotheistischen Prinzips zugunsten einer Annäherung an heidnische Sitten umliegender Völker erkennen. Doch über rein formale Merkmale hinaus deuten eine stark hierarchisch geordnete Priesterschaft, der Opferdienst im Tempel und Zonen unterschiedlicher Heiligkeit auf Merkmale hin, die schwerlich mit einem reinen Monotheismus vereinbar sind.

Der Salomonische Tempel war nicht die architektonisch angemessene Antwort auf den Monotheismus, sondern Übergangs- und Kompromißform zwischen sinnlichem Götzendienst und Glauben an einen unsichtbaren Gott. Vermutlich bedurfte es erst der Zerstörung des Tempels durch die Babylonier im 6. Jahrhundert vor Christus, um einer Kultstätte zum Durchbruch zu verhelfen, die dem Monotheismus angemessener war: die »unsinnliche« Synagoge ohne Priester, wo jeder Betende in unmittelbarer Beziehung zu Gott stand, wo anstelle des Altars die erhöhte Predigerstrade, an-

Abb. 9: Thoravorlesung auf dem Almemor. Spanien 14. Jahrhundert.

stelle des blutigen Opfers das unblutige Gebet und anstelle der Bundeslade mit den Gesetzestafeln der Thoraschrank mit den biblischen Schriftrollen traten.

Im Unterschied zum Tempel, dessen differenzierte Raumfolge mit Zonen zunehmender Heiligkeit und Opferdienste als Gipfel der Kulthandlung zugeschnitten war, erwuchsen die Forderungen an das Raumprogramm der frühen Synagogen aus einer gänzlich anderen Geisteshaltung: hier nahte man sich Gott nicht mehr in zeremonieller Weise, als wäre seine Gegenwart nur an einen bestimmten Ort, dem Allerheiligsten des Tempels gebunden. Seine Gegenwart wird rein geistig gefaßt, er ist überall und nirgends; die Gläubigen sammeln sich um einen bestimmten Punkt, um vom Schriftgelehrten Gottes Wort zu hören. Daraus folgt für den Bau, daß man sich um einen Punkt, praktischerweise um einen erhöhten Punkt sammeln könne, damit der Vortragende allen sicht- und hörbar sei: die erhöhte Kanzel, der Almemor, auf der der Vortragende seinen Platz hat, ist damit als geistiges und örtliches Zentrum gegeben (Abb. 9). Der auf das belehrende Wort aufbauende Gottesdienst stellt keine weiteren Forderungen an den Raum.

Doch erwuchs neben der eher profan ausgerichteten Belehrung die Notwendigkeit, in der Synagoge auch geregelte sakrale Handlungen mit und neben dem Gebet vorzunehmen. Somit traten neben die rationalen Momente der geistigen Belehrung und des Gottesdienstes auch sakrale und damit andere, zusätzliche Forderungen an den Raum. Es handelt sich dabei um den Aron hakodesch, kurz Aron genannt, den heiligen Schrein, der die Thora, die biblischen Schriftrollen enthält; sie werden an bestimmten Tagen und zu bestimmten Gelegenheiten während des Gottesdienstes aus der Heiligen Lade ausgehoben, in einer Zeremonie zum Almemor getragen, dort verlesen und anschließend wieder zurückgetragen (Abb. 10).

Ideengeschichtlich stellt die »provisorische« Synagoge des babylonischen Exils – wenn überhaupt – eher eine Rückkehr zum portativen Stiftzelt der Wüste als zum »festen« Tempel Zions dar. Da aber schon das Stiftzelt mit der Bundeslade (Allerheiligstes) einen wichtigen sakralen Bestandteil des Tempels beherbergte, kann die Synagoge (mit der Heiligen Lade) sowohl Elemente des Stiftzeltes (profan, unsinnlich, provisorisch) als auch solche des Tempels (sakral, sinnlich, dauerhaft) mit jeweils unterschiedlicher Gewichtung enthalten. Vereinfacht ließe sich feststellen: Die Synagoge schwankt in ihrer wechselvollen Geschichte je nach äußeren und inneren Bedingungen zwischen Provisorium und festem Haus, zwischen lebendiger Religiosität und ritualisiertem Zeremoniell, zwischen Ab-

Abb. 10: Einheben der Thora in der Aron hakodesch. Mantua 1435.

straktion und Sinnlichkeit, zwischen rational-profanen und ma-
gisch-sakralen Elementen.

Diese Gegensatzpaare finden ihre konkrete Umsetzung im Konflikt zwischen Almemor und Heiliger Lade, d. h. zwischen deren
räumlicher Position, Größenverhältnis und Gestaltungsmerkmalen.

Aus architektonischer Sicht war das Problem der nachbabyloni-
schen antiken Synagoge im Heiligen Land keines der räumlich-plastischen Durchbildung des Gebetsraumes, sondern immer »nur« eines der Grundrißanordnung. Es betraf die zunächst schwankenden

Positionen des Almemors und des Aron hakodesch in der Synagoge, bis schließlich, auch aus akustischen und optischen Gründen, der Almemor seine »logische« Aufstellung im Zentrum des Raumes fand und die Heilige Lade an die Wand rückte, die in Richtung Jerusalem, in Richtung des Tempels zeigte. Von seiner exponierten Stellung her »fordert« der Almemor eher den Zentralraum, während die Ostwandposition des Aron hakodesch durch ein Langhaus betont werden kann.

Dem ideellen Konflikt zwischen Almemor und Aron hakodesch entspricht auf architektonisch-räumlicher Ebene der Konflikt zwischen Zentralität und Longitudinalität. Darüber hinaus besitzt die Synagoge von ihrem Ursprung her keine weiteren architektonischen Merkmale oder gar charakteristische Stilelemente. Zugespitzt könnte man sagen: Die (äußere) Architektur der Synagoge ist austauschbar – das (innere) bipolare räumliche Prinzip, die »synagogale Raumantinomie«, ist es nicht! Solange dieses Prinzip gewahrt bleibt, bewahrt das jüdische Gotteshaus gegenüber Sakralbauten anderer Religionen seinen spezifischen, originären Charakter unter allen austauschbaren Architekturformen und Stilhüllen.

Die architektonische Eigentümlichkeit der Synagoge beschränkt sich demnach auf den Innenraum, auf die synagogale Raumantinomie, die sich einer endgültigen Lösung zu entziehen scheint und je nach Zeit und Ort stets neu durchdacht werden muß. Am Ende dieser Überlegungen zur Architektur der Synagoge ist zu fragen, wie Lösungsversuche des synagogalen Raumkonfliktes in Deutschland nach 1945, nach Völkermord und Synagogenzerstörungen aussehen?

Die Entwicklung nach 1945

Die ersten neuerrichteten Synagogen und Betstuben nach 1945 waren vorübergehende Einrichtungen in den DP-Auffanglagern (DP = Displaced Person) für jüdische Flüchtlinge aus dem Osten Europas, wie z.B. in Berlin, Föhrenwald, Fulda, Hohne-Belsen, Landsberg, Zeilsheim bei Frankfurt am Main u.a. In einigen unmittelbar nach Kriegsende provisorisch neugegründeten jüdischen Gemeinden wurden Gottesdienste in notdürftig wiederhergestellten Synagogen, die während der Nacht vom 9. auf den 10. November 1938 und späterer Kriegseinwirkungen nicht vollständig zerstört worden waren, abgehalten: in Amberg (1897 = Weihe); Bad Nauheim (1929); Berlin, Rykestraße (1904), Oranienburgerstraße (1866), Pestalozzistraße (1912), Levetzowstraße (1919, abgebrochen 1955), Kottbusser Ufer (1916, abgebrochen 1959); Frankfurt am Main, Westendsynagoge (1910); Köln, Roonstraße (1899); Lübeck (1880); München, Reichenbachstraße (1931) und Straubing (1907). Die meisten der neugegründeten jüdischen (Klein-) Gemeinden in den damaligen alliierten Besatzungszonen mußten ihre Gottesdienste jahrelang in Räumen abhalten, die eigens für Gebetszwecke hergerichtet worden waren: z.B. in Privatwohnungen (Dortmund, Magdeburg), in einem Krankenhaus (Essen, Frankfurt am Main), einem ehemaligen Luftschutzkeller (Köln), einem ehemaligen Schwesternheim (Nürnberg), im ehemaligen jüdischen Waisenhaus (Mannheim), im Landesmuseum (Saarbrücken), in einem ehemaligen Friedhofsgebäude (Halle) oder in einer Schulaula (Karl-Marx-Stadt).

Alle diese Betstätten wurden als vorübergehende Einrichtungen für die rund 200.000 jüdischen DPs, die sich zwischen 1945 und 1950 in Deutschland aufhielten, betrachtet. An der zeitlichen Begrenzung dieses Aufenthaltes hatte der Jüdische Weltkongreß 1948 keinen Zweifel gelassen: Nach Weiterwanderung der jüdischen Flüchtlinge, so dessen Erklärung, werde kein Jude mehr je wieder deutschen Boden betreten. Als die meisten DPs zu Beginn der fünfziger Jahre Deutschland verlassen hatten, blieb eine Restgruppe von etwa 15.000 Juden zurück. Sie setzte sich zum überwiegenden Teil aus zugewanderten osteuropäischen Juden und zu einem kleineren Teil aus deutschen Juden zusammen, die sich in der Bundesrepublik Deutschland auf etwa 70, in der ehemaligen DDR auf etwa zehn Gemeinden verteilten. Mit der 1950 erfolgten Gründung des »Zentralrates der Juden in Deutschland« schließt die erste Phase jüdischer Nachkriegsgeschichte in der Bundesrepublik ab.

Der Zeit des provisorischen Neubeginns (1945 bis 1950) folgte die Phase des Wiederaufbaus jüdischen Gemeindelebens in der Bundesrepublik Deutschland und in der früheren DDR; aus dem Blickwinkel der Bautätigkeit jüdischer Gemeinden betrachtet, reicht diese Zeitspanne vom Beginn der fünfziger Jahre bis etwa Mitte der sechziger Jahre: Zwischen 1950 und 1967 wurden in der Bundesrepublik 18 Synagogen erbaut, zwei Vorkriegssynagogen wiedergeweiht und über 20 Betsäle eingerichtet. Im gleichen Zeitraum wurden in der DDR zwei Synagogen erbaut, zwei Vorkriegssynagogen wiedergeweiht und drei Betsäle eingerichtet. Dieser regen Wiederaufbauphase folgte bis etwa Mitte der achtziger Jahre eine Zeit geringer Bautätigkeit: Zwischen 1968 und 1982 liegt die Zahl der neuerrichteten Betstätten bei zwölf. Seit 1983 läßt sich wieder eine leicht erhöhte Bautätigkeit beobachten, die nach 1990 noch einmal zugenommen hat. Der Synagogenbau in der ehemaligen DDR hat für die vorliegende Untersuchung nur untergeordnete Bedeutung. In den acht jüdischen Gemeinden der früheren DDR wurden nach 1945 neue Synagogen nur in Dresden (1950) und Erfurt (1952) erbaut. Während die Syn-

Abb. 11: Dresden, Synagoge. 1950.

agoge in Dresden als konventioneller Kuppelbau mit historisierenden Formen errichtet wurde, ist diejenige in Erfurt ein einfaches Gebäude ohne besondere architektonische Merkmale eines jüdischen Gotteshauses (Abb. 11, 12).

Abb. 12: Erfurt, Synagoge. 1952. Inneres nach Osten.

Abb. 13: Konstanz, Betraum. 1966.

Die Mehrzahl der etwa 80 jüdischen Kultstätten in der Bundesrepublik Deutschland sind kleine Betstuben oder geräumige Betsäle. Es handelt sich bei diesen meist um einfache, zu synagogalen Zwecken eingerichtete oder umgebaute Räume (Abb. 13). Einige der nach dem Krieg eingerichteten Betsäle sind inzwischen abgerissen oder für profane Zwecke umgebaut worden. Dazu gehört auch die erste, unter architektonisch-synagogalen Gesichtspunkten gestaltete Gebetsstätte in Deutschland nach 1945: der 1949 eingeweihte und 1959 abgerissene Betsaal in Köln-Ehrenfeld (Abb. 14). Zu den eigenständigen neuzeitlichen Synagogen zählen nur etwa 30 Beispiele.

Fast allen nach 1945 errichteten Betstätten ist gemeinsam, daß sie nicht isoliert stehen, sondern Teil eines Gemeindehauses oder eines Gemeindezentrums sind. Während Betstuben und Betsäle nicht aus dem baulichen Gefüge sichtbar herausragen, sind Synagogen eigenständige Gebäudeteile, die, als solche erkennbar, entweder in den Baukomplex des Gemeindezentrums formal integriert oder stärker davon abgesetzt sein können. Die Zusammenfassung aller Gemeindeeinrichtungen unter einem Dach ergibt sich aus der geringen Mitglie-

Abb. 14: Köln Ehrenfeld, Betsaal. 1949. Architekt: Helmut Goldschmidt.

45

Abb. 15: Saarbrücken, Synagoge. 1951. Inneres nach Osten.
Architekt: Heinrich Sievers.

derzahl der meisten jüdischen Gemeinden in der Bundesrepublik
Deutschland und den daraus erwachsenden Zwängen zur wirtschaftlichen Betreibung dieser Einrichtungen. Dadurch wird die Synagoge
als Versammlungsstätte wieder stärker Teil des alltäglichen jüdischen
Gemeindelebens. Sie dient damit nicht ausschließlich religiösen Zwecken und kann im Idealfall dem unterschiedlichen Platzbedarf an
Werk- und Feiertagen angepaßt werden.

Ausgewählte Beispiele

Die ersten Synagogen in der Bundesrepublik Deutschland wurden
nahezu gleichzeitig in Saarbrücken (1948 – 1951) und in Stuttgart
(1951/52) erbaut. Beide Sakralbauten gehen auf Architekturströmungen der Vorkriegszeit zurück. Aus formaler Sicht haftet dem
Innenraum der von Heinrich Sievers (1903-1969) erbauten Synagoge Saarbrücken etwas von jener Pseudosakralität an, wie sie manchen monumentalen Staatsbauten und Repräsentationsräumen des
Dritten Reiches eigen ist (Abb. 15); als synagogal können lediglich

die um die Heilige Lade gruppierten Symbole des Judentums bezeichnet werden.

Die perspektivische Konzentration des längsgestreckten Raumes auf die Ostwandnische hin verstärkt den Eindruck formaler Ungleichheit zwischen »jüdischer« Ostwandnische und der aus dem Formenschatz des Dritten Reiches nachklingenden Hallenarchitektur. Dies ist vermutlich das einzige Beispiel einer deutlichen Verschränkung des jüdischen Sakralbaus mit formalen Abkömmlingen aus der Architektur des Nationalsozialismus.

Im Unterschied zur Synagoge Saarbrücken geht die von Ernst Guggenheimer (1880 – 1973) entworfene Synagoge Stuttgart (Abb. 16, 17) auf Architekturvorstellungen des Bauhauses und auf Leitgedanken zurück, die der Architekt bereits 1930 niedergelegt hatte: Prachtvolle Innenräume, wuchtige Fassaden und maurische Kuppeln lehnte er darin für den jüdischen Kultbau ab; dieser habe sich auf das Wesentliche, die Heilige Lade und den Almemor, zu konzentrieren. Der in Stuttgart nach außen streng durch den Vorhof abgeschlossene kubische Raum sei »der sinnfällige bauliche Ausdruck für die Synagoge – den jüdischen Tempel (...). Die Gottesverehrung und die Selbstbesinnung brauchen keine Pracht, sondern verlangen Schlichtheit.«(2) Es ist eine einzigartige Fügung, daß solche, vor der Vernichtung des deutschen Judentums niedergeschriebene Auffassungen über Synagogengestaltung nach dem Völkermord vom Verfasser selbst in Deutschland baulich umgesetzt werden konnten. Guggenheimers Synagoge zeigt eine konsequente Umsetzung seiner Leitgedanken. Der auf quadratischem Grundriß entworfene wohlproportionierte kubische Raum mit bekrönender Laterne entsteht ganz selbstverständlich aus der zentralen Stellung des Almemors, die fast raumhohe Ostwandnische aus der optischen Betonung der Heiligen Lade. Der in seiner Schlichtheit würdevoll wirkende helle Kultraum hat überraschenderweise bis heute nichts von seiner Gültigkeit, seiner Modernität – der Reduktion aufs Wesentliche – verloren.

Guggenheimer hat den Synagogenraum durch Rückführung von Architektur und Dekor auf einfachste Ausdrucksmittel klassisch definiert; darin liegt im Hinblick auf die synagogale Rauman-

Abb. 16: Stuttgart, Synagoge. 1952. Eingang Hofseite(Firnhaberstraße).
Architekt: Ernst Guggenheim.

tinomie gleichzeitig dessen Stärke und Schwäche: Der Konflikt ist
insoweit gelöst, als er durch die Einfachheit des Raumes garnicht
erst zu entstehen scheint, aber andererseits eben durch seine klassische Ausgewogenheit unter einer gewissen räumlichen Spannungs-
losigkeit leidet. Als später Nachkömmling von Architekturtenden-

Abb. 17: Stuttgart, Synagoge. Inneres nach Osten.

zen der Vorkriegszeit macht dieser Synagogenraum noch einmal schmerzlich bewußt, daß jüdische Sakralbautradition in Deutschland zu einer Zeit gewaltsam unterbrochen wurde, als sie sich anschickte, den Weg zur Moderne einzuschlagen.

Während Guggenheimers Synagoge durch Schlichtheit und formale Strenge auch etwas Endgültiges anzuhaften scheint, zeigen die

Abb. 18: Hannover, Synagoge. 1963. Inneres nach Osten.
Architekt: Hermann Guttmann.

Synagogenbauten von Hermann Guttmann (1917 – 1977) ein fortwährend es Bemühen um den idealen Synagogenraum. Von den neun

jüdischen Sakralbauten, die Guttmann in der Bundesrepublik Deutschland errichtet hat, stellt das Gotteshaus in Hannover seine reifste Leistung auf dem Gebiet des Synagogenbaus dar (Abb. 18).

Die 1963 eingeweihte Synagoge Hannover ist im Grundriß als Parabel konzipiert, in deren Scheitel die Heilige Lade und an deren offenem Ende der – von außen gesehen – in konkaver Form geplante Eingangsbereich liegt. Guttmann hat auf originelle Weise den beiden wichtigsten Architekturelementen der Synagoge räumliches Gewicht verliehen: Der paraboloide Grundriß weitet im Bereich des Almemors den Raum auf und gibt ihm – auch durch die hohen, sakral wirkenden Fenster – zu beiden Seiten räumliche Weite. Das vom Eingang aus ansteigende Dach erreicht seine größte Höhe im Bereich des Parabelscheitels, so daß die Heilige Lade räumlich und gleichzeitig im übertragenen Sinne »erhöht« wird. Die wellenförmige Ausbildung der Ostwandnische und die scheinbar freischwebenden, auf sie zuschwingenden Frauenemporen konzentrieren den Raum stärker auf die Heilige Lade als auf den Almemor hin.

Der Aron hakodesch ist Teil des stilisierten brennenden Dornbusches, der durch betonte Vertikalität auch die nächtlich wegweisende Feuersäule der Wüstenwanderung der Kinder Israel darstellen könnte. Das symbolische Feuer verweist auf die Bedeutung der im Aron hakodesch aufbewahrten Heiligen Schrift als Licht, Lehre und Wegweiser des Judentums. Diese baukünstlerisch umgesetzte Botschaft scheint das zentrale Anliegen Guttmanns in der Synagoge Hannover gewesen zu sein. Die damit verbundene optische Heraushebung des Aron hakodesch gibt diesem ein räumliches Übergewicht über dem zentral stehenden Almemor; andererseits wird es durch die besondere Raumausbildung der Synagoge nicht so groß, daß die räumliche Spannung zwischen den beiden zentralen synagogalen Elementen verloren ginge. Dadurch gelingt es dem Architekten, eine eigenwillige, dem synagogalen Raumkonflikt angemessene Lösung zu finden.

Eine andere Auffassung vom Synagogenraum zeigen die von Helmut Goldschmidt (geb. 1918) erbauten Gotteshäuser. In allen von Goldschmidt entworfenen Synagogen – acht an der Zahl – steht der Almemor nicht in Raummitte, sondern, wie in jüdischen Sakralräumen mit liberalem Ritus üblich, unmittelbar vor der Heiligen Lade.

Abb. 19: Münster, Synagoge. 1961. Inneres nach Osten.
Architekt: Helmut Goldschmidt.

Dies entspreche, so Goldschmidt, der modernen Art der Predigt, die keine Kanzelrede, sondern Gespräch mit der Gemeinde sei. Danach erfolgt eine Auseinandersetzung mit dem Synagogenraum nur in bezug auf den Aron hakodesch: Die Ostwand wird zum überhöhenden, einem stilisierten Zelt gleichenden Portal der Heiligen Lade gestaltet, der Betraum perspektivisch auf sie ausgerichtet (Abb. 19).

Es bleibt die Frage, was diese stimmungsvollen Gotteshäuser von Sakralräumen anderer Konfessionen unterscheidet, wenn nicht die Verwendung und Stilisierung jüdischer Symbole wie Davidstern, siebenarmiger Leuchter, Mosaische Gesetzestafeln oder die Applikation kalligraphischer hebräischer Buchstaben. Goldschmidts Synagogen erhalten ihre Besonderheit nicht durch eine charakteristisch-synagogale Raumform, sondern durch geschickte Integration jüdischer Symbole zu einer auf die Heilige Lade hin konzentrierte, feierlich-sakrale Monumentalität. Diese wiederum strahlt auf den Raum zurück und definiert ihn damit vom sakralen Aufbau der Ostwand her.

Abb. 20: Aachen, Betsaal. 1957. Inneres nach Osten.
Architekt: Karl Gerle.

Neben Hermann Guttmann und Helmut Goldschmidt zählt Karl
Gerle (1903 – 1962) zu den drei Architekten, die die meisten Synagogen in der Bundesrepublik Deutschland erbaut haben. Gerles
acht Synagogenentwürfe schwanken formal zwischen angedeu-
tet-historisierenden Gestaltungselementen, wie etwa in Bremen
und Minden, und zeitgenössischer Architektursprache, wie z.B.
in Aachen und Paderborn. Er hat sich als Nichtjude eingehend
mit dem jüdischen Sakralbau beschäftigt und seine zentralen Vorstellungen folgendermaßen zusammengefaßt: Wichtig sei nicht
die Form des Raumes (!), sondern allein, »ob dieser Raum die Atmosphäre ausstrahlt, die mir hilft, mich innerlich zu sammeln
und ob ich diesen Raum durch seine äußere Gestalt unter allen
anderen Bauwerken als einen Gebetsraum erkennen und finden
kann«.(3) Dazu wählt Gerle als hauptsächliche Gestaltungselemente Vertikalität, sakrale Lichtführung und die aus der Kombination rechtwinkliger und geschwungener Flächen entstehenden

Abb. 21: Paderborn, Synagoge. 1959. Inneres nach Osten. Architekt: Karl Gerle.

formalen Spannungen. Seine Synagogenentwürfe, vor allem aber diejenigen in Aachen und Paderborn (Abb. 20, 21), zeigen eine konsequente und einfühlsame Umsetzung dieser entwurfsbestimmenden Leitgedanken.

Doch die sich aufdrängende Frage, was diese jüdischen Betstätten von denen anderer Konfessionen grundsätzlich unterscheidet, kann wiederum nur mit dem Hinweis auf die verwendeten, künstlerisch gekonnt variierten jüdischen Symbole beantwortet werden – oder mit der Gegenfrage, ob eine solche Unterscheidung wünschenswert sei! Es scheint, als habe diese Frage Gerle nicht vorrangig beschäftigt und als folgte die Ausbildung seiner für Juden bestimmten Sakralräume den Worten des Propheten Jesaja: »Denn mein Haus wird ein Bethaus geheißen für alle Völker!«(4)

An dieser Stelle sei angemerkt, daß die an ausgewählten Beispielen untersuchte synagogale Raumantinomie – je nach Qualität ihrer Lösung – kein Maßstab zur Bewertung des religiös besseren oder schlechteren jüdischen Gotteshauses sein kann. Sie dient in der hier vorgenommenen Untersuchung als Mittel zur Bestimmung originärer synagogaler Raummerkmale. Diese sind jedoch nicht schon von sich aus mit Ursprung und Idee der Synagoge deckungsgleich, sondern aus ihnen, während eines geschichtlichen Prozesses, abgeleitete architektonisch-räumliche Prinzipien. Von daher bleiben Synagogen auch dann originäre jüdische Gotteshäuser, wenn sie nicht die Merkmale des klassischen bipolaren synagogalen Raumschemas aufweisen und ihnen damit aus architektonischer Sicht die räumliche Unverwechselbarkeit und formale Eigenständigkeit gegenüber Sakralbauten anderer Religionen fehlen mögen.

In der Phase des intensivsten Synagogenbaus, also etwa zwischen 1950 und 1967, schälen sich keine eindeutigen Typen innerhalb dieser Baugattung heraus. Man kann allenfalls festhalten, daß die meisten Synagogen den Strömungen moderner Architektur verpflichtet sind, ohne dadurch in den meisten Fällen schon überdurchschnittliche Beispiele hierfür zu sein. Herausragende Lösungen zum synagogalen Raumkonflikt oder gar zu einer sinnfälligen »Architektur der Synagoge« sind in dieser Zeit kaum festzustellen. Im Unterschied zur Phase des Wiederaufbaus kann man nach 1970, insbesondere aber nach 1980, ein vermehrtes Auftreten von Synagogen als Zentralräume beobachten.

Synagogen als Zentralräume werden aber immer dann problematisch, wenn der Zentralraum nicht aus funktionalen Überlegungen, nämlich Betonung des mittig stehenden Almemors, sondern aus verselbständigten formalen Gründen gewählt wurde. Steht der Almemor, wie in Synagogen mit liberalem Ritus üblich, vor dem Aron hakodesch an der Ostwand, dann sollte der Architekt mit der gewählten Raumform diesem Umstand Rechnung tragen und in einem solchen Fall nicht dem Reiz eingängiger, verabsolutierter Zentralraumformen erliegen.

Eine originelle architektonische Lösung, die eben jene Problematik in sich trägt, stellt die von den Architekten Hermann Backhaus und Harro Wolf Brosinsky entworfene, 1971 eingeweihte Synagoge in Karlsruhe dar (Abb. 22). Hier sind weltliches Gemeindezentrum und Sakralbau klar voneinander abgesetzt: Der auf einem davidsternförmigen Grundriß (Hexagramm) konzipierte Synagogenbaukörper entfaltet erst als abgerückter Solitär seine differenzierten plastischen

Abb. 22: Karlsruhe, Synagoge. 1971. Inneres nach Osten.
Architekten: Hermann Backhaus und Harro Wolf Brosinsky.

Formen in optimaler Weise. Aus dem Grundriß des Davidsterns wächst ein zeltförmiger Bau mit räumlichen Faltungen außen und plastischer Räumlichkeit innen.

In dieser, dem liberalen Ritus verpflichteten Synagoge sitzen die Frauen nicht streng abgesondert von den Männern, sondern auf einem an der Westseite um drei Stufen erhöhten Podest. Almemor und Aron hakodesch sind zusammengefaßt und befinden sich im östlichen Zacken des davidsternförmigen Raumes. Die Form des

Davidsterns zeichnet sich in den Unterzügen des »schwebenden« Daches ab und kehrt als Motiv im Zenit des Raumes wieder. Doch aus der Grundriß- und Deckenform des Davidsterns erwächst nicht schon von selbst auch ein synagogaler Raum.

Abgesehen davon, daß die auf dem Hexagramm aufgebaute Synagoge von außen her nicht als davidsternförmiger Bau wahrgenommen wird, darf die räumlich-plastische Qualität des Kultraumes nicht auch schon mit »synagogaler Raumqualität« gleichgesetzt werden. Aus der perfekten Integration eines jüdischen Symbols mit einem Gebäude, wie in Karlsruhe geschehen, entsteht möglicherweise ein Raum mit Assoziationen ans Judentum, aber nicht notwendigerweise ein unverwechselbarer Synagogenraum. Problematisch bleiben die aus der absoluten Form erwachsenden Bindungen und Beliebigkeiten: Die Heilige Lade könnte – von der vorgeschriebenen Ausrichtung nach Osten abgesehen – in jedem anderen Zacken des Hexagramms stehen, ohne die Qualität des Raumes zu beeinträchtigen oder zu verbessern.

Das Zentrum des Raumes liegt eindeutig unter dem Zenit des Zeltdaches: Dieser Punkt bleibt hier jedoch leer, weil die rituellen Ansprüche des liberalen Gottesdienstes den Almemor nicht in der Synagogenmitte fordern; dasselbe gilt für die 1987 von Backhaus und Brosinsky auf sechseckigem Grundriß (Hexagon) erbaute Synagoge in Freiburg. Hexagramm und Hexagon richten sich aber in ihrer Konzentration auf die Raummitte nicht nach den Ansprüchen des liberalen Gottesdienstes, sondern fordern dessen Anpassung an ihre verselbständigte geometrische Form. Diese ist für den auf axiales Zeremoniell bedachten liberalen Ritus – nämlich auf die Heilige Lade hin bezogen – nur bedingt geeignet und könnte auch den Ansprüchen des klassischen bipolaren Synagogenraumes kaum genügen. Dennoch bleibt die Synagoge Karlsruhe einer der originellsten zeitgenössischen Beiträge zur Synagoge als Stiftzelt – zur Synagoge als »portativem Gotteshaus« der Juden.

In der modernen Synagogenarchitektur hat Ezra Rau als einer der ersten dieses Motiv bei der von ihm 1957 erbauten Israel Goldstein Synagoge in Jerusalem baulich umgesetzt (Abb. 23). Dieses Motiv kann heutzutage für jüdische Gemeinden in Deutschland –

Abb. 23: Jerusalem, Israel-Goldstein-Synagoge. 1957. Architekt: Ezra Rau.

zumal nach der Vernichtung der meisten jüdischen Gemeinden – von einiger Ambivalenz sein: erinnert es doch daran, daß ein jüdisches Gebets-Haus in der Diaspora immer auch ein provisorisches, passageres Moment enthält.

Aus den bisher gezeigten Beispielen läßt sich die folgende Feststellung ableiten: Ein schöner, stimmungsvoller Synagogenraum stellt nicht unbedingt einen Beitrag zur »Architektur der Synagoge« dar, und eine geglückte Lösung im Sinne der synagogalen Raumantinomie muß noch keine qualitätvolle Architektur nach sich ziehen. Daß sich beides nicht ausschließt, zeigt – mit Einschränkungen – die 1987 eingeweihte Synagoge in Mannheim (Abb. 24, 25). Sie ist baulicher Mittelpunkt des in der Mannheimer Innenstadt errichteten jüdischen Gemeindezentrums.

Der kubische Synagogenraum wird von einer strahlenrippenförmigen Flachkuppel überwölbt, die auf vier Säulen ruht und – wegen fehlender Vierungsbögen – an einen luftigen Baldachin erinnert. Unter dem Gewölbe hängt ein kreisrunder Leuchter, der den zentral in der Synagoge stehenden Almemor gleichsam bekrönt. Das vertikale

Abb. 24: Mannheim, Synagoge mit Gemeindezentrum. 1987. Außenansicht.
Architekt: Karl Schmucker.

Abb. 25: Mannheim, Synagoge. Inneres nach Osten.

Raumkontinuum »Almemor – Leuchter – Kuppel« wird von einer auf den Aron hakodesch ausgerichteten waagrechten Ebene durchdrungen: Sie ist durch die Brüstung der dreiseitigen Frauenempore definiert, deren Linienführung bis in den bekrönenden Rundbogenaufbau des Aron hakodesch fortgesetzt wird, um ihn, ausgebreiteten Armen gleich, mit dem Synagogenraum formal zu verklammern.

Der Architekt Karl Schmucker hat den synagogalen Raumkonflikt ausbalanciert: Die auf quadratischem Grundriß mit Baldachinkuppel und kreisrundem Leuchter aufgebaute »vertikale Zentralität« betont den Almemor, die horizontale, raumumgreifende Brüstung der Frauenempore den als bedeutungsvolles sakrales Portalbauwerk ausgebildeten Aron hakodesch.

Schmucker hat die konventionelle, z.B. 1840 von Gottfried Semper bei der Synagoge Dresden verwendete quadratische Grundrißform (Abb. 2, 3) mit Ausdrucksmitteln zeitgenössischer Kunst und Architektur verknüpft. So betrachtet stellt die Synagoge Mannheim keinen wirklich neuen Beitrag zur Lösung des synagogalen Raumkonfliktes dar.

Das architektonische Konzept der Synagoge Mannheim findet sich wieder bei der von Alfred Jacoby erbauten, 1988 eingeweihten Synagoge Darmstadt (Abb. 26). Im Unterschied zu ersterer zeigt sie in der Straßenansicht die im Synagogenbau des 19. Jahrhunderts weitverbreitete Doppelturmfassade. Die geringfügige Abwandlung betrifft lediglich die formale Behandlung der »Ecktürme«; sie stehen nicht, wie bei der klassischen Doppelturmfassade üblich, vor der Fassadenebene des Eingangsvorbaues, sondern sind flächenbündig eingerückt. Dadurch gerät die solchermaßen verfremdete Fassade zum Zitat und nicht zur bloßen Kopie eines im letzten Jahrhundert bekannten Synagogenmotivs.

Bei den Gemeindezentren Heidelberg, eingeweiht 1994, und Aachen, eingeweiht 1995, hat Jacoby auf historisierende Rückgriffe verzichtet. Wenn auch in Anlage und Aufbau dem Gemeindezentrum Darmstadt ähnelnd, zeigen sie eine Weiterentwicklung und Verfeinerung des dort gewählten Grundrißschemas.

Alfred Jacoby stellt in den von ihm erbauten Gemeindezentren stets die Synagoge als den zentralen Baukörper der Gesamtanlage

Abb. 26: Darmstadt, Synagoge mit Gemeindezentrum. 1988.
Architekt: Alfred Jacoby. Perspektivzeichnung von Helmut Jacoby.

dar. Zwar ergeben sich dadurch meist längere Erschließungswege
als bei einer seitlichen Lage des Gebetsraumes. Doch steht hier der
baukünstlerische Gedanke im Vordergrund, daß die Synagoge das
Zentrum des jüdischen Gemeindelebens bildet. Dies ist das Leit-
motiv der von Jacoby bisher entworfenen jüdischen Gemeindezentren.

Allen bisher aufgezeigten, nach 1945 errichteten Synagogenbauten ist gemeinsam, daß sie vorwiegend nach rituellen Gesichtspunkten entworfen wurden und der geschichtliche Kontext ihrer
Entstehung – die Ära nach Völkermord und Synagogenzerstörung – in ihrer Architektur nirgendwo anklingt. Eine Ausnahme
bildet das 1959 errichtete Jüdische Gemeindehaus Berlin, Fasa-
nenstraße, auf dem Gelände der 1912 erbauten und im November 1938 zerstörten Synagoge. Es ist das erste Bauwerk einer jüdischen Gemeinde in Deutschland nach 1945, in dem Zerstörung,
Erinnerung und Mahnung bestimmende Motive der architektonischen Gestaltung gewesen sind.

In Berlin sollte zunächst die noch stehengebliebene Vorderfront
der Synagogenruine in den geplanten Neubau einbezogen werden.
Beim ausgeführten Projekt beschränkte man sich auf den Einbau

Abb. 27: Berlin, Jüdisches Gemeindehaus mit Synagoge. 1959. Eingangsseite.
Architekten: Dieter Knoblauch und Heinz Heise.

zweier Spolien: auf eine aus Risaliten zusammengesetzte hohe Mahn-
säule als spannungsvollem Kontrapunkt zum langgestreckten zweige-
schossigen Gemeindehaus und auf das freistehende, den Eingang be-
tonende Hauptportal der früheren Synagoge (Abb. 27). Die geschlos-
sene Wand des im 1. Obergeschoß liegenden Mehrzwecksaales bildet
den neutralen, ruhigen Hintergrund, vor dem das Portal erst seine
majestätische und zugleich mahnende Wirkung entfalten kann.

Bei dem 1986 eröffneten Jüdischen Gemeindezentrum Frankfurt am Main (Architekten: Salomon Korn und Architektengemeinschaft Gerhard Balser) wurde ebenfalls versucht, die ein für allemal nachwirkenden historischen Risse, Schnitte und Brüche der
deutsch-jüdischen Geschichte zu Ansatzpunkten architektonischer
Überlegungen zu machen (Abb. 28). Da es in diesem Gemeindezentrum keine Synagoge gibt, entstand beim Entwurf die Schwierigkeit, nicht unmittelbar auf die einzig nennenswerte Bautradition
innerhalb des Judentums, die synagogale, zurückgreifen zu können.
Die entwurfsbestimmenden Leitgedanken – der Versuch, notwen-

Abb. 28: Frankfurt a. M., Jüdisches Gemeindezentrum. Ansicht Savignystraße
(Haupteingang). Architekten: Salomon Korn und Architektengemeinschaft
Gerhard Balser.

dige Mahnung und Erinnerung in Architektur zu transformieren –
sind dem Konzept des Jüdischen Gemeindehauses Berlin verwandt;
anstelle von Spolien wurden beim Gemeindezentrum Frankfurt am
Main Symbole des Judentums als Gestaltungselemente gewählt,
von denen das wichtigste die Mosaischen Gesetzestafeln sind.

Der durch das Gemeindezentrum hindurchlaufende »Bruch«
(Knick im Foyerbereich) wird thematisch in den Rissen der neben
dem Haupteingang stehenden stilisierten Mosaischen Gesetzestafeln
angedeutet; unter ihnen wurde eine Liste mit den Namen der etwa
11.000 von den Nationalsozialisten in Konzentrationslager deportierten Frankfurter Juden in den Grundstein eingelegt. Die Erinnerung
an ihr Schicksal soll Mahnung dafür sein, daß Gegenwart und Zukunft der Jüdischen Gemeinde Frankfurt und der Juden in Deutschland noch lange von den Ereignissen der jüngeren Vergangenheit geprägt bleiben werden.

Den Rissen in den Gesetzestafeln als Mahnung an die Brüchig-
keit des deutsch-jüdischen Verhältnisses während einer langen ge-

meinsamen Geschichte stehen drei stilisierte siebenarmige Leuchter über dem Haupteingang als Zeichen des Lichts, Symbol der Hoffnung, gegenüber. Zwischen den noch immer lebendigen Erinnerungen an die Zerstörung und der weiterhin ungewissen Hoffnung auf Zukunft, so scheint es, oszilliert heute jüdisches Leben in Deutschland.

Von den Spuren des Völkermordes und der Synagogenzerstörung ist im Synagogenbau in Deutschland nach 1945 fast nichts zu erkennen. Eine Generation lang mögen die psychischen Folgen des unvorstellbaren Massenmordens, die Erinnerung und Ängste der davongekommenen Opfer zu quälend gewesen sein, um ihnen öffentlichen baukünstlerischen Ausdruck zu verleihen. Es ist nur zu gut verständlich, daß Unerträglichkeit und Scham des Erlebten aus Gründen des Selbstschutzes und der Selbstachtung der zutiefst erniedrigten Menschen vor der Öffentlichkeit verborgen wurden.

Das mag erklären, warum der Synagogenbau in Deutschland nach 1945 eher eine Architektur der scheinbaren Neutralität und des Schweigens ist als eine der notwendigen Mahnung: Sie findet allenfalls auf Gedenksteinen und -tafeln statt, wo sie in ihrer Abstraktheit für jedermann eben noch erträglich ist.

Der Synagogenbau in Deutschland hat nach 1945, während der Phase des Wiederaufbaus der neugegründeten jüdischen Gemeinden, einen bescheidenen quantitativen Aufschwung genommen. Mit dem Ende der Nachkriegsära schien für die jüdischen Gemeinden in der Bundesrepublik Deutschland der Bau von Synagogen und Gemeindezentren im wesentlichen abgeschlossen. Doch der seit der Vereinigung beider deutschen Teilstaaten, seit 1990 anhaltende Zuzug von Juden aus der ehemaligen Sowjetunion hat einen gewissen Bedarf an neuen Synagogen und Gemeindezentren geweckt. Dies ist weniger aus quantitativer Sicht bemerkenswert – es sind kaum ein Dutzend – als vielmehr aus inhaltlicher. Es scheint, daß mit wachsendem Abstand vom Holocaust die einst politisch motivierte Zurückhaltung in der Synagogenarchitektur schwächer wird und eine expressivere, auf die tatsächliche Situation der heute in Deutschland lebenden Juden ausgerichtete Strömung an Stärke gewinnt.

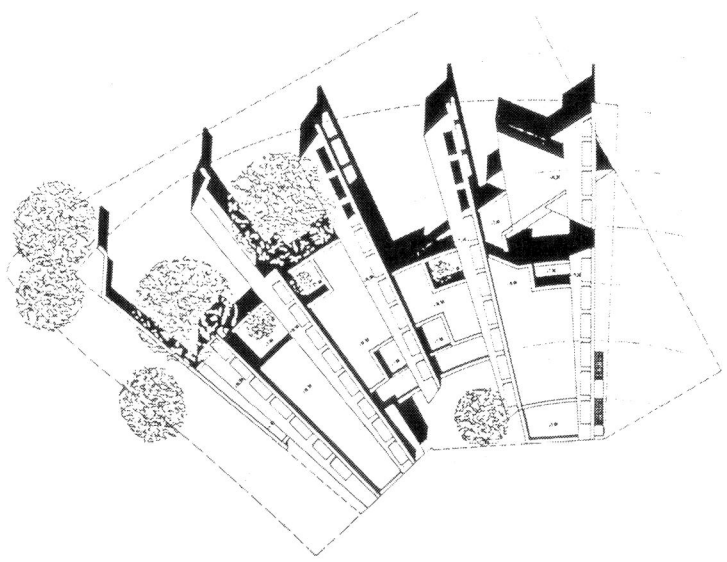

Abb. 29: Duisburg, Synagoge mit Gemeindezentrum. Wettbewebsentwurf des
1. Preisträgers Zvi Hecker in der Draufsicht, 1996. Eröffnet 1999.

Die Ergebnisse der Wettbewerbe um das jüdische Gemeindezentrum Duisburg (1996, eröffnet 1999), Dresden (1997) und Mainz (1999) sind zumindest erste Beispiele einer gewandelten Sichtweise. Für Zvi Hecker, Architekt des jüdischen Gemeindezentrums Duisburg (Abb. 29), entwickelt sich jüdische Identität und Kultur nicht durch eine territorial bezogene Tradition, sondern durch den Geist eines Buches. Dieses Buch, so Hecker, verbindet die getrennten Gemeinschaften, die in der Diaspora leben, durch Sitten und Gebräuche miteinander. Das Buch enthält die Kraft des Überlebens des jüdischen Volkes in schwierigen Zeiten. Es registriert fortschreibend, wie die alten Memorbücher der früheren jüdischen Gemeinden, alle wichtigen historischen Geschehnisse. Auf die Architektur des jüdischen Gemeindezentrums Duisburg übertragen bedeutet dies für den Israeli Zvi Hecker: Hier wird ein neues Kapitel jüdischer Tradition in Deutschland aufgeschlagen: wie die aufgefächerten Seiten eines Buches öffnen sich die verschiedenen Kapitel der jüdischen Geschichte Duisburgs und wenden sich der Öffentlichkeit zu.

Durch die Tore der fünf fächerförmig angeordneten Gebäude-flügel, die symbolischen Kapitel des Buches, schreitet der Besucher vom Profanen hin zum Heiligen, um schließlich in die Synagoge, eher End- als Mittelpunkt dieses Weges, zu gelangen. Dem durch die Tore Hindurchschreitenden, so die Absicht von Hecker, sollen Zeit und Geschichte sich als reale Empfindungen erschließen.

Im Unterschied zu den meisten bisher behandelten Synagogen und Gemeindezentren stellt Heckers Entwurf ein dynamisches Konzept mit eher hoffnungsvollen Elementen dar. Vielleicht fällt es einem israelischen Architekten leichter als einem deutschen oder einem in Deutschland lebenden jüdischen Architekten, lediglich das »Prinzip Hoffnung«, ohne Verweis auf die immer noch nachwirkenden Folgen des Holocaust, hervorzuheben.

Und auch die Wahl des Davidsterns als Synagogengrundriß mag mit der Herkunft von Zvi Hecker aus Israel, mag mit dem Staats-symbol seines Landes zusammenhängen. Daß jedoch der David-stern als vordergründiges Primärsymbol nicht von sich aus bereits einen synagogalen Raum zeitigt, war schon bei der Synagoge Karls-ruhe deutlich ablesbar. Im Gemeindezentrum Duisburg bricht er das schlüssige Konzept sichtbar auf und wird zum eingezwängten, der Großform angepaßten Fremdkörper in einer sonst qualitätvollen und harmonischen Gesamtanlage.

Im April 1997 schrieb die Jüdische Gemeinde zu Dresden einen Architektenwettbewerb um den Neubau einer Synagoge aus. Sie soll am Standort des von Gottfried Sempers 1840 erbauten und 1938 von den Nationalsozialisten zerstörten jüdischen Gotteshauses errichtet werden. Da die Mitgliederzahl der jüdischen Gemeinde zwischen 1990 und 1997 von 50 auf 150 gestiegen war (inzwischen ist sie auf 260 angewachsen), wurde neben der geplanten Synagoge auch ein neues Gemeindezentrum vorgesehen. Im Juli 1997 gingen Livio Vacchini, Locarno, und Heinz Tesar, Wien, als Sieger des Wettbewerbes hervor. Die Jüdische Gemeinde zu Dresden entschied sich jedoch wenige Wochen später für den mit einem dritten Preis ausgezeichneten Entwurf der jun-

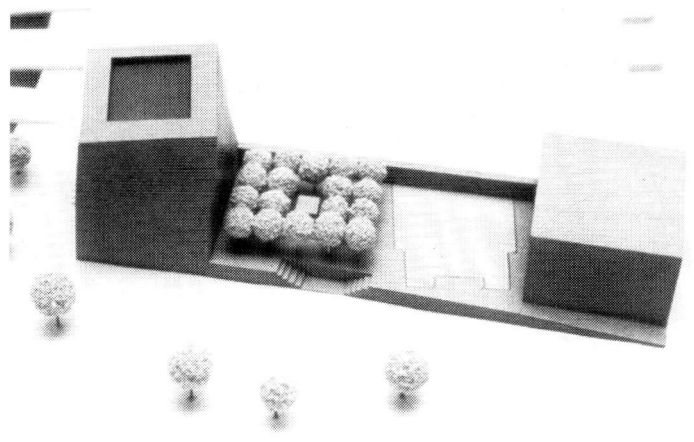

Abb. 30: Dresden, Synagoge mit Gemeindezentrum. Wettbewerbsmodell der
3. Preisträger Nikolaus Hirsch, Wolfgang Lorch und Andrea Wandel, 1997.

gen Saarbrücker Architekten Nikolaus Hirsch, Wolfgang Lorch
und Andrea Wandel (Abb. 30).

In der Konzeptbeschreibung ihres Entwurfs sehen die Architekten einen unmittelbaren Zusammenhang zwischen der Zerstörung Dres-
dens durch die Alliierten am 13./14. Februar 1945 und der Zerstörung der Synagoge am 9. November 1938. Doch während mit der
Rekonstruktion von Semper-Oper, Schloß und Frauenkirche die
Kontinuität zwischen Vergangenheit und Gegenwart wiederherge-
stellt wird, so die Architekten, ist die ungebrochene Kontinuität der
Synagoge in Frage zu stellen. Daher wird in der Gestalt der geplanten
Synagoge Dresden der Konflikt zwischen Stabilität und Fragilität,
zwischen dauerhaften und provisorischen Zuständen, zwischen Tempel und Zelt thematisiert. Ein zentraler Hof bringt die unterschiedlichen Nutzungen von Synagoge, Gemeindehaus und Mikwe in einen
räumlichen Zusammenhang. Die Mikwe ist ein Raum der Tiefe und
des Wassers. Sie befindet sich in einem baumbestandenen Karrée, das
als Außenraum für jüdische Feste dient.

Der Standort der am 9. November 1938 zerstörten Semper-Synagoge wird als Leerstelle im Bodenbelag des Innenhofes sichtbar gemacht; indem Benutzer und Besucher diese zentrale Stelle immer wieder überschreiten müssen, bleibt ihnen die anwesende Abwesenheit der zerstörten Semper-Synagoge stets gegenwärtig. Das Gemeindehaus ist auf die Altstadt hin orientiert und bildet eine neue Eingangssituation am städtebaulich amorphen Dresdner Altstadtring.

Die zur Elbe hin liegende Synagoge ist gekennzeichnet durch den Gegensatz zwischen einer massiven Hülle und einem fragilen Gewebe im Inneren. Aus Lage und Geometrie des Grundstücks und der notwendigen Ausrichtung der Synagoge nach Osten entwickelt sich ein gewundener, steinerner Baukörper, dessen komplexe Form auf einer einfachen, schrittweisen Verschiebung orthogonaler Ebenen beruht. Der an das Motiv des portativen Gotteshauses anknüpfende zeltartige Synagogenraum wird durch ein abgehängtes, golden schimmerndes Metalltextil gebildet. Innerhalb dieses Zeltes werden Empore, Bänke, Almemor und Aron hakodesch als Möbel aus Zedernholz eingestellt. Während durch das engmaschige, filigrane Metalltextil diffuses, auratisches Licht verstärkt durch sanfte Bewegungen der Zeltmembrane im Innenraum der Synagoge verbreitet wird, ist über dem Almemor eine zentrale Öffnung angebracht, die durch gebündeltes Zenithlicht den Longitudinalraum als Zentralraum erscheinen läßt – ein Raum-Licht-Kontinuum von magisch-sakraler Verspieltheit.

Bemerkenswert an diesem Entwurf ist die Sensibilität, mit der junge deutsche Architekten sich des Themas der Kontinuität von Diskontinuität in der deutsch-jüdischen Geschichte angenommen und in zeitgenössische Architektur umgesetzt haben.

Im März 1999 schrieb die Jüdische Gemeinde Mainz einen Realisierungswettbewerb zur Erlangung von Entwürfen für ein Gemeindezentrum mit Synagoge aus. Es soll am Standort der 1912 errichteten und im November 1938 zerstörten Hauptsynagoge stehen. Preisgekrönt wurde der Entwurf des 29jährigen Architekten Manuel Herz aus Köln (Abb. 31). Der plastische Baukörper fügt sich im Grundriß wie selbstverständlich in die umgebende Blockrandbebauung ein und

Abb. 31: Mainz, Synagoge mit Gemeindezentrum. Wettbewerbsmodell des
1. Preisträgers Manuel Herz, 1999.

zeigt gleichzeitig in seiner expressiven aufsplitternden Silhouette etwas von den historischen Verletzungen und Brüchen der Mainzer jüdischen Geschichte. Aus diesem Spannungsverhältnis zwischen städ-
tebaulicher Einfügung und ausdrucksstarkem, individualisiertem
Baukörper bezieht dieser Entwurf seine überzeugende baukünstlerische Qualität. Aus Sicht des Fußgängers entsteht die Bildfolge einer
sich stets verändernden kleinen Stadt im spannungsvollen Verhältnis
zur umgebenden, klaren Ordnungsprinzipien folgenden Gründer-
zeitbebauung: ein jüdisches Gemeindezentrum, das sich in seine Umgebung einordnet, ohne sich ihr unterzuordnen.

Die so entstandene Unverwechselbarkeit des Ortes wird gesteigert
durch die ungewöhnliche Gestaltung der Synagoge. Deren aufragen-
der Lichttrichter führt das Zenithlicht aus Richtung Osten tief in den
Synagogenraum hinein und ist gleichzeitig krönendes Element der
räumlich gezackten Baukörper-Silhouette. Im Inneren des Gebäudes
findet dies seine Entsprechung in einer begehbaren Raumskulptur,
deren Plastizität und räumlich-differenzierte Ausformung für Benutzer und Besucher auf vielfältige Weise erlebbar werden. Synagoge,

Foyer, Festsaal und die übrigen Bereiche des Gemeindezentrums reihen sich in dem meanderförmigen Grundriß als skulpturale Raumeinheiten aneinander und geben so der Gesamtanlage Zusammenhalt und Individualität zugleich: Eine zum Nachdenken anregende Architektur, die trotz ihrer städtebaulich überzeugenden Einfügung jegliche Anpassung und Harmonisierung vermeidet.

Rückblickend läßt sich feststellen, daß die nach 1945 in Deutschland errichteten Bauten jüdischer Gemeinden von fachlicher Kritik ausgespart und weniger als Architektur, denn als Akt der Wiedergutmachung gesehen wurden, der offensichtlich nicht durch kleinliche Kritik beeinträchtigt werden sollte. Die sicherlich gutgemeinte philosemitische Ausklammerung von fachlicher Kritik ist der architektonischen Entwicklung dieser zahlenmäßig bescheidenen Baugattung nicht zugute gekommen. Vom wichtigen quantitativen Aspekt einmal abgesehen: die ganz wenigen substantiellen Beiträge zur Architektur der Synagoge, zur synagogalen Raumantinomie und zur Synagogenarchitektur als Ausdruck gewaltsam unterbrochener historischer Kontinuität reichen trotz vielversprechender Ansätze in Duisburg, Dresden und Mainz noch nicht aus, um dieser eher marginalen Baugattung schon eine gesicherte Zukunft in Deutschland zu bescheinigen.

Wer ein Haus baut, will bleiben

Ansprache anläßlich der Eröffnung des Jüdischen Gemeindezentrums in Frankfurt am Main am 14. September 1986

Jüdisches Bauen in Deutschland war im Jahrhundert vor dem Völkermord gekennzeichnet von intensiver Suche nach einem dem Judentum angemessenen Baustil. Dabei lassen sich zwei Strömungen beobachten: zum einen der Versuch, durch Verwendung orientalisierender Stilelemente Eigenständigkeit und Herkunft des Judentums zu betonen; zum anderen durch Verwendung sogenannter rein deutscher Stile eher Zugehörigkeit und Bekenntnis zum deutschen Vaterland hervorzuheben.

Sowohl die Betonung jüdischer Eigenständigkeit als auch das demonstrative Bekenntnis zu Deutschland haben zwar originelle Stilmischungen, jedoch keine eigene jüdische Architektur hervorgebracht. Auch wenn es keinen spezifisch jüdischen Baustil gibt, so gibt es aus jüdischer Geschichte und Religion entstandene Symbole, die unverwechselbar Judentum repräsenieren: Davidstern, siebenarmiger Leuchter, Gesetzestafeln. Sofern ein profaner oder sakraler Bau nach außen hin als jüdisch erkennbar sein soll, muß eines oder müssen mehrere dieser Symbole verwendet werden.

Die Möglichkeiten für den Architekten bewegen sich zwischen bloßem äußerlichen Anheften und baukünstlerischer Einbindung des jeweiligen Symbols; je stärker diese Symbole in die Architektur integriert sind, desto überzeugender wird der Bau auf den Betrachter als dem Judentum zughörig wirken. Die stilisierten mosaischen Gesetzestafeln neben dem Haupteingang dieses Gemeindezentrums versinnbildlichen durch Verzicht auf konkrete Beschriftung Gesetz und Gerechtigkeit als allgemeine Prinzipien (Abb. 32). Für Juden sind die Gesetzestafeln das wichtigste Symbol: sie repräsentieren das Ende magisch-irrationaler Götzendienste, die Voraussetzung zur Abschaffung der Willkürherrschaft des Stärkeren über den Schwächeren und sind Grundlage sowohl jüdischer als auch christlich-abendländischer Moral, Ethik und Kultur.

Abb. 32: Frankfurt a. M., Jüdisches Gemeindezentrum. Ansicht Savignystraße (Haupteingang). Architekten: Salomon Korn und Architektengemeinschaft Gerhard Balser.

Der Glaube an dieses Gesetz, an Recht und Gerechtigkeit für alle hat die Geschichte des Diasporajudentums nahezu zwei Jahrtausende geprägt und bestimmt sie heute noch. Doch war dieses Gesetz nicht zu allen Zeiten und nicht für alle verbindlich gewesen. Seine vielfältigen Brüche sind in den symbolisierten Gesetzestafeln des Gemeindezentrums sinnfällig festgehalten worden. Es ist kein Zufall, daß unter diesen gebrochenen Gesetzestafeln der Grundstein liegt. Er enthält eine Liste der von den Nationalsozialisten in Konzentrationslager deportierten Frankfurter Juden – etwa 11.000 an der Zahl; jene Juden deren Schicksal uns mahnen soll, daß unsere Gegenwart und Zukunft noch lange von dieser Vergangenheit geprägt bleiben wird. Die Benennung der schmerzlichen Erinnerungen, ihre Aufhellung und Sichtbarmachung sind der einzige Weg, um auf Dauer erträglich mit ihnen leben zu können; sie nicht zu benennen hieße: seelische Wunder untergründig schwären zu lassen, sie zu verschlimmern. Auch dafür stehen die gebrochenen Gesetzestafeln!

Der Erinnerung an die Zerstörung, wie sie in den gebrochenen Gesetzestafeln zum Ausdruck kommen soll, stehen als Glaube an die Zukunft die drei Leuchtersymbole des Haupteinganges gegenüber; ihr symbolisches Licht ist das der Hoffnung. Sie werden gestützt von jenen drei Säulen, auf denen nach Simon dem Gerechten die Welt steht: auf der Lehre, dem Gottesdienst und der Wohltätigkeit.

Erinnerung an Zerstörung – und Hoffnung auf Zukunft: zwischen diesen Polen bewegt sich heute jüdisches Dasein in Deutschland. So, wie der Bruch in den Gesetzestafeln als entwurfsbestimmendes Element auch die beiden Gebäudehälften dieses Hauses sichtbar voneinander trennt, so wird die Distanz zwischen ihnen von einem filigranen Glasdach überbrückt – werden beide getrennten Teile miteinander verbunden: im Trennenden kann auch Gemeinsamkeit liegen (Abb. 33).

Wer ein Haus baut, will bleiben, und wer bleiben will, erhofft sich Sicherheit. Dieses Haus wird Mittelpunkt unseres zukünftigen Gemeindelebens sein. Doch will es durch seine besondere Gestalt auch daran erinnern, daß ein jüdisches Haus in der Diaspora immer auch ein provisorisches, passageres Moment erhält. Die architektonische Umsetzung dieses Gedankens zeigt sich in der Gestaltung des Foyers, wo ein Stück Außenarchitektur ins Gebäudeinnere fortgesetzt wurde. Durch diese Raumvermischung ist beabsichtigt, an existentielle Situationen zu erinnern, denen das Diasporajudentum jahrhundertelang ausgesetzt war: das ständige Abschätzen, ob man sich in einer sicheren Umgebung befindet oder einer irrational handelnden Umwelt gegenübersteht – auf die Architektur übertragen: das Gefühl des Verfließens von schützendem »drinnen« und unwirtlichem »draußen«.

Doch gerade diese fruchtbare Unruhe und Wachsamkeit kann das Diasporajudentum vor geistiger Provinzialität und einem falsch verstandenen Heimatbegriff bewahren. In den gewählten Symbolen und ihrer Ausbildung ist ein unverhülltes Bekenntnis zu einem bewußten Judentum zu sehen. Wir haben aus den Ängsten unserer Eltern und deren Weitergabe an uns die Lehren gezogen. Wir sind uns der besonderen Situation bewußt, als Minderheit in diesem Land

Abb. 33: Frankfurt a. M., Jüdisches Gemeindezentrum. Foyer.
Blick zur Gartenseite.

zu leben, und wir kennen gleichzeitig die Gefahren, daraus einen Status der Exklusivität machen zu wollen, gleichgültig von welcher Seite dieser Versuch – mit welcher Absicht auch immer – unternommen wird.

Gemeinsame Symbole erleichtern das Gefühl der Zusammengehörigkeit. Das neue jüdische Gemeindezentrum Frankfurt möge durch seine Gestalt, seine Symbole und seine Funktion ein Haus werden, mit dem seine Benutzer sich identifizieren können, um dadurch Geborgenheit und Frieden in ihm zu finden.

Es ist mein Wunsch, daß die zukünftigen Benutzer dieses Hauses – jüngere und ältere – auch im Gefühl der Geborgenheit sich ein Stück jener geschichtlich erworbenen kritischen »Weltoffenheit« bewahren, die große Teile des europäischen Diasporajudentums seit Jahrhunderten ausgezeichnet hat. Die Bewahrung dieses geistigen Erbes aus der Vergangenheit des europäischen Diasporajudentums wird die Zukunft der Jüdischen Gemeinde Frankfurt am Main fruchtbar und lebendig gestalten können.

Phantomschmerzen

Was wird aus Berlins Jüdischem Museum?

Daniel Libeskinds Entwurf für die Erweiterung des Berlin Museums um die Abteilung Jüdisches Museum schlug 1989 wie der Blitz in eine an Extravaganzen nicht gerade armen Architekturlandschaft ein (Abb. 34). Selbst Skeptiker ahnten: dies war mehr als »nur« ein jüdisches Museum – und mehr auch als ein Holocaust-Mahnmal. Dieser »Blitz« kam aus der Tiefe und durchschlug alle Schichten neuzeitlicher Geschichte der Juden in Deutschland, um schließlich deren Risse, Brüche, Ambivalenzen in der eigenen architektonischen Gestalt symbolisch »einzufrieren«.

Soll das von dieser Architekturplastik angeschlagene Thema auch im Inneren des Museums, und damit in der museografischen Darstellung deutsch-jüdischer Geschichte fortklingen, dann verbietet sich jede Idealisierung des Ausstellungsgegenstandes von selbst. Die in Ge-

Abb. 34: Berlin, Jüdisches Museum. Wettbewebsmodell des
1. Preisträgers Daniel Libeskind, Berlin.

denktagsreden gebetmühlenartig beschworene deutsch-jüdische Symbiose, deren politische Bedeutungslosigkeit Gershom Scholem bereits 1964 festgestellt hatte, kann es nicht sein. Und doch: es muß die deutsch-jüdische Symbiose sein – aber jene andere, die über ein Jahrtausend hindurch deutsch-jüdische Geschichte wirksam bestimmt hat: die »negative« Symbiose.

Von den ersten Kreuzzügen bis zum nationalsozialistischen Massenmord waren Juden nicht nur verfolgte Minderheit, sondern auch entlastende Projektionsfläche für die dunkleren Seiten der deutschen Volksseele. Ohnmachtsgefühle aus erfahrener Unterdrückung, geheime Ängste, Neid, verbotene Begierde – kurz: alles, was der christliche Untertan an sich selbst haßte oder angesichts seiner mächtigen Unterdrücker verdrängen mußte, übertrug er kompensatorisch auf die gesellschaftlich weit unter ihm stehenden Juden. Deren Emanzipation zu Beginn des 19. Jahrhunderts löste im kollektiven Unbewußten der Deutschen die Angst aus, Juden könnten durch Assimilation im deutschen »Volkskörper« unerkannt aufgehen. Damit drohte der Verlust des für die eigene schwankende Identität notwendigen Projektionsziels.

Der Juden und Nichtjuden mit »unwiderlegbaren« Naturkategorien unterscheidende und wertende Rasse-Antisemitismus des 19. und 20. Jahrhunderts kann daher als »blutige« Reaktionsbildung der deutschen Volksseele auf die drohende Auflösung der Juden als gesellschaftlich faßbare Minderheit gedeutet werden. Ein durch die Geschichte in seiner nationalen Identität stets gefährdetes Volk, wie das der Deutschen, bedurfte zur kompensatorischen Herausbildung eines gefestigten Nationalbewußtseins der selbstüberhöhenden Abgrenzung gegenüber Fremden. Der daraus resultierenden Stigmatisierung als »fremdartige Rasse« versuchten die deutschen Juden vehement die Errungenschaften der Aufklärung entgegenzusetzen. Vergeblich: die »negative« deutsch-jüdische Symbiose fand in Auschwitz ihren grausigen Höhepunkt.

Vor 1945 besaßen Juden in Deutschland lediglich für die Zeitspanne eines Menschenalters, von 1871 bis 1933, uneingeschränktes Bürgerrecht. Und selbst in dieser, heute so gerne glorifizierten Epoche konnten sie nur um den Preis der Taufe höhere Staatsbeamte, Richter, Offiziere oder Universitätsprofessoren werden. Wenn also die gesellschaftlichen Risse zwischen Christen und Juden selbst in dieser »Glanzzeit« jüdischer Emanzipation fortwirkten, was bleibt dann als historisches Fazit?

Von ihrem Ende her betrachtet war die Geschichte der deutschen Juden – ohne damit einer Teleologie das Wort zu reden – eine historische Sackgassenentwicklung. Emanzipation: Teilhabe an politischer, wirtschaftlicher und kultureller Gestaltung; Assimilation: Selbstverleugnung und Taufe – nichts konnte die Katastrophe abwenden. Die Phantomschmerzen aus der gewaltsam vollzogenen Amputation einer tausendjährigen Geschichte wirken bis heute nach und werden im deutsch-jüdischen Verhältnis noch lange spürbar bleiben. Wer Gelegenheit hatte, im Herbst 1995 durch den Rohbau des jüdischen Museums zu gehen, konnte darin etwas von dieser Geschichtserfahrung empfinden. In seinen brutal-rauhen Rohbauformen »sprach« die verwinkelte Raumfolge des Museums die Sprache des Verlustes: Hinterlassene Leere – die gebaute Erfahrung deutsch-jüdischer Geschichte – war hier in primärer Sinnlichkeit erlebbar. Was folgt daraus für die Museumskonzeption?

Sofern historischer Wahrhaftigkeit verpflichtet, muß ein »integratives Modell« auf »geschichtliche Integration« der historischen Risse (der Vorkriegszeit), des nationalsozialistischen Massenmordes und der Nachwirkungen der Brüche deutsch-jüdischer Geschichte nach 1945 zielen. Mit dieser Vorgabe ließe sich im Innenraum glaubwürdig einlösen, was blitzähnlicher Grundriß und zerklüftete Gestalt des Museums symbolisieren: die Fragilität deutsch-jüdischer Geschichte. Als museografische Konsequenz erwächst daraus die Notwendigkeit zu äußerster Zurückhaltung bei der Präsentation von Exponaten, um dem Innenraum möglichst viel von seiner expressiven Wirkung zu belassen; alles andere liefe Gefahr, die immer noch nachwirkenden Phantomschmerzen der deutsch-jüdischen Geschichte museografisch zu betäuben. Sie aber müssen spürbar bleiben, wenn der »Blitz« des Museums mehr sein soll als modisch-dekonstruktivistische Hülle.

Aus dem ungeschönten Aufzeigen der Kontinuität von Diskontinuität in der deutsch-jüdischen Geschichte könnte ein Gespür da-

für erwachsen, wie die Abkömmlinge dieses historischen Phäno-
mens in unsere Gegenwart hineinwirken – in die von Juden und
Nichtjuden. Dies wäre keine museale Konservierung einer glorifizierten, als politisches Phänomen nie existenten Symbiose, sondern
Aufspüren von geschichtlichen Spätfolgen auf gegenwärtiges Leben
in Deutschland. Im »Blitz« des Museums verbirgt sich diese Kraft –
sie freizusetzen und für unsere Gegenwart fruchtbar zu machen,
muß das Ziel sein.

Ein Bau wie Kain und Abel

Vom Sündenfall zum Glücksfall:
Die Architektur des Jüdischen Museums in Berlin

Der »Sündenfall« geschah, als 1989 beim Architektenwettbewerb »Erweiterung Berlin Museum mit Abteilung Jüdisches Museum« der eigenwillige Entwurf von Daniel Libeskind mit dem 1. Preis ausgezeichnet und von der Jury zur Ausführung empfohlen wurde (Abb. 35). Dem folgte die Vertreibung der deutsch-jüdischen Symbiose aus dem Paradiesgarten des Berlin Museums. Nun liegen Senat, Jüdische Gemeinde, der Generaldirektor der Stiftung Stadtmuseum, Reiner Güntzer, und der zwischenzeitlich entlassene Leiter des Jüdischen Museums, Amnon Barzel, wie einst Kain und Abel sich in den Haaren, ohne daß eine göttliche Feuersäule den Ausweg aus einer verworrenen Situation weist. Dabei hatte diese Geschichte ganz hoffnungsvoll begonnen.

Als das im Westteil der Stadt gelegene Berlin Museum 1974 eine Erweiterung seiner Ausstellungsflächen plante und diese um eine

Abb. 35: Berlin, Jüdisches Museum, Ansicht Lindenstraße (Eingang).
Aufnahme Oktober 1997. Architekt: Daniel Libeskind.

»Jüdische Abteilung« zu erweitern beabsichtigte, bestand mit dem Vorsitzenden der Jüdischen Gemeinde, Heinz Galinski, Einigkeit: die neue Abteilung sollte in den Kontext des Stadtmuseums, als Teil der allgemeinen Geschichte Berlins, eingebunden werden – eine konzeptionelle Vorgabe, die Grundlage des 1988 von einer Expertengruppe im Berliner Aspen-Institut verabschiedeten »integrativen Modells« wurde. Diesem Konzept zufolge war im Rahmen eines Erweiterungsbaus des Berlin Museums ein darin integriertes Jüdisches Museum zu schaffen, in dem erkennbar sein sollte, daß Juden und jüdische Geschichte untrennbare Bestandteile der Stadtgeschichte sind. Zudem wurde empfohlen, das Jüdische Museum als erkennbares Element des Erweiterungsbaus architektonisch hervorzuheben. Empfehlung und »integratives Modell« flossen als bindende Vorgaben in die Bestimmungen des 1988 vom Land Berlin ausgeschriebenen Architektenwettbewerbes ein.

Was Daniel Libeskind mit seinem preisgekrönten Entwurf schließlich vorlegte, war kein Erweiterungsbau des Berlin Museums, aus dem das Jüdische Museum als eigenständiger Baukörper sichtbar herausragte, sondern ein vom Holcaust gekennzeichnetes Gebäude deutsch-jüdischer Leidensgeschichte mit »Restflächen« für Belange des Berlin Museums. In der Beurteilung des Preisgerichtes bleibt diese Abweichung von der ursprünglichen Wettbewerbsaufgabe unberücksichtigt. Hervorgehoben wird dort, wie Berliner und jüdische Geschichte in ihrer inhaltlichen Verknüpfung kongenial in Raumfolgen übersetzt sind. Libeskinds Entwurf, so die abschließende Bewertung, sei Chance und Herausforderung für Berlin.

In eben dieser »Chance und Herausforderung« liegt ein wesentlicher Grund für den nach wie vor schwelenden Konflikt. Es scheint, als habe der »Blitz« des preisgekrönten Museumsgrundrisses nicht nur sämtliche Schichten neuzeitlicher Geschichte der Juden in Deutschland durchschlagen, um schließlich deren Risse, Brüche, Ambivalenzen in der eigenen architektonischen Gestalt »einzufrieren«, sondern auch die Vertreter des Berliner Senats im Preisgericht geblendet. Kann ihnen, wie den anderen Juroren auch, wirklich entgangen sein, daß die mehrfach gebrochenen Raumfragmente des

Libeskind-Baus die allgemeine Geschichte Berlins durch das Brennglas jüdischer Historiografie hindurch in eine fragwürdige museografische Verengung lenken? Die dekonstruktivistische Ausdruckskraft des neuen Museumsflügels ist vor allem dem jüdischen Anteil der Stadtgeschichte geschuldet. Tatsächlich aber wird, in Umkehrung historischer Wertigkeit, die Geschichte Berlins in segmentierte, auf jüdische Geschichte hin gestaltete Architekturelemente gepreßt. Was haben stadtgeschichtliche Themen wie »Berlin wird Hauptstadt des Deutschen Reiches (1871-1888)«, »Die Ära Wilhelm II. (1890/95-1914/18)« oder »Stadtentwicklung und Verkehr bis 1914« primär mit jüdischer Geschichte zu tun?

Als 1994 Amnon Barzel vom Berliner Senat zum Direktor des »Jüdischen Museums als Abteilung des Berlin Museums« berufen wurde, erkannte er schnell die offensichtliche Kluft zwischen konzeptionellem Anspruch und architektonischer Wirklichkeit – und die darin ruhende Sprengkraft. Offensiv eröffnete er daraufhin die Debatte um den künftigen Status des Jüdischen Museums im Verbund mit dem Berlin Museum. Seine Forderungen liefen auf die Aufgabe des »integrativen Modells« hinaus, mit dem Ziel, die Themen des Jüdischen Museums aus der Bindung an die Stadtgeschichte zu lösen und den gesamten Libeskind-Bau ausschließlich als Jüdisches Museum zu nutzen. Dabei kam ihm zugute, daß dieses Gebäude im öffentlichen Bewußtsein nicht mit dem Stadtmuseum, sondern mit dem Jüdischen Museum gleichgesetzt wird – verständlicherweise: denn der »Ton«, den die zerklüftete Architektur anschlägt, wird nicht vorrangig von deutscher, sondern von jüdischer Geschichtserfahrung vorgegeben. In Fortklang dieser baulichen Vorgabe sollte nach Barzels Vorstellung jüdische Geschichte in Deutschland nicht mehr auf der Klaviatur deutscher Historiografie, sondern auf dem historiografischen Instrumentarium der jüdischen Minderheit »gespielt« werden.

Als Überbringer der schlechten Nachricht vom einstigen »Sündenfall« der Auslober und dessen Folgen für das zukünftige Konzept des Jüdischen Museums, lag Barzel auf Kollisionskurs mit dem Berliner Senat, der unbeirrt und ohne die aus der Museumsarchitektur sich ergebenden Implikationen anzuerkennen, am ursprünglichen »integrativen Modell« festhielt. Die Jüdische Gemeinde unterstützte Barzels forschen »Emanzipations-Kurs«. Schließlich kündigte der Senat im Juni 1997 das Arbeitsverhältnis mit dem kampfeslustigen Museumsleiter, was die Jüdische Gemeinde zu heftigen Protesten und Barzel zur Klage gegen den Senat veranlaßte. Zwischen allen Fronten steht Daniel Libeskind und versucht vom »integrativen Modell« zu retten, was vermutlich nicht mehr zu retten ist.

Doch wie immer dieses Lehrstück deutsch-jüdischen Geschichtsverständnisses auch enden mag: der »Sündenfall« der Auslober im Architektenwettbewerb war ein Glücksfall für die zeitgenössische Architektur. Der mehrfach verwinkelte und verschachtelte Grundriß des Jüdischen Museums ist dabei nicht nur unversehens zum Sinnbild seiner eigenen Geschichte geraten, sondern auch zu einem seiner Deutungen. Zuschreibungen wie »eingefrorener Blitz«, »aufgebrochener Davidstern«, »entgleister Zug« für eine nur auf Plänen oder aus der Vogelperspektive ablesbare Grundrißfigur sagen weder etwas über den tatsächlichen Gebäudeumriß noch über Architekturqualität aus, sondern sind Etikettierungen, um Verunsicherung und Ratlosigkeit des Betrachters durch vertraute Gestaltmuster aufzuheben. Als Deutungshilfen besitzen sie allenfalls beschreibenden Charakter, haben aber mit plastisch-räumlichen Qualitäten und primär-sinnlichem Architekturerlebnis nichts zu tun. Die Qualität des Jüdischen Museums besteht gerade darin, daß man dessen zerklüftete Gebäudeplastik nicht eindeutig auf Bekanntes zurückzuführen vermag, sondern es sich in seiner Unbestimmbarkeit zahlreichen Sichtweisen öffnet. Damit bleibt es auf herausfordernde Weise vielen »An-Sichten« gegenüber lebendig, verschleißt nicht durch zuschreibbare Eindeutigkeit und bietet gedanklichen Assoziationen ebensoviel Spielraum wie sinnlichem Architekturerlebnis.

Das räumlich-plastische Konzept des Libeskind-Baus beruht auf der Durchdringung zweier unterschiedlich verlaufender Linien. Auf der einen Linie, der geraden, befindet sich eine Abfolge fragmentierter Leerräume (»voids«), von denen der Besucher die meisten weder betreten noch in ihrer Dimension erfassen kann: Unsichtbares, Abwesendes, Vernichtetes der deutsch-jüdischen Geschichte. Gekreuzt werden die unregelmäßigen Umfassungswände der Leerräume von einer mehrfach gebrochenen, gewundenen Linie, auf der die räumliche Abfolge Berliner und jüdisch-berliner Geschichte verläuft. Indem beide Linien zusammenlaufen, sich kreuzen und wieder auseinanderstreben, werden sie mal als zusammengehörige, mal als getrennt verlaufende Geschichtsströme erlebt. Dort, wo sie aufeinanderstoßen, decken sie an den »voids« eine historische Leere auf, die den Museumsbesucher zu verunsichern, wenn nicht gar zu verstören vermag. Weil das Unvorstellbare in diesem komplexen Raumkontinuum nur erahnt, nicht aber durch Rückführung auf vertraute Formen »gebannt« werden kann, verwehrt es dem Betrachter beruhigende Gewißheiten. Die in Bauformen geronnene Fragilität deutsch-jüdischer Geschichte wird im Libeskind-Bau in primärer Sinnlichkeit erahnbar.

In diesem Kontext ist die dekonstruktivistisch geformte Gestalt des Museums keine modische Hülle zeitgenössischer Architekturströmungen, sondern überzeugendes Gestaltungsmittel, die Kontinuität von Diskontinuität in der deutsch-jüdischen Geschichte aufzuzeigen. Indem die historischen Folgen des Holocaust - Risse, Brüche, Verletzungen - das gesamte Gebäude gestalterisch durchdringen, sperrt es sich gegen jede museale Konservierung einer als politisches Phänomen nie existenten deutsch-jüdischen Symbiose. In dieser gebauten Abwehr sowohl gegen Glorifizierung als auch Historisierung einer noch lange nachwirkenden Vergangenheit liegt eine der großen Qualitäten dieses Museums. Darüberhinaus erlangt es umfassendere Bedeutung, weil seine Zerklüftungen, Brechungen und Fragmente nicht nur Spuren deutsch-jüdischer Geschichte, sondern die historischen Narben unseres blutigen Jahrhunderts als ganzes in sich zu tragen scheinen. Es ist nicht zuletzt dieser, über seine spezifische Bestimmung hinausreichende, ubiquitäre Bedeutungszusammenhang, der diesem Gebäude seinen überragenden künstlerischen Rang verleiht.

Im Januar 1999 wurde das Jüdische Museum der Öffentlichkeit als leerer Baukörper übergeben, im Jahre 2000 soll das geplante Ausstellungskonzept umgesetzt sein. Unbeschadet aller laufenden Querelen und Kritik: An der Schwelle zum nächsten Jahrtausend entsteht in der deutschen Hauptstadt eines der großen Kunstwerke zeitgenössischer Architektur.

Neugeboren aus der Tiefe

Frühe christlich-jüdische Symbiose:
Mikwe und Dom in Speyer sollten zugleich saniert werden

War der Bußgang von Kaiser Heinrich IV. nach Canossa (1077) maßgebend für den Umbau und die Erweiterung des erst sechzehn Jahre zuvor vollendeten Kaiserdoms zu Speyer? Das Abtragen und der reichere Wiederaufbau der Kirche ab 1082 samt der neuartigen Einwölbung des vierzehn Meter breiten Mittelschiffes mit Kreuzgratgewölben scheinen die Antwort des Monarchen auf seine Demütigung durch Papst Gregor VII. gewesen zu sein. Daraus hervorgegangen ist ein Kaiserdom von wahrhaft europäischer Bedeutung. Nicht nur die vom Investiturstreit ausgelöste Domerneuerung trägt unverkennbare Spuren europäischer Geschichte: Gleich Grundsteinen Europas liegen die Sarkophage von acht Kaisern und Königen des Heiligen Römischen Reiches Deutscher Nation in der Krypta des größten christlichen Sakralbaus seiner Zeit. Der Dom zu Speyer ist der in Stein gemeißelte Anspruch des salischen Kaiserhauses sowohl auf europäische Vorherrschaft als auch auf europäische Einheit – eine Einheit, die lange verloren war und erst in unseren Tagen, unter gänzlich anderen historischen Voraussetzungen, erneut möglich scheint. Es ist sicherlich kein Zufall, daß der überzeugte Europäer Helmut Kohl den Dom zu Speyer als »seine« Kirche betrachtet und ihn von Zeit zu Zeit aufsucht – sei es, um sich dorthin privat zurückzuziehen, oder ihn ausländischen Staatsoberhäuptern zu präsentieren.

Die Geschichte des Doms und der Stadt Speyer bezeugen beispielhaft, daß das frühe Mittelalter keineswegs so finster war, wie der allgemeine Sprachgebrauch dies nahelegt. Seit dem elften Jahrhundert lebten in Speyer Juden gleichberechtigt unter christlichen Bürgern. Nur wenige Schritte vom Domplatz entfernt stehen heute noch das um 1100 errichtete, nahezu vollständig erhaltene jüdische Ritualbad (Mikwe) (Abb. 36) sowie die Ostwand der etwa gleichzeitig erbauten Männer- und Frauensynagoge. Der Kunsthistoriker Richard Krautheimer hat 1927 in seiner Habilitationsschrift »Mit-

Abb. 36: Speyer, jüdisches Ritualbad (Mikwe). Errichtet um 1100.

telalterliche Synagogen« durch vergleichende Stilanalsye belegt, daß die Baumeister des Doms auch die Mikwe und die Synagoge errichtet haben.

Das jüdische Ritualbad besteht aus einem zehn Meter in die Tiefe getriebenen Badschacht mit gefaßtem Tauchbecken und stellt – angesichts des nach unten stetig wachsenden seitlichen Erddrucks – eine beachtliche Leistung mittelalterlicher Ingenieurbaukunst dar. Und das Wandfragment der Synagoge läßt erkennen, daß diese vielleicht nicht so üppig wie der Dom, aber nicht weniger qualitätvoll als er geschmückt war.

»Antike Tempel konzentrieren den Gott im Menschen; des Mittelalters Kirchen streben nach dem Gott in der Höhe«, heißt es in Goethes Maximen und Reflexionen. Jüdische Ritualbäder in Deutschland streben vor allem in die Tiefe, in den Schoß von Mutter Erde – dorthin, wo Juden die Seele im stets frischen, lebenden Grundwasser reinigen können, um wie »neugeboren« daraus hervorzusteigen. Auch Synagogen werden unter Berufung auf Psalm 130 – »Aus der Tiefe rufe ich, Herr, zu Dir« – häufig um einige Stufen ins Erdreich abgesenkt. Ist dies die steinerne Allegorie für ein antithetisches Verhältnis zwischen jüdischer Erdverbundenheit und christlichem Himmelsstreben? Oder ein ungewohntes Sinnbild für das Alte und das darauf aufbauende Neue Testament? Die Baumeister des Doms haben beide Dimensionen – Tiefe und Höhe – mit ihrer Kunst durchmessen und sowohl christliche als auch jüdische Kultstätte mit gleichem Dekor ausgestattet. Während die christlichen Handwerker an Dom, Synagoge und Mikwe bauten, sorgten jüdische Kaufleute für deren Verpflegung und Aufrechterhaltung der für den Dombau notwendigen Infrastruktur. Es ist dies eine frühe Form christlich-jüdischer Symbiose, die spätestens mit dem blutigen Pogrom von 1349 endete.

Nach fast einem Jahrtausend, nach zahlreichen Zerstörungen, Bränden, Bauprovisorien und teils fragwürdigen Rekonstruktionen muß der Dom zu Speyer seit Jahren dringend saniert werden. Zur Finanzierung , Unterstützung und sachkundigen Begleitung der unabdingbar gewordenen Sanierungsmaßnahmen hat sich am 5. Juli 1996 ein Kuratorium des Dombauvereins Speyer konstituiert, das am 2. Juli 1999 in die »Europäische Stiftung Kaiserdom zu Speyer« übergeführt wurde. Vorsitzender der Stiftung ist Bundeskanzler a. D. Helmut Kohl. Die geplanten Arbeiten werden sich voraussichtlich bis zum Jahre 2008 hinziehen und schätzungsweise über vierzig Millionen Mark kosten. Es mag Zufall sein: Nach fast tausend Jahren kreuzen sich das Bauschicksal des christlichen Gotteshauses und des jüdischen Ritualbades erneut: Nicht nur der Dom, sondern beide altehrwürdigen Stätten bedürfen des Erhalts zur gleichen Zeit und mit gleicher Dringlichkeit. Sicher, es ist bemerkenswert, wenn in der Stiftung des Kaiserdoms neben Vertretern der katholischen und evangelischen Kirche auch ein Vertreter der jüdischen Gemeinschaft in Deutschland sitzt. Doch mindestens ebenso wichtig wäre es, die Sanierung des Domes mit derjenigen der Mikwe zu verknüpfen. Damit ließen sich zwei historische Entwicklungslinien wieder zusammenführen, die viele Jahrhunderte in unterschiedliche Richtungen verliefen.

Seit 1940 gibt es keine jüdische Gemeinde mehr in Speyer. Jetzt schicken sich die wenigen wieder in der Stadt lebenden Juden an, eine neue Gemeinde zu gründen. Eine Sanierung der Mikwe als Bestandteil der Domsanierung hieße in diesem Zusammenhang, an die besten Traditionen der christlich-jüdischen Geschichte in Speyer anzuknüpfen. Es wäre ein Zeichen, das weit über Deutschland hinaus Beachtung fände.

Gedenkorte – Gedenktage

Im Hohlraum der Zivilisation

Notizen zu einer Reise nach Auschwitz

25. Januar 1995: Es dunkelt bereits, als die vollbesetzte Maschine der polnischen Fluggesellschaft LOT vom Rhein-Main-Flughafen in Richtung Krakau abhebt. Die meisten Passagiere an Bord sind auf dem Weg zu den Gedenkfeiern anläßlich des 50. Jahrestages der Befreiung von Auschwitz. Unsere Reisegruppe umfaßt etwa 50 Jugendliche und zehn Erwachsene, darunter drei ehemalige Lagerinsassen: Eva Szepesi aus Frankfurt a. M., Hans Frankenthal aus Dortmund und Michael Gilad aus Israel. Viele Teilnehmer sind einander fremd. Der Altersunterschied zwischen ihnen beträgt ein halbes Jahrhundert: drei Generationen. Wird diese eher inhomogen wirkende Gruppe in der Lage sein, die unumgänglichen Schwierigkeiten einer Reise in eine quälend-gegenwärtige Vergangenheit gemeinsam zu meistern?

26. Januar 1995: Gegen 8.00 Uhr verlassen wir in zwei Bussen Krakau und fahren in das 60 km entfernte Oswiecim. Erstes Ziel ist das Stammlager Auschwitz. Stacheldraht, Lagereingang (»Arbeit macht frei«), Häftlingsblöcke wirken wie Kulissen für die aus aller Welt herbeigeeilten Fernsehteams. Hans Frankenthal gelingt, was bei dem Besucher- und Medienrummel kaum möglich schien. Seine sprudelnden, lebendigen Schilderungen öffnen uns partiell einen Erlebnisweg in die Vergangenheit des Vernichtungslagers: Appellplatz, Stangengalgen, Erschießungswand, Dunkelzellen, Stehzellen, Gaskammer und – die jüdische Baracke: Hier verstummen alle Erläuterungen. Bekannte und bisher nicht gesehene Fotos zeugen vom Vorhof des Vorhofes der Hölle. Warum bleibt alles, was beim Anblick dieser Bilder empfunden werden kann, von der Wirklichkeit des Grauens so unendlich weit entfernt? Muß man es zuvor am eigenen Leib verspürt haben, um sich ihm nähern zu können? Ist eingebrannter Schmerz der alleinige Maßstab? Sie bleibt unüberbrückbar: die Distanz zwischen dem, was diese Bilder festgehalten haben und dem, was ich auf ihnen zu erkennen vermag.

Abb. 37. Konzentrations- und Vernichtungslager Auschwitz-Birkenau.
Ruinen von Gaskammer und Krematorium.

Auschwitz-Birkenau: Hohlraum der Zivilisation. Wachturm, Todestor, Schienen, Rampe, Krematorium (Abb. 37). Auch hier: Wirklicheit wird eher durch die Objektive der Fernsehkameras als sehenden Auges wahrgenommen. Der Medienrummel versperrt nicht allein den Weg in die Vergangenheit. Nur mit Mühe gelingt es uns, an den Ort der jüdischen Gedenkfeierlichkeiten zu gelangen. Im naßkalten Wind dehnt sich die Zeit des Wartens. Das Durcheinander der Gedenkfeier stört mich wenig – hätte es doch nie »deutsche Ordnung« an diesem Ort gegeben! Elie Wiesel, Joseph Burg und Schewach Weiss sprechen eindringlich. So schnell wie er gekommen, so rasch ist der Troß der Offiziellen wieder verschwunden. Ob dies eine würdige Gedenkfeier war? Eine notwendige allemal. Der nationalsozialistische Völkermord an den europäischen Juden verbietet dessen »Polonisierung«.

Wir nehmen uns Zeit. In den Frauenbaracken erzählt Eva Szepesi von zusammengedrängten Leibern auf dreistöckigen Holzpritschen. Die Enge als »Lebensrettung«: gegenseitiges Wärmen der ausgemergelten Frauenkörper. An der Rampe erläutert Hans Frankenthal den Ablauf der Selektionen. Hier standen jene, sich Herren-menschen dünkende deutsche Untertanen und spielten Gott. Der Verteidiger der Massenmörder im Nürnberger Prozeß und Frank-furter Auschwitz-Prozeß (ich habe seinen Namen gestrichen) wagte die Behauptung, der Selekteur an der Rampe sei dem einen oder anderen ein Lebensretter gewesen, weil er Hitlers Plan zur »Endlö-sung der Judenfrage« durchkreuzt habe –

Als die tief stehende Sonne den Wald der Barackenschornsteine des Vernichtungslagers in das unwirklich sanfte Licht der blauen Stunde taucht, zeigt uns Michael Gilad in einer zur berüchtigten »Quarantäne« gehörigen Pferdebaracke, wo »seine« Pritsche war. Er zieht den Mantel aus, streift seine Jacke ab – Schutzschalen seiner Ver-gangenheit? – schwingt sich nach oben, steht zwischen zwei Stock-werkpritschen und spricht zu uns mit alttestamentarischer Eindring-lichkeit, als wolle er ein Vermächtnis weitergeben. Wo einst anstelle von 56 Pferden 1000 Häftlinge eingepfercht waren, gibt Michael Gi-lad Bruchstücke seiner Vergangenheit preiß: Kopf, zum Ersticken nah, vom Blockführer gewaltsam in den Ofen gedrückt bei gleichzei-tigen Stockhieben auf den nackten Hintern; erniedrigendste Selektio-nen: Präsentieren des kotverschmierten Gesäßes vor SS-Ärzten in den Massenlatrinen – sofortige Vergasung der Selektierten; Häftlingsra-che: Erstickungstod des sadistischen Blockführers im Kot der Latrine; nie aufgegebene Hoffnung, getragen von Text und Melodie eines Lie-des, das eines nachts ein junger Häftling leise vor sich hinsang - so in-nig, als müsse sich das Dach der Baracke emporheben ...

20.00 Uhr: Gesangsabend im Jüdischen Kulturzentrum Krakau mit Liedern von Mordechai Gebirtig. Musik und Texte voller Weh-mut – Wehmut auch über die Zusammensetzung des Publikums. Von über 60.000 Krakauer Juden sind kaum 150 übriggeblieben. Krakau – Auschwitz: 60 km!

22.00 Uhr: Bei der anschließenden gemeinsamen Aussprache im Hotel finden die meisten Teilnehmer nur mühsam Worte für das am Tag Erlebte. Die Unfähigkeit zu sprechen wird auf störende Ka-meraleute und Fotografen umgelenkt. Michael Gilad stellt die Fra-ge, warum jüdische Jugendliche, nach allem, was geschehen sei, heute in Deutschland lebten; er könne es nicht verstehen. Er erwar-

te an diesem Abend noch keine Antwort (er hat sie auch am Ende
der Reise nicht erhalten – haben wir eine?).

27. Januar 1995: Fahrt nach Auschwitz-Birkenau zu den offiziellen
Gedenkfeierlichkeiten. Polizeiaufgebot entlang der Straße. An einer
Hauswand die frische Inschrift: »Juden ins Gas«. Das Eindrücklich-
ste der mißlungenen Gedenkveranstaltung: Die unendlich schei-
nende Aufzählung von Vornamen der Ermordeten über Lautspre-
cher in den eisigen Wind von Auschwitz-Birkenau – ein Aufblitzen
von Individualität, Nähe zu den Opfern, zum »Grab in den Lüf-
ten«.

Am Nachmittag kurzes, unter Zeitdruck der Offiziellen stehendes Gespräch unserer Gruppe mit Bundespräsident Herzog. Als Michael Gilad sich bei ihm für dessen Kommen nach Auschwitz be-
dankt, antwortet Herzog: »Ich habe irgendwo gelernt, was sich gehört.« Auschwitz verschlägt auch einem Präsidenten die Sprache.
Was so klingt, als sei eine Pflicht erfüllt worden, soll in Wirklichkeit
heißen: »Es war mir ein Bedürfnis, in Auschwitz an Ihrer Seite zu
stehen.« Herzogs Worte liegen hier nicht auf der Goldwaage - seine
Anwesenheit sagt alles: sie spricht für ihn.

Und dann die Häftlingsblöcke des Stammlagers Auschwitz mit
den Kleidungsstücken ermordeter Kinder, Bergen von Prothesen,
Koffern, Brillen, Schuhen, Tonnen von Menschenhaar, abgeschnit-
tenen Zöpfen – gehört dieser Zopf nicht Eva Szepesi? Sie hatte uns
gestern erst geschildert, wie er ihr bei ihrer Ankunft in Auschwitz
abgeschnitten wurde. Alptraum: menschliche Gliedmaßen ohne
Menschen. Das weiße Gipsmodell der ins Erdreich verlegten Gaskammern von Birkenau läßt etwas vom grausigen Erstickungstod
der Männer, Frauen und Kinder im Zyklon-B-Gas erahnen. Inein-
andergepreßte Menschen-Masse. Krematorium, Asche zu Asche –
Rauch! Verzweiflung des Nachgeborenen: Je mehr ich von Auschwitz zu begreifen beginne, je gewaltiger sich das Inferno abzeich-
net, desto weiter scheint sich Auschwitz dem Verständnis zu entziehen. Ausmaß des Verbrechens: Die Grenze menschlicher Grausamkeit wurde nicht in bisher unbekannte Dimensionen verschoben –
sie wurde dank deutscher Ingenieurkunst und preußischer Tugen-

den ein für allemal getilgt. Schweigen und Bedrückung auf der Rückfahrt nach Krakau.

Am Abend Shabbat-Feier im Hotel und danach Golda Tencer, eine jüdische Sängerin aus Warschau – mitreißend, als solle endgültig Vernichtetes wieder auferstehen. Begeistertes Publikum, ekstatische Stimmung, wunderbare Zugaben; jüdische Kultur in ihrer schönsten Volkstümlichkeit: unmittelbar von Herz zu Herz. Welch vibrierender Gleichklang! Zwischen der jüdischen Sängerin aus Polen und den jüdischen Jugendlichen aus Deutschland wird jenes Band spürbar, das Juden in aller Welt seit nahezu 2000 Jahren umfängt.

28. Januar 1995: Shabbat-Gottesdienst in der Remuh-Synagoge. Das mit jüdischen Touristen aus aller Welt überfüllte Bethaus erweckt den Eindruck, als habe die absterbende jüdische Gemeinde Krakau für diesen Shabbat eine Bluttransfusion erhalten. Mittagessen im gegenüberliegenden jüdischen Restaurant Ariel; Weihnachtsbaum und Menorah stehen hier nebeneinander. Von über 100 Synagogen in Krakau sind sieben erhalten geblieben. Wir besichtigen drei. Wie anderswo auch: Aus Synagogen sind Museen, aus jüdischen Gemeinden Gedenkbücher geworden.

Abendessen im Restaurant Wierzynek am Haupt-Marktplatz. Hier pflegte Hans Frank, Generalgouverneur von Polen, mit seinen Offizieren zu speisen. Reiseleiter Benjamin Bloch, sicherer Lotse im aufgewühlten Meer unserer Gefühle, findet, wie schon so oft, auch hier die angemessenen Worte. Wo einst die Exekutoren der Judenvernichtung sich nach getaner Arbeit amüsierten, fordert er einzelne von uns auf zu singen. Lieder in Ivrit, russisch, niederländisch, polnisch, Melodien ohne Worte – alle stimmen ein ... Ein Gedanke läßt mich nicht los: Wir haben den Ermordeten unsere Stimmen geliehen, damit an diesem Ort nicht den Tätern das »letzte Wort« zukomme.

29. Januar 1995: Fahrt zum ehemaligen Krakauer Ghetto. Hier erfahren wir, daß der Großvater unserer polnischen Reisebegleiterin während der deutschen Besatzung zehn Juden das Leben gerettet hat. Er zählt zu jenen 4000 Polen, denen in Yad Vashem ein Baum in der Allee der Gerechten gepflanzt wurde.

Weiterfahrt zum Zwangsarbeitslager Plaszow am Stadtrand von Krakau. Wir versammeln uns an diesem sonnig-kalten Morgen am Mahnmal, sagen Kaddisch für die Ermordeten und singen die Hatikva für die Überlebenden. Hier klingt sie nicht wie eine Hymne – eher wie ein Lied, das uns gleichermaßen mit der Vergangenheit dieses Ortes und der Zukunft des jüdischen Volkes verbindet. Wir fühlen uns den Toten und den Überlebenden nah.

Der Steinbruch: Die Reste der Kulissen von »Schindlers Liste« erschweren es, den authentischen Ort zu »sehen«; gleichzeitig helfen die Filmbilder, das Geschehen an dieser Stelle nachzuvollziehen – Vexierspiel zwischen Wirklichkeit und Abbild. Auf dem Rückweg zum Bus müssen wir einen Stacheldrahtzaun überwinden. Michael Gilad zieht die Drähte auseinander und hilft uns Jüngeren aus dem umzäunten Areal heraus. Was empfindet er in diesem Augenblick?

Der Wavel, die über Krakau thronende Königsburg, ist unsere letzte Station vor dem Abflug nach Frankfurt. Hier herrschten einst polnische Könige, hier residierte Hans Frank, hier befinden sich die Grabstätten bedeutender polnischer Dichter. Höchste Kulturleistungen und tiefste Barbarei in unmittelbarer Nachbarschaft. Wieviel trennt den Wavel von Auschwitz?

Flughafen Rhein-Main. Abschied. Michael Gilad hat die Aufregungen der Reise nur mit Beruhigungsmitteln überstanden. Eine Antwort auf die von ihm gestellte Frage scheint ihm nicht mehr so wichtig. Umarmung. Wir haben ähnliche Gefühle: Uns verbindet mehr, als wir bei Antritt der Reise ahnten. Drei Generationen sind einander näher gekommen, haben über ihre Vergangenheit, sich selbst und andere gelernt und empfinden diese Reise – wegen ihrer Belastung – als bleibendes Erlebnis. Wer je Auschwitz durch die Augen von Zeitzeugen gesehen hat, wird es – ob Deutscher, Jude oder Pole – als Teil der eigenen (Vor-)Geschichte in Erinnerung bewahren. Wer je Zeitzeugen in Auschwitz erlebt hat, der weiß: Die Überlebenden haben Auschwitz verlassen, aber Auschwitz hat sie nicht verlassen.

Abb. 38: Jerusalem, Yad Vashem. Monument zu Ehren der Soldaten,
Partisanen und Ghettokämpfer.

Die zweigeteilte und die gemeinsame Erinnerung

*Was es in Israel heißt, des Holocaust zu gedenken,
und was in Deutschland*

Am 23. Juli 1944 erreichen sowjetische Truppen das Vernichtungslager Majdanek in der Nähe von Lublin. Als sie das Lager betreten,
finden sie wenige Häftlinge vor, aber genügend Anzeichen für das,
was hier geschah, einschließlich eines Lagerhauses mit 800.000
Schuhen. Roman Karman, ein bekannter sowjetischer Korrespon-
dent, verfaßt am 21. August 1944 folgenden Bericht: »Auf meinen
Reisen durch befreite Gebiete habe ich keinen entsetzlicheren Ort
als Majdanek gesehen (...) Das ist kein Konzentrationslager; es ist
eine gigantische Mordfabrik (...) Im Zentrum der Anlage stand ein
riesiges Gebäude mit einem Fabrikschornstein – der Welt größtes
Krematorium. Die Gaskammern faßten etwa 250 Menschen

gleichzeitig. Sie wurden so dicht in diese Kammern gepreßt, daß sie nach dem Ersticken stehenblieben (...)«(1)

Am 15. April 1945 befreien britische Truppen Bergen-Belsen. Hauptmann Derrick Sington kann nicht fassen, was er sieht. Neben den 28000 Frauen und 12000 Männern, alle bis auf Haut und Knochen abgemagert, erwarten ihn 13000 unbestattete Leichen, einige wie Holz gestapelt, andere einfach irgendwo herumliegend (unter den Toten Anne Frank). Für viele der überlebenden Häftlinge kommt jede Hilfe zu spät. Etwa 10000 sterben kurz nach der Befreiung. Der Offizier Peter Coombs schreibt an seine Frau: »Es sind Juden und es sterben etwa dreihundert täglich. Sie müssen sterben, denn nichts kann sie retten – ihr Ende ist unausweichlich, sie sind bereits zu weit weg, um noch ins Leben zurückgebracht werden zu können. Ich sah die Leichen neben ihren Baracken liegen, denn sie kriechen oder taumeln ins Sonnenlicht, um dort zu sterben. Ich beobachtete sie auf ihrem letzten kläglichen Weg und während ich sie ansah, starben sie.«(1)

Am 29. April 1945 betreten amerikanische Soldaten Dachau. Der Kriegsberichterstatter Bill Barrett beschreibt die Befreiung des Konzentrationslagers unter anderen mit folgenden Worten: »Die Soldaten mußten erst den klebrigen Dreck entfernen, bevor sie den ersten Güterwaggon erreichten. Sie hielten unvermittelt an und starrten – und die Toten starrten zurück. Es waren etwa ein Dutzend Leichen im schmutzigen Waggon. Sie waren so lange ohne Nahrung geblieben, daß ihre toten Handgelenke Besenstielen mit Krallen glichen – Opfer gezielten Aushungerns. In aller Stille gingen die Soldaten zum nächsten Waggon. Dort waren noch mehr tote Augen, – auf deutsche Häuser starrend, die keine 80 Meter von den Gleisen entfernt standen.«(1)

Vor allem in der amerikanischen und britischen Besatzungszone wurde die in der Nähe von Konzentrationslagern wohnende deutsche Bevölkerung gezwungen, das von ihren Landsleuten angerichtete Grauen mit eigenen Augen anzusehen. Auf diese Weise sollte der Legendenbildung und dem Vergessen vorgebeugt werden. Vergeblich: Die Leugnung der nationalsozialistischen Massenmorde begann unmittelbar nach Kriegsende. Zunächst relativierte man

Zeugenaussagen, dem folgte das Bestreiten der Massentötung durch Giftgas. In den folgenden Jahrzehnten wurden dann die Massenmorde selbst und die Vorgänge der Vernichtung mit großem empirischen Aufwand von den sogenannten Revisionisten – genauer: Negationisten – bestritten. Dabei sind fließende Übergänge von Relativierung zur Verharmlosung und schließlich Leugnung festzustellen.

Die Wirkung revisionistischen Gedankenguts in der Bevölkerung läßt sich nur schwer abschätzen. Ziele ihrer Verbreitung sind keine historisch-wissenschaftlichen Erforschung dessen, was wirklich geschah, sondern politische: beweisen, daß es so nicht war. In der Absicht, Hitler und den Nationalsozialismus zu rehabilitieren, wollen sie verunsichern – und vermutlich gelingt es ihnen auch. Die amerikanische Historikerin Deborah Lipstadt berichtet in ihrem Buch »Leugnen des Holocaust«(2), daß viele Studenten zu ihr gekommen seien und verunsichert gefragt hätten, woher man wisse, daß es wirklich Gaskammern gegeben habe?

Wenn schon amerikanische Akademiker sich von abwegigen Behauptungen und pseudowissenschaftlichen Gutachten der Holocaust-Leugner in ihrem Geschichtsverständnis beeinflussen lassen, dann dürfte dies in der Bundesrepublik Deutschland nicht viel anders aussehen. Hinzu kommt, daß im Land der ehemaligen Täter und ihrer Nachkommen die Bereitschaft größer sein dürfte, Argumenten zuzuneigen, die darauf zielen, ein traumatisiertes nationales Selbstverständnis zu entlasten, als dies jenseits des Ozeans der Fall ist.

Die sich aufdrängende Frage lautet: Können Besuche der schrecklichsten Orte der Massenmorde, der nationalsozialistischen Vernichtungslager, Verunsicherte oder gar Zweifler von der Unhaltbarkeit »revisionistischer« Positionen überzeugen? Ich habe mir diese Frage während meines Besuches von Auschwitz am 27. Januar 1995 anläßlich des 50. Jahrestages seiner Befreiung gestellt. Die faktenreichen, betont sachlichen Erläuterungen der polnischen Führerin erweckten keine Bilder, vermittelten nicht ansatzweise etwas von dem, was an diesem Ort wirklich geschehen war. Erst der spontan vorgetragene Bericht eines Zeitzeugen öffnete mir partiell einen

Erlebnisweg in die Vergangenheit des Vernichtungslagers: Appell-platz, Stangengalgen, Erschießungswand, Dunkelzellen, Gaskam-mer, Krematorium nahmen Gestalt an – nein: nicht die Steine spra-chen: der ehemalige Häftling erweckte in meiner Vorstellung zum Leben, was einst des Todes war. Aber wie lange noch werden diese Zeitzeugen vom Unvorstellbaren berichten können, das im Hohl-raum der Zivilisation geschah?

Die ihnen verbleibende Zeit ist absehbar begrenzt. Und damit wird schmerzlich bewußt, daß wir uns bereits im Übergang befin-den vom lebendig-kommunikativen Gedenken der Überlebenden zum kulturell vermittelten Gedenken nachfolgender Generationen.

Was die Soldaten der Alliierten 1945 nach dem Betreten der Vernichtungslager gesehen hatten, waren geronnene Bilder des Grauens, die lediglich den letzten Akt einer mörderischen Dynamik spiegelten. So entsetzlich diese Szenen auch waren: der ihnen vor-ausgegangene, für die Opfer ins Unendliche gedehnte Ablauf einer infernalischen Totalität blieb und bleibt jenseits aller Vorstellungs-grenzen. Selbst für die Überlebenden scheint die in Leib und Seele eingebrannte Vernichtungserfahrung – aus Gründen des Selbst-schutzes - nicht auszureichen, um erneut auch nur in die Nähe die-ser (aufgelösten) Grenzen zu gelangen.

Wir müssen es hinnehmen: Was die wenigen lebenden Zeitzeu-gen uns noch hinterlassen können, sind allenfalls bruchstückhafte Vorstellungen vom erlebten Grauen. Und auch diese werden bald bestenfalls nur noch in schriftlicher Form, auf Band oder Video vorliegen.

Eine Antwort auf die Frage, wie Erinnerung an die nächste Ge-neration weitergegeben werden kann, bietet das Zeremoniell des »Jom Hashoah« in Israel (Abb. 39). An diesem Tag des Gedenkens an den Holocaust und den Warschauer Ghettoaufstand heulen die Sirenen des Landes, und alle Menschen – wo immer sie gerade sind – verharren still für eben diese Dauer. Wer es erlebt hat, kann sich dem bewegenden Eindruck dieser Minuten nicht entziehen. Wie das Ertönen des Schofars, des rituellen Widderhorns am Jom Kip-pur (dem höchsten jüdischen Feiertag), dröhnen die von allen Sei-ten heulenden Sirenen und verleihen dem Gedenktag sakrale Mo-

Abb. 39: Holocaust-Gedenktag in Israel. Autobahn Tel-Aviv-Jerusalem. Während alle Sirenen des Landes zwei Minuten lang heulen, ruht der gesamte Verkehr.

mente. Doch auch das Gefühl der Warnung vor höchster Gefahr, vor Luft- und Gasangriffen, durchdringt das ganze Land. Für zwei Minuten erstarren Millionen Menschen zu lebenden Mahnmalen, verbunden durch die Erinnerung an den nationalsozialistischen Massenmord und den heldenhaften Widerstand junger Juden im Warschauer Ghetto. Ein Volk scheint den Atem, scheint den Lauf der Zeit anzuhalten – und wenn sich dann die Menschen wie befreit aus diesem grandiosen Tableau, diesem scheinbar eingefrorenen Bild lösen, pulsiert das Leben in Israel weiter und vermittelt eine Botschaft von Katastrophe und Erlösung, von Erlösung aus der Katastrophe durch die Geburt eines lebendigen wehrhaften jüdischen Staates.

Im israelischen Verständnis steht der Holocaust in einer historischen Abfolge jüdischer Katastrophen, nach denen das Judentum – wie verheerend deren Folgen auch gewesen sein mögen – stets weiterlebte und zu neuer Blüte fähig war. So wird zwischen Vernichtung der europäischen Judenheit, dem Warschauer Ghettoaufstand und der Geburt des jüdischen Staates eine mythische Verknüpfung hergestellt, wonach der Staat Israel als Erlösung aus der Katastrophe erscheint.(3)

Diese sinnorientierte Sichtweise hat Tradition in Religion und Geschichte des Judentums. Das Wort »zachar« (erinnern) in all seinen Formen kommt in der Bibel nicht weniger als 169 Mal vor. Das Volk Israel wird ermahnt zu gedenken, und zugleich wird dem Volk eingeschärft, nicht zu vergessen. Die biblische Aufforderung zur Erinnerung hat mit wissenschaftlicher Neugier auf die Vergangenheit wenig zu tun. Israel – keineswegs verpflichtet, sich der gesamten Vergangenheit zu erinnern – verfügt über ein besonderes Auswahlprinzip. Vor allem gilt es, der göttlichen Eingriffe in die Geschichte samt der positiven bzw. negativen Reaktionen der Menschen zu gedenken. Die große Gefahr ist nämlich weniger, daß ein Ereignis an sich vergessen wird, als daß vergessen wird, *wie* es sich ereignete.(4)

Die entscheidenden Geschichtsvorstellungen der Bibel wurden nicht von Historikern, sondern von Priestern und Propheten geprägt; und die Kontinuität der Erinnerung war und ist durch Ritual und Rezitation gewährleistet. Der Sinn von Geschichte und die Erinnerung an die Vergangenheit sind keineswegs mit der Geschichtsschreibung gleichzusetzen. Die kollektive Erinnerung im Ritual wird wirksamer weitervermittelt als durch die Chroniken. Mit dem jährlich begangenen Pessachfest (Passa) gedenken die Juden heute noch in ritualisierter Rezitation der Haggadah (Erzählung) des vor mehr als 3000 Jahren erfolgten Auszuges der Kinder Israel aus Ägypten.

In dieser Haggadah heißt es an entscheidender Stelle: »In jedem Geschlecht ist der Mensch verpflichtet, sich vorzustellen, er selbst sei aus Ägypten gezogen: Und erzählen sollst du deinem Sohn an demselben Tag, deswegen hat Gott es mir getan, als ich aus Ägypten zog. Nicht nur unsere Väter hat Gott erlöst, sondern auch uns«. Die biblische Verpflichtung jedes Juden, sich vorzustellen, er selbst sei aus Ägypten gezogen, schlägt einen Bogen von der Befreiung der Israeliten aus körperlicher Sklaverei über die Befreiung aus geistiger Sklaverei – der Offenbarung am Sinai – bis hin zu den heute lebenden Juden.

Es war eben dieser weitgespannte historische Bogen, die unmittelbare Nähe zur jüdischen Geschichte in ihrer Gesamtheit, die die Rede des israelischen Präsidenten Ezer Weizmann vor dem Deutschen Parlament im Januar 1996 beherrschten. Kein aufklärerischer oder wissenschaftlich herausragender Inhalt hätte bei den Bundestagsabgeordneten eine so ungewöhnlich zustimmende Resonanz, ja Begeisterung hervorrufen können, wie es die eher alttestamentarische Form der Weizmannschen Rede vollbracht hat. Offensichtlich spürten die Parlamentarier, daß hier ein Mensch sprach, der, bei allen historischen Katastrophen, mit seiner Geschichte eins war. Im frenetischen Beifall der Abgeordneten blitzte denn auch nichts anderes auf als deren unstillbare Sehnsucht nach ungebrochener Einheit von eigener Person und nationaler Geschichte.

Die Bereitschaft zum Erinnern und Gedenken ist abhängig vom Verhältnis des Einzelnen zur eigenen Geschichte, zur Geschichte des eigenen Volkes und abhängig vom Grad der Identifizierung mit Volk, Staat oder Nation. Je näher und unverbrüchlicher man zu den Geschicken der eigenen Gemeinschaft steht, desto eher wird man die Erinnerung an deren Geschichte, die dann auch als eigene empfunden wird, zu bewahren suchen. Je ambivalenter, schwieriger und brüchiger die Vergangenheit des Volkes ist, dem man angehört, desto mehr Überwindung erfordert die Beschäftigung mit dessen Geschichte, die dann als eigene eher abgewehrt wird. Erinnern und Gedenken werden unter diesen Voraussetzungen zur mühsamen Tätigkeit; sie konfrontieren mit den dunklen Seiten der eigenen Gemeinschaft und erschweren die Ausbildung einer ungebrochenen Identität mit dieser. Erinnern und Gedenken bedeuten dann immer auch Auseinandersetzung mit den Biografien der eigenen Eltern, Großeltern, Vorfahren. Die Bereitschaft, der nationalsozialistischen Verbrechen aufrichtig zu gedenken, hängt von der Bereitschaft der nichtjüdischen Deutschen ab, nationale Identität in ihren geschichtlich geformten Brechungen und Diskontinuitäten anzunehmen – sich eben nicht in eine scheinbar heile nationale Identität zu flüchten, die zwangsläufig die Erinnerung an den nationalsozialistischen Massenmord auf ihre Bedürfnisse hin verbiegen, relativieren und schließlich verfälschen muß.

Diese Wechselwirkung zwischen Erinnerungsbereitschaft und nationalem Selbstverständnis zeigt, daß es unterschiedliche Ausprägungen des Erinnerns und Gedenkens auf der Seite derer gibt, die Nachfahren der Opfer und derer, die »Nachfahren der Täter« sind. Die »Nachfahren der Täter« können nicht in gleicher Intensität um die ihnen ferner stehenden Opfer des Völkermordes trauern wie die unmittelbar betroffenen Nachfahren der Ermordeten oder Überlebenden. Während letztere im Gedenken vorwiegend die Erinnerung an die Ermordeten der eigenen Familie, des eigenen Volkes bewahren, müßte das Gedenken der »Täter-Nachfahren« an die Opfer des nationalsozialistischen Massenmordes immer auch die Erinnerung an Verbrechen des eigenen Volkes sowie Fragen nach deren Ursachen und Folgen einschließen.

Während dieses eher rational geprägte Erinnern dem Bereich des Sachwissens zugehörig ist, leitet sich das Gedenken der Opfer-Nachfahren eher aus dem Bereich des Identitätswissens her. Sachwissen und Identitätswissen schließen sich aber weder im Gedenken der Opfer-Nachfahren noch in dem der »Täter-Nachfahren« aus. Sie können und sollen sich auch ergänzen, nur lassen sich beide nicht auf eines reduzieren. »Das Identitätswissen fügt dem Sachwissen eine zusätzliche Bewertungsdimension hinzu, die festlegt, daß und warum dieses Wissen für mich als Mitglied einer bestimmten Gruppe wichtig und im Sinne der Aufrechterhaltung einer bestimmten Identität unverzichtbar ist.«(5)

Was hier in wissenschaftliche Worte unserer Zeit gekleidet wird, ist nichts anderes als Erinnern und Gedenken, wie es im Judentum – das Pessachfest ist ein Beispiel dafür – seit mehr als 3000 Jahren gepflegt wird. Durch Kodifizierung, Ritualisierung und Rezitation wird ein identitätsstützendes Gruppengedächtnis aufrechterhalten und in jeder Generation erneuert. Es überbrückt das Aussterben persönlicher Erinnerungen dadurch, daß die Nachgeborenen durch Erziehung eingebunden und zur Teilhabe an gemeinsamen transgenerationellen Erinnerungen verpflichtet werden.

Der Holocaust als Stütze zeitgenössischer jüdischer Identität sieht sich der Kritik ausgesetzt, eine »negative« Definition von Identität zu sein. Dieser Umstand bedeutet aber gleichzeitig eine Stärkung des Identitätswissens *und* des Gruppengedächtnisses auf jüdischer Seite. Losgelöst von Bewertungen, ob dies Aufbau und Stärkung einer positiv definierten, zeitgemäßen jüdischen Identität fördert oder nicht, kann festgestellt werden: die Einbindung dieses Identitätswissens um die Shoah in die Tradition jüdischen Erinnerns und Gedenkens ist Gewähr dafür, daß der nationalsozialistische Massenmord an den europäischen Juden im Gedächtnis auch kommender jüdischer Generationen lebendig bewahrt bleiben wird. So wie nach den Forderungen der Haggadah jeder Jude verpflichtet ist, sich vorzustellen, er sei selbst aus Ägypten ausgezogen, so sollte jeder heute lebende Jude sich vorstellen, er sei selbst der nationalsozialistischen Ausrottungspolitik entkommen - und das ist er in der Tat, denn hätten die Nationalsozialisten ihre angekündigten Ziele erreicht, dann gäbe es die meisten der heute in Deutschland und Europa lebenden Juden nicht mehr.

Wir können nur hoffen, daß auf nichtjüdischer Seite, wo Erinnern und Gedenken weniger von Identitätswissen und Gruppengedächtnis geleitet sind, die Lehren aus der Vergangenheit das politische Handeln auch künftiger Generationen bestimmen wird. Da ein aufgezwungenes Gedenken stets oberflächlich bleibt, richtet sich unsere Erwartung, nicht zu vergessen, an die Einsichtigen und Gutwilligen auf nichtjüdischer Seite. Nimmt man die Gleichgültigen, Ablehnenden und ewig Unbelehrbaren aus, dann bleibt eben jener Bevölkerungsteil, der schon immer die schwierige Arbeit aufrichtigen Erinnerns und Gedenkens auf sich genommen hat, ohne selbst schuldig geworden zu sein. Mit diesen Menschen verbindet uns die Aufgabe, aus Verantwortung für zukünftige Generationen, das Geschehene in Erinnerung zu bewahren und die daraus gewonnenen Einsichten zur Richtschnur unseres gemeinsamen Bemühens um eine gerechte, freiheitliche und demokratische Gesellschaft zu machen.

Auch wenn Juden und Nichtjuden der jüngsten Vergangenheit naturgemäß aus jeweils unterschiedlichen Blickwinkeln gedenken: die zweigeteilte Erblast der Erinnerung werden wir auch in Zukunft gemeinsam tragen müssen.

Balance zwischen Versöhnlichkeit und Verweigerung

Rede zur Einweihung der Gedenkstätte Neuer
Börneplatz in Frankfurt am Main am 16. Juni 1996

Der Vorgang ist einzigartig: Ein Volk, das der Deutschen, errichtet keine Denkmäler für seine »Kriegshelden«, sondern Mahnmale für die von seinen Angehörigen verübten Verbrechen. Wie aber angesichts der Einzigartigkeit des nationalsozialistischen Massenmordes an den Juden angemessene Denkmäler schaffen?

Der Gegenstand des Gedenkens kann nur in dem Maße überzeugend in einem Mahnmal dargestellt werden, in dem der Verstand – vor der künstlerischen Umsetzung – in der Lage ist, diesen Gegenstand zu erfassen. Auch wenn es keine Kurzschlüssigkeit zwischen Wissen um den Holocaust und künstlerischer Intuition gibt: Kein Denkmal kann besser sein als die Qualität der Erinnerung – authentische oder angeeignete -, aus der heraus es geschaffen wird. Ist diese Erinnerung ungenau oder traumatisch betäubt, bleibt das Denkmal entsprechend unverbindlich in seiner Aussage. Es zählt zu den schwierigsten künstlerischen Aufgaben, im schöpferischen Akt einer Denkmalsgestaltung des Holocaust kontrollierte Distanz zum traumatisierenden Gegenstand des Gedenkens zu halten und gleichzeitig das auf dem Gedenken lastende Trauma in ein Mahnmal einfließen zu lassen – und sei es als Zeichen der Unlösbarkeit eines solchen Gestaltungsversuches.

Neben dieser grundsätzlichen Schwierigkeit von Denkmalsgestaltung im Zusammenhang mit dem Holocaust kommt bei der Gedenkstätte Neuer Börneplatz eine besondere hinzu. Hier galt und gilt es nicht, ausschließlich eines nationalsozialistischen Verbrechens zu gedenken, sondern, um der historischen Wahrheit willen, unterschiedliche Schichten der Erinnerung – Zerstörungen vor und nach 1945 – voneinander abzugrenzen.(1)

Wie bei jeder aus unterschiedlichen Elementen komponierten Gedenkstätte, stand auch die Gestaltung der Gedenkstätte Neuer Börneplatz vor der Frage: Wie können deren unterschiedliche Elemente so gestaltet werden, daß ihnen einerseits genügend Eigen-

Abb. 40: Frankfurt a. M., Gedenkstätte Neuer Börneplatz 1996. Steine der Judengasse. Architekten: Nikolaus Hirsch, Wolfgang Lorch und Andrea Wandel.

ständigkeit belassen, andererseits aber das ihnen Gemeinsame aufgezeigt wird, ohne den Einzelteilen eine nur oberflächlich verklammernde künstlerische Gestaltung überzustülpen?

Die Antwort am Neuen Börneplatz: durch äußerste Reduzierung der Gestaltungsmittel und Ausrichtung aller Gedenkstätten-Teilbereiche auf den einzig verbliebenen authentischen Ort: den alten jüdischen Friedhof. Und weil die »zurückgenommene« Gestaltung aller Gedenkstättenbereiche von der Stille des Friedhofs durchdrungen zu sein scheint, fällt dessen Authentizität ein Stück weit auf sie zurück: auf den die unterschiedlichen Schichten der Zerstörung symbolisierenden Steinkubus (Abb. 40), auf den nur im Platzbelag ablesbaren Restgrundriß der 1938 zerstörten Börneplatzsynagoge und auf die unmittelbar in die Außenseite der Friedhofsmauer eingelassenen Namensblöcke für die über 11000 in nationalsozialistische Vernichtungslager deportierten Frankfurter Juden (Abb. 41).

Die Gestaltung dieser Namensblöcke ermöglicht individualisierendes Gedenken bei gleichzeitiger Sichtbarmachung überindividua-

Abb. 41: Frankfurt a. M. Gedenkstätte Neuer Börneplatz. Namensblöcke.

lisierender Aspekte des nationalsozialistischen Massenmordes. Jedem deportierten Menschen ist ein eigener gußeiserner Block mit Angaben zur Person und – soweit bekannt – zum Deportationsschicksal gewidmet. Die in fünf Reihen in ganzer Länge der Friedhofsmauer umlaufenden Namensblöcke ragen aus der Friedhofsmauer hervor, deutlich von ihren Nachbarblöcken abgesetzt. Schlagschatten bei Sonne, Wasserschlieren bei Regen, Staubfahnen zu jeder Jahreszeit: im Spiel der Natur individualisieren sich die Namensblöcke und sind doch gleichzeitig in ein umfassenderes Bild eingebunden – schwankend zwischen Individualisierung und deren Aufhebung. Horizontale und vertikale Reihung der Blöcke lassen das Serielle des nationalsozialistischen Massenmordes anklingen. Zwar sind die Namensblöcke Teil des Friedhofes, verbleiben aber an dessen Außenseite: sie sind ihm zugehörig und gehören – der äußeren Mauerebene noch einmal vorgeblendet – doch nicht ganz dazu. In dieser feinsinnigen Balance zwischen Versöhnlichkeit – symbolische »Heimholung« der Deportierten – und deren letzter Verweigerung liegt eine der großen Qualitäten dieser Gedenkstätte.

Während diese Namensblöcke sich ausschließlich auf ein Verbrechen vor 1945 beziehen, überlagern sich im rudimentären

Grundriß der Börneplatzsynagoge zwei zeitlich auseinanderliegen-
de Zerstörungsakte: die Vernichtung des jüdischen Gotteshauses in
der »Reichskristallnacht« und die erst in jüngster Zeit erfolgte teilweise Beseitigung von Grundmauern und Fundamenten dieser
Synagoge, die alle Zerstörungen sowohl jener Brandnacht als auch
der Kriegsjahre überstanden hatten. Sie mußten 1987 dem Bau des
Stadtwerke-Kundenzentrums auf dem historischen Börneplatz (bis
1885: Judenmarkt) weichen.(2) Während der Ausschachtungsarbeiten zu diesem Verwaltungsgebäude wurden zudem Fundamente
und Kellerreste von 19 Häusern, darunter zwei jüdischen Ritualbä-
dern des spätmittelalterlichen Ghettos, freigelegt. Trotz massiver
Bürgerproteste beschloß der Frankfurter Magistrat, die letzten steinernen Zeugen des einstmals größten jüdischen Ghettos in Europa
abzureißen und an ihrer Stelle das Kundenzentrum der Stadtwerke
zu errichten. Als »Kompensation« für das Einebnen historischer
Originalsubstanz schrieb die Stadt Frankfurt 1988 einen künstlerischen Gestaltungswettbewerb für eine »Jüdische Gedenkstätte« auf
dem Neuen Börneplatz aus.(3)

Der preisgekrönte und schließlich ausgeführte Wettbewerbsentwurf hat die Vernichtung jüdisch-historischer Bausubstanz durch den
Magistrat des Jahres 1987 nicht nur in dem durch den Bau des Kun-
denzentrums »gekappten« Grundriß der früheren Börneplatzsynagoge festgehalten, sondern vor allem in einem Kubus von fünf Meter
Kantenlänge. Hier sind jene steinernen Reste des Ghettos und der
Synagoge geschichtet, die dem Bau des Stadtwerke-Kundenzentrums
im Wege standen. Diese Bruchstücke – Überreste mehrfacher Zerstörung – bilden kein Mahnmal im herkömmlichen Sinne. Während
Denkmäler und Mahnmale Aussagen darüber enthalten, wie in ihrer
jeweiligen (Entstehungs-)Zeit Vergangenheit interpretiert und künstlerisch umgesetzt wurde, sind »Überreste«, als unabsichtliche Hinter-
lassenschaften einer vergangenen Epoche, nicht gegenwartsfixiert. Sie
sind auch insofern das Gegenstück zu Denkmälern, als sie – dem Kul-
turhistoriker Heinz Dieter Kittsteiner zufolge – das Verhältnis von
Vergangenheit und Gegenwart umkehren: »Herrscht im Denkmal die
Gegenwart über die Vergangenheit, so im Überrest die Vergangenheit
über die Gegenwart.«(4)

Im geschichteten Kubus verfließen Denkmal und Überreste – Vergangenes und Gegenwärtiges – zu einem »Spolien-Mahnmal«, zu einer aus Original-Bruchstücken gestalteten Gedenkstätte. Sie erinnert anschaulich daran, wie der Frankfurter Magistrat des Jahres 1987 jüdische Geschichte in die Geschichte seiner Stadt eingeordnet hatte: nicht als Bestandteil Frankfurter Geschichte, sondern als abgespaltene Sondergeschichte einer Minderheit. Keine städtische Regierung hätte es gewagt, Reste einer am Börneplatz freigelegten Kaiserpfalz zu beseitigen – im Unterschied zu den Ghettoresten, die nach Auffassung der damaligen Verantwortlichen keinen Platz im Stadtbild verdienten.

Die im Steinkubus dokumentierte Zerstörung jüdisch-historischer Originalsubstanz in Frankfurt am Main verhindert, daß das große nationalsozialistische Verbrechen zur Deckerinnerung des unwürdigen Umganges der Verantwortlichen von 1987 mit dem jüdischen Anteil städtischer Geschichte wird. Wie Beweisstücke einer Gewalttat sperren sich die zum Kubus geschichteten Bruchstücke gegen eine Historisierung dieses Zerstörungsaktes.

Weil aber diese Überreste des Ghettos und der Synagoge nicht mehr in ihrem Original-Zustand auf uns überkommen sind, sondern zu »gestalteten« Bestandteilen eines Mahnmales umgewandelt wurden, wohnt ihnen – wohnt der Gedenkstätte im ganzen – ein Dilemma inne, dem kein Denkmal entgeht, das an Unrecht, Gewalt oder Verbrechen erinnert. Auch bei äußerster gestalterischer Zurückhaltung ästhetisiert jede gelungene Gedenkstätte immer auch ein Stück weit jenen Schrecken, der Gegenstand ihrer Mahnung ist. Dieser »Rest-Ästhetisierung« wäre nur zu entgehen, wenn der Inhalt des Gedenkens sich von jeglicher ihn einengenden Gestalt lösen könnte, was gleichbedeutend wäre mit Aufgabe von Gestaltung überhaupt. Die in einem geglückten Mahnmal stets verbleibende »Rest-Ästhetisierung« des Schreckens ist somit der Preis, der für den Versuch gezahlt werden muß, das Nichtdarstellbare eines großen Verbrechens ansatzweise doch darzustellen.

Als der Gestaltungswettbewerb Neuer Börneplatz 1988 entschieden wurde, waren die Verfasser des preisgekrönten Wettbewerbsentwurfes – Nikolaus Hirsch, Wolfgang Lorch, Andrea Wan-

del – noch Architekturstudenten. Es stimmt hoffnungsvoll, daß
junge Menschen in Deutschland sich eingehend mit Verbrechen
und Gewaltakten des eigenen Volkes auseinandergesetzt haben, um
schließlich den gestalterischen Rahmen abzustecken, der jede
künstlerische Darstellung des nationalsozialistischen Massenmordes begrenzt. Innerhalb dieser eingeschränkten Möglichkeiten haben sie eine Formensprache gefunden, die durch äußerste gestalteri-
sche Zurückhaltung die Würde des authentischen Ortes wahrt.
Und indem der Gedenkstätte die bis in unsere Gegenwart hineinra-
genden Schichten der Zerstörung eingelagert wurden, hat sie Aktualität von bleibender Dauer erlangt.

Brüchige Selbstdefinition
Zum Gedenktag für die Opfer des Holocaust

Wie immer man zu Goldhagens umstrittenen Thesen stehen mag, einen wunden Punkt hat er schmerzlich getroffen: das in Deutschland seit 1945 verbreitete Opfersyndrom. Gleichgültig, welche Publikation man in diesem Land über den Nationalsozialismus und seine Folgen liest, anstelle der Bezeichnung »deutsch« wird fast immer »nationalsozialistisch« gewählt, wenn es um die Verbrechen jener ewigen zwölf Jahre geht – so, als seien Nationalsozialisten keine Deutschen, sondern Invasoren von einem fremden Stern gewesen, die Deutschland besetzt und unterdrückt hätten.

Der bis 1945 verwendete aktive Begriff des Opfers erfuhr nach Kriegsende unter der Hand eine semantische Umwandlung in einen bis in unsere Gegenwart hineinwirkenden passiven Begriff. Unmittelbar nach dem als Niederlage empfundenen Kriegsende mag diese Reaktion auf die durch den nationalsozialistischen (!) Massenmord ausgelöste traumatische Belastung des nationalen Selbstverständnisses als schützende Abwehr, Leugnung oder Verdrängung verständlich gewesen sein. Doch ihre Folgen sind bis heute wirksam. In der wissenschaftlichen und populären Literatur, in Zeitungen und Zeitschriften, in den elektronischen Medien und im täglichen Sprachgebrauch gibt es weiterhin keinen »deutschen« Massenmord an den Juden, Sinti und Roma, Polen, Zwangsarbeitern und anderen, sondern eben einen »nationalsozialistischen«. Und infolge des 1945 von vielen Deutschen vorgenommenen Rollenwechsels von Tätern, Mitläufern, Profiteuren und Duldern in »Opfer des Nationalsozialismus« sind die Nachfahren selbst solche »Opfer« geworden.

Sicher, die Auseinandersetzung der Achtundsechziger-Generation mit Verstrickung und Schuld der Väter- und Großvätergeneration während der Zeit des Dritten Reiches hat manches davon aufgebrochen. Aber die irrational heftige Abwehr der Goldhagenschen Thesen von »Hitlers willigen Vollstreckern«, die sachliche Argumente beiseite drängte, zeigt schlaglichtartig, wie zählebig die Eigendefinition vieler Deutschen als (frühe oder späte) »Opfer des Nationalsozialismus« noch immer ist. Das aus dem selbstdefinierten Opferstatus entwickelte historische Gedächtnis mußte zwangsläufig unscharf bleiben. So beschränken sich viele der nach 1945 errichteten Mahnmale auf die Formulierung pazifistischer Allgemeinplätze. Es überwiegt der besänftigende Wunsch, die Überlebenden zu Frieden und Menschlichkeit zu verpflichten, ohne eine Präzisierung der Inhalte vorzunehmen, derer man gedenkt. Indem sich Denkmäler einer Aussage über Schuldige enthalten, verschleiern und verleugnen sie – spiegelbildlich zur Seelenlage weiter Bevölkerungskreise – Ursachen und Hintergründe der Kriegskatastrophe. Eine Mahnmalspolitik herrschte vor, deren Vorbilder Plastiken und Denkmäler aus der Zeit nach dem Ersten Weltkrieg sind: Im Zentrum steht das Opfer, dessen künstlerische Darstellung oft christlicher Ikonographie entlehnt ist.

Seither sind sowohl Mahnmale als auch Gedenktage bis in unsere Gegenwart hinein vorwiegend »opferzentriert« ausgerichtet. Diese möglicherweise gutgemeinte Rücksichtnahme auf die wirklichen Opfer hat sich jedoch nach 1945 allmählich zum Tabu verfestigt. Wer dagegen verstößt, geht ein hohes Risiko ein. Das bekam der frühere Bundestagspräsident Philipp Jenninger zu spüren, als er am 9. November 1988, zum 50. Jahrestag der »Reichskristallnacht«, vor dem Deutschen Bundestag den Versuch unternahm, aus dem eingefahrenen Opferjargon der Eigentlichkeit auszubrechen und die Motive der Täter zu benennen. Die wütenden Zwischenrufe während der Jenninger-Rede, das von zahlreichen Abgeordneten demonstrativ aufgeführte Verlassen des Plenarsaals, der anhaltende Medienprotest in den darauf folgenden Wochen belegen aus der Distanz eines Jahrzehnts, daß Jenningers Analyse, ähnlich wie später Goldhagens Thesen, an der brüchigen Selbstdefinition vieler Deutscher als »Opfer des Nationalsozialismus« empfindlichst rührte und diese Berührung einen in seiner Heftigkeit entlarvenden, irrationalen Proteststurm auslöste. Schon wenige Stunden nach seiner Rede trat Jenninger unter dem ungewöhnlich starken Druck aller politischen Parteien und großer Teile der Öffentlichkeit von seinem Amt zurück.

Sieht man von Ungeschicktheiten im Vortrag und einiger Formulierungen ab, dann muß man der Rede aus heutiger Sicht bescheinigen, was ausländische Zeitungen bereits 1988 festgestellt hatten: Jenningers Rede hat den Deutschen einen Spiegel vorgehalten, in den sie weder hineinschauen noch sich wiedererkennen wollten – deshalb, und nicht aus Rücksichtslosigkeit den Opfern gegenüber, mußte Jenninger zurücktreten. Sein Verstoß gegen das opferzentrierte Betroffenheitskartell der professionellen Gutmenschen und den Versuch, staatliche Einheit im Gedenken auf Kosten der Opfer zu erlangen, hat bis heute die längst fällige öffentliche Revision der Verurteilung Jenningers verhindert. Offensichtlich ist er mit seinen Ausführungen als Überbringer der schlechten Nachricht zu einem Zeitpunkt auf den Plan getreten, der für eine offene und tabufreie Auseinandersetzung mit öffentlichem Gedenken noch nicht reif war. Es zeigt aber auch, daß Gedenken im öffentlichen Raum vorrangig nicht nach den Erkenntnissen historischer Forschung, sondern nach dem jeweiligen staatlichen Interesse am eigenen, öffentlich präsentierten Geschichtsbild ausgerichtet ist. Wenn in Israel staatlich überhöht oder individuell betrauert der Ermordeten gedacht wird, wenn in den U.S.A. der Holocaust den Juden als Identitätsstütze dient, dann sollte es in Deutschland, dem Land, in dem der nationalsozialistische Massenmord geplant wurde, selbstverständlich sein, vor allem an die Täter und ihre Taten zu erinnern. Dem im öffentlichen Raum seit 1945 gepflegten »opferzentrierten« Gedenken kommt die staatlich sanktionierte Funktion zu, dieser notwendigen Auseinandersetzung auszuweichen. Die Nachkommen der Opfer und die der Täter haben aber durchaus Möglichkeiten, der Tatsache einer zweigeteilten Erinnerung und damit eines zweigeteilten Gedenkens gerecht zu werden.

Während auf individueller Ebene Erinnerung und Gedenken an keine bestimmte Opfer/Täter-Richtung und an kein bestimmtes Datum im Jahr gebunden ist, hat eine staatlich organisierte Gemeinschaft Gedenk- und Trauertage festgelegt, an denen kollektives Erinnern und Gedenken institutionalisiert ist. Sie sind der Appell an die Mitglieder der Gesellschaft, sich in Feierstunden, Zeremonien und Gottesdiensten bestimmter geschichtlicher Ereignisse zu erinnern, ihrer gemeinschaftlich zu gedenken. Solche vom Staat verbindlich eingerichteten Gedenktage dienen nicht zuletzt der Stärkung des nationalen Gemeinschaftsgefühls. Wie aber können die Nachkommen der Opfer und »Täter« mit ihrer jeweils unterschiedlichen Zielrichtung und Einfärbung des Erinnerns in ein die Gemeinschaft unterschiedslos vereinendes Nationalgefühl eingebunden werden? So wenig dies auf individueller Ebene möglich ist, so wenig auf kollektiver.

Die Einführung eines Holocaust-Gedenktages am 27. Januar eines jeden Jahres kann diesem Dilemma durchaus gerecht werden. Dieser Tag der Befreiung von Auschwitz gehört sicherlich zuerst den Überlebenden der nationalsozialistischen Vernichtungslager und deren Nachkommen. Das heißt aber nicht, daß dieser Tag den »Täternachkommen« verwehrt wäre, ebensowenig wie der Volkstrauertag den Nachfahren der Opfer verschlossen ist. Zwei unterschiedliche Gedenktage sind in unserer Generation dem Gedenken in Deutschland angemessen, weil sie gleichzeitig zweigeteiltes Erinnern ermöglichen, ohne gemeinsames Erinnern zu unterbinden.

Für das Gedenken im öffentlichen Raum sind, wie bereits aufgezeigt, weniger die Ergebnisse der historischen Forschung als vielmehr die öffentliche Darstellung, Vergegenwärtigung, Symbolisierung und Inszenierung des Vergangenen maßgebend – seien es Gedenktage, Mahnmale oder die Aussagen von Zeitzeugen. Wenn es eines Tages keine Überlebenden mehr geben wird, die ihre gelebte Erfahrung weitergeben können, wird das so wichtige kommunikative Gedächtnis der Zeitzeugen im kulturellen Gedächtnis der Institutionen aufgegangen sein. Daraus schließt Peter Reichel (»Politik mit der Erinnerung«), daß für eine langfristige, transgenerationelle, politisch kontroverse Auseinandersetzung mit der Erinnerung Gedenktage und Gedächtnisorte allein keine hinreichende, wohl aber eine unverzichtbare Bedingung sind.

Mit dem Aussterben der Zeitzeugen verlieren Gedenktage und Gedächtnisorte zwar ihren emotionalen Beziehungsaspekt, die »Erinnerungsenergie« (P. Reichel), doch sie bewahren den objektiven Inhaltsaspekt als Angebot, im öffentlichen Raum jederzeit privat oder an Gedenktagen gemeinsam mit anderen öffentlich bestimmter Ereignisse zu gedenken. Mehr als Angebote können Gedenktage und Gedenkorte nicht sein - ja, sie dürften es nicht sein. Andernfalls könnte - nach Art des Delegationsprinzips - von ihnen erwartet werden, daß sie stellvertretend vollbringen, was immer nur vom Einzelnen geleistet werden kann: sich jenseits ausweichender Opferrollen und tradierter Tabus um historische Erfahrung als Quelle politischer Verantwortung unablässig zu bemühen.

Die Aktualität der »Reichskristallnacht«

Ansprache zum 9. November 1993 in der Paulskirche,
Frankfurt am Main

Als in der Nacht vom 9. Auf den 10. November 1938 überall in Deutschland Synagogen brannten, endete für jedermann sichtbar die fruchtbarste Epoche deutsch-jüdischer Geschichte: 150 Jahre mühsam erkämpfte bürgerlich-rechtliche Gleichstellung verflüchtigte sich im Rauch jener Schreckensnacht. Über den Akt materieller Zerstörung jüdischer Gotteshäuser hinaus sollten die brennenden Synagogen, nationalsozialistischer Weltanschauung folgend, die Auslöschung des Judentums im innersten Kern symbolisieren.

Im Laufe einer fast zweitausendjährigen Geschichte der Juden in Deutschland hatten Synagogen das Schicksal ihrer Benutzer häufig geteilt. Zugespitzt könnte man sagen: die gesellschaftliche Situation der Juden fand meist einen ablesbaren Reflex in der Bauweise, der Geschichte, dem Schicksal ihrer Gotteshäuser.

Im Zuge der frühen bürgerlich-rechtlichen Gleichstellung, etwa mit Erlaß des preußischen Emanzipationsediktes von 1812, wandelten die deutschen Juden ihre ehedem unauffälligen, fast provisorisch zu bezeichnenden Synagogen in repräsentative, dauerhafte Gotteshäuser um. Und es geschah nicht zufällig, sondern war programmatisch, daß deutsche Juden anstelle der Bezeichnung »Synagoge« die Bezeichnung »Tempel« setzten: Nicht mehr das ferne Palästina, sondern Deutschland betrachteten sie von nun als ihr gelobtes Land. Nicht mehr in Zion, sondern in Deutschland sahen sie den Ort, an dem der messianisch verheißene Tempel zu bauen sei. Und so entstanden in vielen deutschen Ortschaften neue große jüdische Tempel, die weithin sichtbares Bekenntnis der deutschen Juden – der jüdischen Deutschen – zu ihrem neuen gelobten Land waren.

In jener sogenannten »Reichskristallnacht« verbrannten mit den »Synagogen-Tempeln« das innige Bekenntnis und die unerwiderte Liebe der deutschen Juden – der jüdischen Deutschen – zu ihrem Vaterland.

Im historischen Kontext besagte die Flammenschrift der brennenden Synagogen: Keine noch so große Anstrengung, kein Opfer und kein »Blutzoll«, auch nicht die im Ersten Weltkrieg für Deutschland gefallenen 12.000 jüdischen Soldaten, kann Juden jemals zu Deutschen machen: Deutschland war nie Heimat für Juden und wird nie Heimat sein – und: Die deutschen Juden werden das Schicksal ihrer brennenden Tempel teilen! Heute wissen wir: Annähernd eintausend geschändete und zerstörte Synagogen und eine bisher nicht genau bezifferte Anzahl getöteter Juden zeugten noch vor dem bestialischen Völkermord vom Ende der durch Illusionen genährten deutsch-jüdischen Symbiose.

Daß der »Reichskristallnacht«-Pogrom am 9. November 1938 ausbrach, war, nach Stand der Geschichtsforschung, Ergebnis einer Verkettung von Zufällen. Daß dieser tiefgreifende Bruch zivilisatorischer Normen und rechtsstaatlicher Traditionen überhaupt stattfinden konnte, war kein Zufall: Zum Zeitpunkt des Attentats von Herschel Grynszpan auf den Legationssekretär der deutschen Botschaft in Paris, Ernst vom Rath, am 7. November 1938 mußten die Organisatoren des Pogroms, allen voran Joseph Goebbels, sich ihrer Sache sicher gewesen sein. Ihrem Kalkül zufolge war der überwiegende Teil der Deutschen entweder judenfeindlich genug oder propagandistisch so weit vorbereitet, die öffentliche Demütigung von Juden und die Zerstörung ihrer Gotteshäuser ohne nennenswerten Widerstand hinzunehmen.

Nationalsozialistische Propaganda hatte deutlich Wirkung gezeigt, weil sie auf bereits vorhandenem, jahrhundertealtem christlich-religiösem Antijudaismus und auf dessen säkularisierter Ausprägung, der gesellschaftlich-kulturellen Judenfeindschaft aufbauen konnte. Als Wegbereiter und Katalysatoren verhalfen sie, gewollt oder ungewollt, dem rassistisch argumentierenden nationalsozialistischen Antisemitismus zu dessen brutalem, schließlich tödlichem Durchbruch. Mit solchermaßen konzentrierter Schubkraft verstärkte die völkisch eingefärbte antisemitische Propaganda das Gefälle zwischen »deutscher Herrenrasse« und »jüdischen Untermenschen«. Ziel war die Demontage der Juden als menschliche Wesen, um gegen sie gerichtete brutale Gewaltanwendungen als »gerechten

Volkszorn« und »normale Reaktionen« durchzusetzen. Auf diese Weise sollte, kühl kalkuliert, Bevölkerungsunmut jeglicher Art von Staat und Partei abgezogen und gegen die schrittweise entmenschlichten Objekte der Haßpropaganda gelenkt werden. Das komplexe Gefüge gesellschaftlicher Wirklichkeit wurde auf ein einfach gestanztes Freund-Feind-Zerrbild zurückgeschraubt, das, alle Probleme dieser Welt simplifizierend, jedes eigenständige Denken überflüssig machen sollte.

Das Jahr 1938 gilt als entscheidender Wendepunkt nationalsozialistischer Politik: Die propagandistische Einstimmung des deutschen Volkes gegen »innere« und »äußere Feinde« war weit fortgeschritten, die Vorbereitungen des lange geplanten totalen Krieges nahezu abgeschlossen, die Zeit herangereift, den ubiquitär zu führenden Krieg mit dem Kampf gegen die »inneren Feinde« zu beginnen. Der von organisierter Gewalt und staatlichem Terror ausgelöste Dammbruch kodifizierter Rechtsnormen kennzeichnet die »Reichskristallnacht« als Auftakt und Teilstück eines allumfassenden Krieges gegen den Rest der Welt.

Von besonderem Interesse für uns Heutige sind Einstellung und Verhalten der deutschen Bevölkerung während des 9. Und 10. Novembers 1938. Verallgemeinert läßt sich feststellen: Viele Deutsche waren weit weniger vom Gedankengut des Nationalsozialismus durchdrungen, als es nationalsozialistische Propaganda nach außen hin darzustellen versuchte. So stand der Großteil der Bevölkerung den öffentlichen Zerstörungen, Brandschatzungen und Morden während der »Reichskristallnacht« ablehnend oder passiv gleichgültig gegenüber. Diese Haltung galt jedoch nur zum geringeren Teil den Opfern. Viele Deutsche konnten keinen Sinn in der Zerstörung wertvollen Volksvermögens erkennen; anderen erschienen die brutalen Ausschreitungen »pöbelhaft-primitiv« und daher gänzlich »undeutsch« zu sein. Abgelehnt wurde von vielen physische Gewalt, keineswegs aber die zunächst erzwungene Auswanderung und spätere Entfernung der Juden aus Staat und Gesellschaft. Zuviele kleine und große Profiteure der Arisierung waren bereits zu Handlangern des Systems geworden. Die aus wirtschaftlichem Kalkül betriebene Komplizenschaft vieler Berufsgruppen mit nationalsozialisti-

scher Politik war größer, als die meisten von ihnen bis heute einge-
stehen.

Eine aggressive, verbrecherische Minderheit des deutschen Volkes hatte durch wirkungsvolle Propaganda und Teilhabe wichtiger
Wirtschafts-, Berufs- und Interessenverbände an der Macht den
größeren Teil der Bevölkerung als willfährige Mitläufer, schweigende Helfer und stille Komplizen gewinnen können. Die meisten von
ihnen, auch jene zum Kriegsdienst Gezwungenen, Verführten und
Mißbrauchten leisteten, wissentlich oder unwissentlich, ihren Beitrag zur schrecklichen Bilanz eines vorher nie dagewesenen Infernos: 55 Millionen Tote, davon sechs Millionen ermordete europäische Juden und über fünf Millionen deutsche Kriegstote.

Nach Zusammenbruch des Tausendjährigen Reiches »tausch-
ten« die Deutschen der sowjetischen Besatzungszone gezwungener-
maßen die nationalsozialistische Diktatur gegen eine kommunisti-
sche ein. Während bei ihnen plumpes Freund-Feind-Denken mit
lediglich ausgewechselten Inhalten weiterhin als Mittel der Politik
beibehalten wurde, mußten die Deutschen im Westen mit dem
Großteil der achteinhalb Millionen ehemaliger nationalsozialistischer Parteigenossen den ihnen aufgezwungenen mühsamen Weg
in ungewohnte demokratische Gesellschaftstrukturen antreten.

Die nunmehr vollzogene Vereinigung des demokratisch verfaß-
ten mit dem ehedem kommunistisch gelenkten Teil Deutschlands
konnte nach 45jähriger Trennung nicht spannungsfrei bleiben. Der
Zusammenprall zweier gegensätzlicher Gesellschaftssysteme in Zeiten tiefgreifender geopolitischer Umwälzungen verunsicherte viele
Deutsche in Ost und West zutiefst. Menschen vergleichbar, die in
angsterzeugenden Situationen regredieren, um sich auf die ihnen
vertrauten Verhaltensschemata zurückzuziehen, kommt es in beiden ehemaligen Teilen Deutschlands verstärkt zum Rückgriff auf
einfache Erklärungsmodelle und Handlungsmuster.

Die immer noch vorhandenen braunen Rattenfänger wissen in
Zeiten einschneidender wirtschaftlicher Rezession die Verunsicherung und Enttäuschung tatsächlich oder verneintlich Benachteilig-
ter geschickt für ihre Zwecke zu kanalisieren. Vor allem Menschen
der ehemaligen DDR, die über drei Generationen hinweg unter

brauner und roter Diktatur gelebt haben, scheinen für das Denken in Freund-Feind-Kategorien anfällig zu sein. Dennoch bedeutet dies nicht, sie seien deswegen auch besonders antisemitisch eingestellt. Die Umfrage des SPIEGEL zum Antisemitismus in Deutschland vom Januar 1992 kommt zu folgendem Ergebnis: vier Prozent der ehemaligen DDR-Bevölkerung zeigen antisemitische Einstellungen, während es in der früheren Bundesrepublik sechzehn Prozent sind; in absoluten Zahlen: Über neun Millionen »WestDeutsche« neigen zu antisemitischen Vorurteilen.

Die Gründe für dieses Phänomen lassen sich nicht griffig auf einen Nenner bringen. Jene ehemaligen achteinhalb Millionen nationalsozialistische Parteigenossen, deren größter Teil in die bundesrepublikanische Gesellschaft eingegliedert wurde, haben sich nicht einfach aufgelöst, und auch ihr Gedankengut ist nicht mit ihrem biologischen Ende dahingegangen. Man muß, angesichts von Namen wie Globke, Oberländer, Vialon, Heyde alias Sawade und Theodor Maunz immer wieder daran erinnern: Bei allen anerkennenswerten jahrzehntelangen Bemühungen hat es in der ehemaligen Bundesrepublik keinen annähernd so radikalen Bruch mit nationalsozialistischer Vergangenheit gegeben wie in der ehemaligen DDR. Dem kann entgegengehalten werden, daß trotz möglicher Versäumnisse über 80 Prozent der deutschen Bevölkerung von antisemitischen Einstellungen weitgehend frei sind.

Die Geschichte lehrt aber, daß das Ende der Weimarer Republik nicht durch die Stärke der Nationalsozialisten, sondern durch die Schwäche der Demokraten herbeigeführt wurde. Und der »Reichskristallnacht«-Pogrom lehrt, daß eine radikale kampfbereite Minderheit die passiv teilnahmslose Mehrheit unter bestimmten Voraussetzungen für verbrecherische Ziele einspannen, mißbrauchen und schließlich mobilisieren kann.

Kein Zweifel: von einer auch nur annähernd vergleichbaren historischen Konstellation sind wir weit entfernt! Es gibt weder einen staatlich gelenkten noch einen nennenswert bedrohlichen »Rassenantisemitismus« rechtsradikaler Organisationen. Aber der Sumpf, in dem schon einmal die tödlichste Form der Judenfeindschaft gedeihen konnte, ist nicht ausgetrocknet. Selbst wenn die Kirchen sich öffentlich vom christlichen Antijudaismus losgesagt haben: Diese dem Aberglauben und magischem Denken verhaftete religiöse Judenfeindschaft ist in Teilen der Bevölkerung immer noch tief verwurzelt und weiterhin wirksam.

Auch ihr säkularisierter Abkömmling, der gesellschaftlich-kulturelle Antisemitismus, ist laut SPIEGEL-Umfrage von 1992 bei Millionen von Deutschen lebendig geblieben. Weder die geistigen Eliten an den Universitäten noch die »gebildeten« oder »besseren Kreise« sind davon ausgenommen: Deren, aus seiner bisherigen Anonymität herausgetretene, »Nadelstreifen-Antisemitismus« hat inzwischen eine besorgniserregende Dreistigkeit erreicht, die untrügliches Anzeichen für zunehmende Salonfähigkeit antisemitischer Einstellungen ist.

Wie in früheren Zeiten grundlegender Umwälzungen auch, wird – nicht nur in Deutschland – das Vakuum an Orientierung aufgefüllt mit antiliberalistischen Strömungen, extremem Nationalismus und erzkonservativen Vorstellungen von angeblich ewigen Werten. Wir erleben zur Zeit den Kampf um die »Ressource Sinn«.

Um in diesem Kampf dauerhaft bestehen zu können, dürfen Demokraten keinerlei Zugeständnisse an falsche Sehnsüchte nach vereinfachenden Welterklärungs-Modellen machen. Verdienst und Erbe der Aufklärung ist es, vorurteilsverhaftete Weltsichten durch differenzierteste, bis in die feinsten Verästelungen der Phänomene reichende Analysen als willkürlich zu entlarven, um sie durch rational nachvollziehbare zu ersetzen. Erst auf solch nachprüfbarer Grundlage können von Mythen und Willkür befreite, demokratisch verfaßte Gesellschaftsverträge dauerhaft verankert werden.

»Demokratisches Denken« heißt stets komplexes Denken, heißt einerseits klare Grundsätze haben, ohne sich andererseits im Besitze ewiger unverrückbarer Wahrheiten vom Zustand der Welt zu wähnen. Den eigenen Standpunkt angstfrei als jederzeit korrigierbar aufzufassen, die Welt als in permanenter Veränderung anzunehmen, ist Voraussetzung für Wandel und Fortschritt demokratisch verfaßter Gesellschaften. Unter diesen Prämissen wird der andere nicht der Fremde und der Fremde nicht Quelle dumpfer Ängste. Im Gegenteil: Unter diesen Voraussetzungen bedarf es des anderen, des Fremden, um sich in einer Welt schwindender Grenzen der eigenen

Sprache, Kultur, Geschichte und nationaler Identität als etwas Besonderem bewußt werden zu können. Ohne diese Erfahrung entfiele auch die angemessene Einordnung des eigenen Standortes in dieser Welt. Es wäre sonst jene geistig-provinzielle Verarmung und Entmündigung, die der Nationalsozialismus zur Erreichung seiner Ziele bewußt eingesetzt hat und die seine geistig flachen Nachahmer erneut anstreben.

Mit dem Feuer, das diese Nachahmer heute an Heime für Asylbewerber, jüdische Gedenkstätten und Wohnhäuser für Ausländer legen, lösen sie, so verbrecherisch ihre Taten auch sind, keine neue »Reichskristallnacht« aus. Diese Sichtweise wäre eine Verharmlosung der Ereignisse vom 9. November 1938. Dennoch: Mit jedem entfachten Feuer soll – auch symbolisch – das andere, das Fremde, das vermeintlich Bedrohliche in Rauch aufgelöst werden. Mit jeder Brandsetzung geht der Versuch einher, das Angsterzeugende einer von ihnen nicht mehr erfaßten komplexen Wirklichkeit in Luft aufzulösen und eine überschaubare Welt wiederherzustellen. Dies war so bei den staatlich verordneten Bücherverbrennungen von 1933, bei den organisierten Brandstiftungen der »Reichskristallnacht« und bei den brennenden Krematorien nationalsozialistischer Konzentrationslager: immer sollte (und soll auch heute noch) am Ende eine einfache »heile Welt« liegen.

Mag die Geschichtsschreibung das zwanzigste Jahrhundert einst in die Spane zwischen 1914 und 1990 einordnen: Die Nachkriegszeit wird nicht mit dem Datum der deutschen Vereinigung enden. Eher hat es den Anschein, als sei diese Nachkriegszeit, einem »historischen Wiederholungszwang« ähnelnd, durch die Problematik der Vereinigung erneut aufgebrochen, um uns mit ganzer Wucht gedoppelter Vergangenheits-Auseinandersetzung zu treffen: Mit jeder neuen Brandstiftung fallen die langen Schatten der »Reichskristallnacht«-Flammen in unsere »unbewältigte Gegenwart« herüber.

So wenig wie die Mehrzahl der Deutschen zwischen 1933 und 1945 überzeugte Nationalsozialisten waren, so wenig ist die Mehrzahl der heute lebenden Deutschen fremdenfeindlich oder antisemitisch eingestellt; die demoskopischen Daten stützen dieses Bild. Doch angesichts der geschichtlichen Erfahrung aus jüngster Vergangenheit kann diese Feststellung weder tröstlich noch beruhigend sein. Jetzt, in Zeiten ökonomischer Krisen, in der Stunde der braunen Rattenfänger, wird von dieser Mehrheit der Beweis zu erbringen sein, daß Demokratie in Deutschland inzwischen fest verwurzelt und kein oszillierendes Wirtschaftsgut ist, das mit konjunkturellen Schwankungen steigt oder fällt.

Wenn diese Mehrheit bereit sein wird, Demokratie als wertvolles zerbrechliches Gut, als kostbares Geschenk zu begreifen, das es fortwährend mit aller Kraft zu schützen gilt, dann besteht für Deutschland eine Chance, aus der gegenwärtigen historischen Bewährungsprobe gestärkt hervorzugehen. Doch hüten wir uns vor Fehleinschätzungen: Die Schatten der »Reichskristallnacht« sind länger geworden!

Millionen Deutsche profitieren noch heute von der »Arisierung«

Ansprache zur 60. Wiederkehr des 9. November 1938 in der Westendsynagoge, Frankfurt am Main

Bamberg, 10. November 1938, 2 Uhr nachts: Im Mantel, den Hut ins Gesicht gedrückt, steht Willy Lessing, Vorsteher der jüdischen Kultusgemeinde, auf der Urbanstraße in Höhe der Gastwirtschaft »Krug zum grünen Kranze«, von wo er schon die lodernden Flammen aus der Synagoge sehen kann, vor einer Absperrkette aus SA-Männern, die ihn erkennen und ihrem Mannschaftsführer einen Wink geben. Der geht auf Willy Lessing zu und versetzt ihm einen Hieb gegen die Brust: Lessing taumelt benommen zurück. Die SA-Männer, von dem Schauspiel der Zerstörung schon richtig aufgeheizt, machen sich ein Vergnügen, indem sie den Gemeindevorsteher unter lautem Gegröle die Urbanstraße zurückscheuchen bis Lessing mit dem Rücken am Gartengitter des Eckhauses Herzog-Max-Straße/Amalienstraße Nr. 8 steht, die SA-Leute direkt vor ihm. Die jungen und kräftigen Kerle schlagen den 57jährigen mit Fäusten in den Bauch und ins Gesicht, treten ihn mit ihren gespornten Uniformstiefeln, werfen ihn an das Eisengitter zurück. Lessing fällt in sich zusammen. Die SA-Männer sind noch nicht fertig: Sie reißen ihn wieder hoch, lehnen ihn am Gartengitter an, schlagen ihn erneut zusammen und trampeln, als Lessing flach auf dem Gehweg liegt, mit ihren Uniformstiefeln auf dem regungslosen Menschenkörper herum und lassen ihn einfach liegen.

Etwa zur gleichen Zeit – um 3 Uhr nachts – klingelt in München, Habsburger Straße 10, die Polizei an der Tür. Emil Kraemer, Teilhaber des inzwischen arisierten Bankhauses H. Aufhäuser in der Löwengrube 18-20, gerät in Panik und stürzt sich – zusammen mit seiner Frau – aus dem Fenster im dritten Stock.

In Nürnberg, wo drei Monate zuvor die große Synagoge gesprengt worden war, wird in der Rankestraße 47 mehrere Stunden später Nathan Langstadt mit durchschnittener Kehle aufgefunden werden.

Acht weitere Morde und zehn Selbstmorde sind die Bilanz an diesem Tag in Nürnberg, der Stadt Albrecht Dürers.

Auch in Würzburg steht die Synagoge in Flammen. Lautstarker Anführer der »spontanen Aktion«: der Rektor der Universität, Prof. Dr. Ernst Seifert. In Düsseldorf wird Paul Marcus, Inhaber des Cafe-Restaurants »Karena« erschossen und das Lokal völlig demoliert. Marcus´ Frau wird mit Bauchschüssen ins Städtische Krankenhaus eingeliefert und muß den Herren von der Gestapo-Leitstelle eine schriftliche Erklärung unterschreiben, wonach ihr Mann Marcus »Selbstmord« begangen hat.(1)

Einige wenige Episoden von tausenden, wie sie sich am 9. November 1938 und in den darauffolgenden Tagen in ganz Deutschland zugetragen haben. Es sind solche Schicksale und Tragödien, die hinter den nackten Zahlen der Brandstiftung, Zerstörung und des Mordens stecken. Nach heutigem Erkenntnisstand lautet die nüchterne Bilanz jener Schreckensnacht: Über eintausend niedergebrannte Synagogen, Betstuben und Gemeindehäuser, 7500 verwüstete Geschäfte, hunderte zerstörte Wohnungen, Vergewaltigungen in unbekannter Zahl, annähernd einhundert getötete Juden, hunderte von Selbstmorden. Für etwa 30.000 jüdische Männer zwischen zwanzig und fünfzig Jahren endet die »Reichskristallnacht« in deutschen Konzentrationslagern und niemand weiß bis heute genau, wie viele von ihnen lebend zurückgekehrt sind. Fast 10.000 der Deportierten werden nach Buchenwald verschleppt, unter ihnen 2.621 Frankfurter Juden. Vor ihrer Deportation müssen sie in der Festhalle den ganzen Tag über »exerzieren«: Kniebeugen, Aufstehen, Marschieren und wieder Liegestützen. Um die Demütigung zu steigern, werden sie gezwungen, währenddessen Kinderlieder abzusingen. Was mit Erniedrigungsritualen begann, endet in der Hölle deutscher Konzentrationslager mit Drangsal, Folter, Schmerz und Tod.

Die »Reichskristallnacht« stellt einen Wendepunkt in der Behandlung deutscher Bürger jüdischen Glaubens während jener ewigen zwölf Jahre des »Tausendjährigen Reiches« dar. Was zuvor auf der Ebene von Gesetzen, Erlassen und Verordnungen an zunehmender Diskriminierung legal vollzogen worden war, mündete nun in einem öffentlichen Akt symbolischer und tatsächlicher Ausgrenzung. Weil zunächst Bücher, dann Synagogen und schließlich Menschen brannten, kann die »Reichskristallnacht« zurecht als Fanal zur »Endlösung der Judenfrage« betrachtet werden. Im Schatten dieses größten Verbrechens der neuzeitlichen Geschichte blieb dem öffentlichen Bewußtsein bis heute weithin verborgen, daß der 9. November 1938 auch eine Wende in der seit 1933 anhaltenden »Arisierung« und Zwangsenteignung »jüdischen Vermögens« bedeutete. An keinem anderen Verbrechen im Rahmen der Judenverfolgungen beteiligten und bereicherten sich auch nur annähernd so viele Deutsche wie an der wirtschaftlichen Ausplünderung ihrer jüdischen Nachbarn. Privatleute, Parteigenossen und mittelständische Betriebe nahmen daran ebenso teil wie Großfirmen, Industriekonzerne, Versicherungen und Banken – allen voran die Dresdner Bank, die, Ironie der Geschichte, 1872 vornehmlich von jüdischen Kaufleuten und Bankiers gegründet worden war.

Das streng auf Legalität bedachte Arisierungsverfahren läuft stets nach ähnlichem Muster ab: Arisierungsinteressent, finanzierende Bank, profitierende Parteigenossen und ein willfähriges Finanzamt arbeiten Hand in Hand. Sie lassen dem jüdischen Geschäfts-, Betriebs- oder Konzerneigentümer keine andere Wahl, als seinen Besitz – häufig ein seit Generationen aufgebautes Lebenswerk – so weit unter Wert zu verkaufen, daß es in den meisten Fällen die Vernichtung der Existenzgrundlage bedeutet. Wo dies keine Wirkung zeigt, wird der jeweilige Eigentümer solange in »Schutzhaft« genommen, bis sein Widerstand und häufig auch seine Persönlichkeit gebrochen ist.

Anfang 1933 hatte es im deutschen Reichsgebiet etwa 100.000 von Juden unterhaltene selbständige Betriebe gegeben: Privatbanken, Warenhäuser, Industriefirmen, Hotels, Läden, Handwerksbetriebe, Ärzte- und Rechtsanwaltspraxen. Mitte 1938 waren etwa Zweidrittel davon bereits aufgelöst oder »arisiert«. Die »Entjudung« der Wirtschaft durch »Arisierung«, Enteignung und Berufsverbot verstärkte die Trennung zwischen ausgeplünderten Juden und ausplündernden »Ariern«; sie führte zu Verarmung und Arbeitslosigkeit des jüdischen Bevölkerungsanteils, der damit zunehmend ein soziales und ökonomisches Problem für den Staat wurde. In den

Kategorien nationalsozialistischer Logik barg somit die Vernichtung der wirtschaftlichen Existenzgrundlage der deutschen Juden bereits die später beschlossene »Endlösung der Judenfrage« in sich.

Die bis November 1938 rigoros betriebene Enteignung jüdischen Vermögens durch verdiente Parteigenossen, Privatfirmen, Banken und Konzerne änderte sich schlagartig nach der »Reichskristallnacht«. Die Zerstörung der bis dahin noch bestehenden jüdischen Geschäfte kennzeichnete öffentlich den Abschluß der Verdrängung der Juden aus allen Wirtschaftsbereichen und bedeutete zugleich die Ablösung privater »Arisierung« durch die nun folgende, im großen Maßstab betriebene staatliche Zwangsenteignung des verbliebenen jüdischen Vermögens.

Der Novemberpogrom war nur willkommener Anlaß zu vollziehen, was von langer Hand bereits geplant und vorbereitet war: die Enteignung der deutschen Juden als Beitrag zur Finanzierung der seit 1936 beschleunigt vorangetriebenen Aufrüstung und Kriegsvorbereitungen im Rahmen des von Hermann Göring zu verwirklichenden Vierjahresplanes. Görings Erregung und Wut über die Verwüstungen während der landesweiten Ausschreitungen galten nicht den Opfern, sondern der Zerstörung kriegswichtiger Rohstoffe. Nach seinen eigenen Worten hätte er es lieber gesehen, wenn stattdessen 200 Juden erschlagen worden wären.

Außer der auf eine Milliarde Reichsmark festgesetzten »Sühneleistung« für die Schäden des Pogroms wurde den Juden die »Wiederherstellung des Straßenbildes« auf eigene Kosten auferlegt. Die den geschädigten jüdischen Geschäftsbesitzern zustehenden Versicherungsgelder in Höhe von 225 Millionen Reichsmark wurden – auch zum Vorteil der Versicherungen – zugunsten des Reiches eingezogen. Rechnet man diesen Beträgen die Gelder aus der »Reichsfluchtsteuer« hinzu, die von November 1938 bis zum Kriegsausbruch im September 1939 von jüdischen »Auswanderern« zwangsweise erhoben wurden, so ergibt sich eine Summe von über zwei Milliarden Reichsmark, die in dieser Zeit aus jüdischem Besitz unmittelbar ans Deutsche Reich fielen.

Die unverhüllte staatliche Ausplünderung der deutschen Juden während und nach der »Reichskristallnacht« stellt aber nur eine

Vorstufe der totalen, bis zur Vernichtung betriebenen Ausbeutung jüdischer und nichtjüdischer Menschen dar und blieb auch nicht ohne Folgen auf das Verhalten der nach Ausbruch des Krieges in der Heimat verbliebenen Deutschen: Während in vielen Ländern Europas ein mörderischer Angriffs- und Vernichtungskrieg tobte, fielen Deutsche raffgierig und schamlos über die Wohnungen und Häuser ihrer deportierten jüdischen Nachbarn her. Deren ehemaliges Mobiliar wurde in vielen Städten von den zuständigen Finanzämtern öffentlich versteigert – jenen Finanzämtern, die nach 1945, häufig in gleicher personeller Besetzung, den heimkehrenden Überlebenden aus Konzentrations- und Vernichtungslagern mit allen Mitteln ihre Wiedergutmachungsansprüche zurückzuweisen versuchten.(2)

Es war ein offenes Geheimnis, von wem das aus ganz Europa in ungeheuren Mengen herantransportierte »Juden-Mobiliar« stammte. Alle Käufer wußten, daß die deportierten Besitzer nicht zurückkehren würden, um ihr geraubtes Eigentum zurückzufordern. Das Verhalten der »Ariseure«, Profiteure und Schnäppchenjäger in der Heimat und die Ausbeutung, Verwertung und Vernichtung jüdischer und nichtjüdischer Menschen in Europa durch Wehrmachtsangehörige, Einsatzgruppen, Polizei-Bataillone und SS folgte demselben Legitimationsmuster. Danach war alles Vermögen in Deutschland und in den von Deutschen besetzten Gebieten »Volksvermögen« zum Nutzen der deutschen Volksgemeinschaft. Juden, die durch Gesetz nicht zur deutschen Volksgemeinschaft gehörten, hatten keinen Anspruch darauf – im Gegenteil: es war kein Vergehen, sondern ein Verdienst, zum Wohle des deutschen Volkes jüdischen Besitz zu enteignen, der nach nationalsozialistischer Doktrin durch Wucher und Betrug erwirtschaftet worden war. In letzter Konsequenz durfte man »Volksausbeuter« und »Volksschädlinge« selbst bis zur Liquidation ausbeuten. Zudem forderte der totale Krieg die Verwertung aller Ressourcen – auch der »menschlichen«. Vernichtung durch Arbeit war nur die Vorstufe der Degradierung des Menschen zum Objekt materieller Verwertung. Am Ende wartete das Ersticken im Gas. Nicht nur Kleider, Decken, Schuhe, Koffer, Spielsachen, Schmuck, Wertgegenstände und Devisen der zu

Millionen in den Vernichtungslagern ermordeten Menschen wurden dem heimatlichen deutschen Markt und der Kriegswirtschaft zugeführt, sondern auch Goldzähne, Prothesen – ja, Haut und Haar. Was zunächst mit Arisierung auf privater Ebene begonnen und nach dem 9. November 1938 sich auf staatlicher Ebene mit Zwangsenteignung fortgesetzt hatte, endete mit der kühl kalkulierten Verwertung und Vernichtung von Menschen – endete in der Zerstörung des menschlichen Antlitzes.

Angesichts des unermeßlichen Leids, das das nationalsozialistische Deutschland über Europa gebracht hatte, beschlossen die Alliierten nach Kriegsende die Auflösung und Zerschlagung von Industrieunternehmen, Großkonzernen und Banken, die eine herausragende Rolle in der nationalsozialistischen Enteignungs-, Raub- und Kriegspolitik gespielt hatten. Zum Beispiel die erst kürzlich wieder durch Klagen von Holocaust-Überlebenden in die Schlagzeilen geratene Deutsche Bank und Dresdner Bank. Eine vierzehnköpfige Expertengruppe der »Financial Investigation Section« der Militärregierung der U.S.A. für Deutschland (O.M.G.U.S.) sprach 1946 nach eingehenden Untersuchungen die Empfehlung aus, beide Banken zu liquidieren, die verantwortlichen Mitarbeiter anzuklagen, als Kriegsverbrecher vor Gericht zu stellen, sie von wichtigen Positionen im politischen und wirtschaftlichen Leben Deutschlands zu entfernen und für die Zukunft davon auszuschließen.(3)

Aus der überwältigenden Fülle der Beweise und Begründungen sei nur folgendes zur Dresdner Bank zitiert: »Kein anderes führendes Kreditinstitut identifizierte sich so vollständig mit den Zielen der NSDAP, der Nazi-Regierung und der SS, und keine andere Bank schlug aus ihren politischen Beziehungen so rücksichtslos Profit (...) In den sechs Jahren von 1938 bis 1944 erfuhr die Dresdner Bank eine gewaltige Expansion (...) Diese außergewöhnliche Entwicklung, für die es praktisch keine Parallele gibt, war nur deshalb in so kurzer Zeit möglich, weil die Dresdner Bank unter Leitung von Carl Goetz die Finanz- und Industrieressourcen der besetzten Gebiete Europas rücksichtslos ausbeutete (...) Die Erfahrung und Geschicklichkeit, mit der die Dresdner Bank die Wirtschaftressourcen dieser Länder ausbeutete, hatte sie an der deutschen Heimatfront mit der »Arisierung« jüdischen Eigentums erworben. Es gab keine andere deutsche Bank, die diese Vermögen so skrupellos in ihren Besitz brachte wie die Dresdner Bank«.(4)

Den Empfehlungen der Expertengruppe wurde nicht gefolgt; beide Banken bestehen heute noch und machen prächtige Geschäfte. Wenn Überlebende Forderungen an sie oder andere Banken, Versicherungen und Konzerne stellen, dann bestreiten sie jede Schuld oder Verantwortung, indem sie sich auf das Londoner Schuldenabkommen von 1953 berufen. In ihm wurden alle Ansprüche und Forderungen an belastete Unternehmen auf den deutschen Staat übertragen und wie staatliche Reparationen behandelt. Auch wenn deren völkerrechtliche Regelung bis zum endgültigen Abschluß eines Friedensvertrages zurückgestellt wurde, so haben seither die früheren Profiteure unter stetiger Berufung auf das Londoner Schuldenabkommen versucht, ihre Arisierungs- und Kriegsgewinne zu privatisieren, ihre historische Schuld aber zu verstaatlichen.

Seit der deutschen Vereinigung und seit einem Urteil des Bundesverfassungsgerichtes von 1996 ist das jahrzehntelange Moratorium des Londoner Schuldenabkommens beendet, und Einzelklagen gegen die Bundesrepublik sind grundsätzlich zulässig.(5) Nun rächt sich, daß deutsche Industriekonzerne, Versicherungen und Banken jahrzehntelang jegliche juristische und moralische Verantwortung ihrer Beteiligung an nationalsozialistischen Verbrechen geleugnet haben. Die jetzt gezeigte Bereitschaft, eigene Entschädigungsfonds einzurichten oder sich an Fonds unter staatlicher Federführung zu beteiligen, entspringt nicht besserer Einsicht, sondern ist allein Folge ausländischen Drucks, vor allem aus den U.S.A. Und weil dem so ist, weil die Profiteure der nationalsozialistischen Verbrechen sich auch jetzt noch nicht vorbehaltlos zu ihrer Mitschuld bekennen, haben ihre späten, in Wahrheit verspäteten Gesten nichts mit Moral zu tun.

Wenn in den neunziger Jahren Firmen in Deutschland ihr sechzigjähriges Gründungsjubiläum gefeiert haben, dann waren viele darunter, die sich vor 1938 in jüdischem Besitz befunden haben. Ihre Zahl ist ebenso unbekannt wie die des »arisierten« Immobilienbesitzes auf dem Gebiet des früheren Deutschen Reiches. Und niemand weiß, in wieviel deutschen Haushalten heute noch Möbel von deportierten jüdischen Nachbarn stehen, aus Porzellan gegessen wird, dessen Besitzer ermordet wurden und Gemälde hängen, die nie an ihre rechtmäßigen Erben gelangten. Es ist daher kein Wunder, wenn das Thema »Arisierung« in der umfangreichen Literatur über den Nationalsozialismus vergleichsweise marginal behandelt wird: haben doch Millionen Deutsche davon profitiert und profitieren noch heute als Erben dieses größten Enteignungsverbrechens. Wenn am Ende dieses Jahrhunderts in Deutschland Werte in Billionenhöhe von der Kriegsgeneration an die Nachkriegsgeneration vererbt werden, dann befinden sich darunter erhebliche Vermögensanteile, die aus ehemals jüdischem Besitz stammen.

Für »Arisierungen« gab es zur Zeit ihrer Durchführung kein Unrechtsbewußtsein – man hatte ja schließlich »jüdische Volksschädlinge« beerbt – und die heutigen Erben der früheren Ariseure müssen keines haben, weil sie im juristischen Sinne unschuldig sind. Durch von Eltern begangenes Unrecht leben heute viele der nicht schuldig gewordenen Arisierungserben ein weitaus besseres Leben als die meisten jener jüdischen Nachfahren, deren Eltern und Großeltern nach 1933 ihres Besitzes beraubt wurden. Die von Juden heute erhobenen Forderungen nach Rückgabe oder materieller Kompensation des geraubten Besitzes lösen deshalb besonders heftige Abwehrreaktionen aus, weil sie die Rechtmäßigkeit des »arisierten« Besitzes vieler Privatpersonen, Firmen, Versicherungen und Banken immer wieder in Frage stellen.

Dabei übersieht ein Großteil der deutschen Öffentlichkeit, daß die in dreistelliger Milliardenhöhe von der Bundesrepublik Deutschland bisher gezahlten Entschädigungsgelder noch nicht einmal den materiellen Schaden abdecken, der durch »Arisierung«, Zwangsenteignung, Raub und Zerstörung angerichtet wurde – von der vernichteten Arbeitskraft ganz zu schweigen. Was jetzt gefordert wird, sind weder Gefälligkeiten noch Gnadenakte, sondern sehr späte materielle Teilkompensationen für die wenigen, noch lebenden Betroffenen. Verdient haben die Profiteure allemal an den Anspruchsberechtigten, die zwischenzeitlich verstorben sind; und sollte es ihnen gelingen, die überfälligen Entschädigungen weiter hinauszuzögern, dann hätten sie noch einmal ihr Geschäft mit dem Tod gemacht.

Neben der nicht zu sühnenden moralischen Schuld verbleibt aus der Erblast des »Tausendjährigen Reiches« trotz aller zwischenzeitlich geleisteten »Wiedergutmachung« eine bis heute nicht getilgte materielle Schuld. Und weil dieses weiterhin brisante Thema so viele Deutsche mittelbar oder unmittelbar betrifft, geht das vereinigte Deutschland auch mit dieser Hypothek ins neue Jahrhundert. Wie aber damit umgehen? Sicher nicht wie Martin Walser, der um seiner Ruhe willen lieber wegsieht und weghört, wenn Auschwitz ihn verstört.

Nur der Mut zu schonungsloser Erkenntnis und die Fähigkeit, das Erkannte auszuhalten, können auf Dauer die von Deutschland auch in Zukunft zu tragende Erblast des Nationalsozialismus erträglicher machen. Denn die verbrannten Bücher, brennenden Synagogen und rauchenden Krematorien werfen ihre Schatten weit ins kommende Jahrhundert.

Jüdisches Leben in Deutschland

Das Ende der Schonzeit
Zur veränderten Seelenlage der Juden in Deutschland

Mit dem Zerfall der früheren Sowjetunion in eine Vielzahl eigenständiger Staaten ist auch das ehedem zwischen Ost und West herrschende »dualistische Feindbild« zerfallen. Dem physikalischen Gesetz vom Erhalt der Gesamtenergie beängstigend ähnelnd, haben sich die Triebkräfte dieses Feindbildes nicht einfach aufgelöst, sondern nur verwandelt. Sie dienen in vielfältigen Abkömmlingen nationalistischen Bewegungen als Mittel zum Zweck bei deren Abgrenzungsbestrebungen gegenüber anderen Völkern, Volksgruppen oder nationalen Minderheiten.

Die Vereinigung beider deutscher Staaten ist gegenläufige Ausnahmeerscheinung dieser Entwicklung. Dennoch sieht es danach aus, als bedürfe die deutsche Staatenverschmelzung mindestens ebensoviel »Feindbild-Energie« wie die allenthalben zu beobachtende Staatenspaltung. Die »kritische Masse« der deutschen Vereinigung ist beachtlich: Beide Seiten mußten und müssen eine Vielzahl historischer, ideologischer, wirtschaftlicher und sozial-psychologischer »Kröten« in kurzen Abständen hinunterwürgen – ein brisantes, schwer verdauliches Gemisch! Da drohen naturgemäß Erstickungs- und Verdauungsängste – und Rufe nach den Schuldigen bleiben nicht aus.

Viele Menschen in den alten und neuen Bundesländern erblicken nicht zuletzt in der hastig vollzogenen Vereinigung selbst – und damit im jeweils »anderen Teil Deutschlands« eine wesentliche Ursache ihres (vermeidbaren) Übels. Gäbe es keine Asylsuchenden, Ausländer und andere Minderheiten (genauer gesagt: keine emotional aufgeladene Diskussion über sie), dann müßten Unmut, Widerwillen und Haß viel unverhohlener den deutschen Brüdern und Schwestern im »anderen Teil« des Landes gelten, als dies ohnehin schon der Fall ist.

Im Ausländerhaß, Rassismus und Antisemitismus kanalisieren sich bis zu einem gewissen Grad die bei »Ost«- und »Westdeutschen« tief sitzende gegenseitige Abneigung, Wut, Mißgunst und Enttäuschung. Das völkisch eingefärbte Feindbild ist offenbar der kleinste gemeinsame Nenner der deutschen Vereinigung – viel mehr »gefühlsmäßige Gemeinsamkeit« scheint die »beiden Teile Deutschlands« derzeit nicht zu verbinden.

Erneut wird eine altbekannte Illusion genährt: mit »Lösung« des »Ausländer-, »Asylanten-» und »Judenproblems« seien alle anstehenden Probleme aus der Welt geschafft. Solche dümmlich-primitiven Globallösungs-Angebote fallen sowohl in den alten als auch in den neuen Bundesländern auf teilweise immer noch fruchtbaren Boden. Für Juden und andere Minderheiten ist es zunächst unerheblich, ob die tieferen Gründe dieser »Fruchtbarkeit« jeweils unterschiedlichen historischen Ursachen und Entwicklungen in beiden früheren Teilen Deutschlands zuzuschreiben sind. Es kann für sie auch kein Trost sein, wenn deutsche Politiker menschenverachtende Parolen und verbrecherische Anschläge mit dem Argument »rügen«, dies schade sowohl dem Ansehen Deutschlands in der Welt als auch der deutschen Wirtschaft. Nicht moralische Überzeugung, sondern ökonomisches Kalkül bestimmt solchen »Tadel« – vielleicht in der (trügerischen) Hoffnung, die Unbelehrbaren seien mit dem Verweis aufs Materielle zu überzeugen.

Damit stellt sich immer drängender die Frage, ob Demokratie in Deutschland ein oszillierendes »Wirtschaftsgut« ist, das mit politischen und ökonomischen Schwankungen steigt und fällt. Träfe dies zu, dann gäbe es für Juden (und andere Minderheiten) in diesem Lande Anlaß zu dauerhafter Beunruhigung. Paradoxie der Geschichte: das frühere »Provisorium« der Bundesrepublik Deutschland (vor der Vereinigung) vermittelte den hier lebenden Juden zunehmend ein gewisses Gefühl von Dauerhaftigkeit und Sicherheit: Der nationalsozialistische Völkermord schien in seiner unvorstellbaren Grausamkeit so abschreckend zu sein, daß die Erinnerung an ihn, ja seine bloße Benennung, jede Wiederholungsgefahr (scheinbar) zu bannen vermochte. Die sich jetzt anbahnende Dauerhaftigkeit des größer gewordenen Deutschlands mit allen völkisch-nationalistischen Begleiterscheinungen hat für Juden das partiell bereits überwunden geglaubte Gefühl des nur provisorischen und passageren Aufenthaltes in Deutschland erneut aufleben lassen.

Selbst wenn sich die derzeitigen »Wogen« wieder glätten sollten, wonach es im Augenblick nicht aussieht: Das allmählich über Jahrzehnte gewachsene Vertrauen der Juden in ein neues, demokratisches Deutschland wird in Zukunft nicht mehr dasselbe sein. Von nun an müssen Juden mit der Gewißheit leben, daß die stetig angemahnte Erinnerung an das Geschehene keinen dauerhaften Schutz mehr gegen mögliche »Wiederholungen« (unter anderen historischen Vorzeichen) bieten.

Vielleicht führen die gegenwärtigen politischen Auseinandersetzungen am Ende nicht zu einer »Re-Nationalisierung« der deutschen Gesellschaft (wofür es alarmierende Anzeichen gibt), sondern – nach den ermutigenden Großdemonstrationen – zu einer »Re-Politisierung« mit Besinnung auf den hohen Wert demokratischer Gesellschaftsordnungen (wofür es ebenfalls Anzeichen gibt). Nach welcher Seite die Waagschale sich auch neigen mag, die geschichtliche Erfahrung, das historische Gedächtnis bewahrt Juden vor Illusionen: Deutschland kann ohne sie leben! Und wenn eines Tages jüdische Menschen dieses Land wieder (unfreiwillig) verlassen sollten, dann werden nur ihre nahen Freunde dies vielleicht als Verlust empfinden.

Noch sind es »nur« Fragen: Ist Deutschland vielleicht doch nicht das Ende einer langen Reise für die hier lebenden Juden? Müssen sie eines Tages wieder weiterwandern? Wohin? Diese Fragen mögen verfrüht, ja objektiv unangebracht sein – allein, daß viele Juden – manche retraumatisiert – sie täglich erneut stellen, ist untrügliches Anzeichen einer dauerhaft veränderten Seelenlage der Juden in Deutschland.

Heiteres Identitätenraten

Zum Dauerbrenner »Jüdische Identität in Deutschland«

Michael Wolffsohn bekennt öffentlich, er sei ein »deutsch-jüdischer Patriot«. Rafael Seligmanns Reaktion: »Hat man es als Jude in Deutschland immer noch oder schon wieder nötig, sein Deutschtum betonen zu müssen? Hilft es?«

Ausgerechnet Seligmann, der nicht nur unermüdlich betont, »deutscher Jude« zu sein, sondern auch noch vereinnahmend erklärt, »wir (!) sind längst Deutsche geworden«, stellt diese Frage in der Allgemeinen Jüdischen Wochenzeitung vom 16. Juni 1994. Die Antwort: Nein. Man hat es nicht nötig und es hilft auch niemandem. Trotzdem: Seligmann, Wolffsohn und andere tun es stets aufs Neue. Damit wird ein Scheinproblem am Kochen gehalten, das mehr über die problematisierenden Köche aussagt, als über den Brei, den sie ständig umrühren.

Zunächst: Es muß jedem unbenommen bleiben, sich so zu definieren wie der Einzelne sich fühlt und es sich verbitten zu dürfen, »fremd-definiert« zu werden. Seligmann soll sich als »deutscher Jude«, Wolffsohn als »deutsch-jüdischer Patriot«, Ignatz Bubis als »deutscher Staatsbürger jüdischen Glaubens, Frau X als »Jüdin in Deutschland« und Herr Y als »jüdischer Deutscher« bekennen. Aber es sollte keiner versuchen, für andere zu sprechen oder sie gegen deren Selbsteinschätzung kollektiv zu etikettieren, nur weil die eigene Standortdefinition für die einzig richtige, legitime oder politisch opportune gehalten wird.

Die Diskussion um Definitionen jüdischer Identität in Deutschland wird von mindestens zwei Motiven gespeist.

Erstens: Diejenigen, die verkünden, sie seien »deutsche Juden«, »deutsch-jüdische Patrioten« oder ähnliches, versuchen, einen sicheren Standort für sich selbst zu finden; der Grund dafür ist das Gefühl, in Deutschland auf politisch schwankendem Boden zu stehen. Dabei bieten Definition, Etikett und klares Bekenntnis scheinbar Sicherheit und Orientierung – scheinbar, denn Selbstbewußte und innerlich Gefestigte pfeifen auf Konturierungsversuche. Wer glaubt, sich selbst definieren, klassifizieren oder katalogisieren zu müssen – zumal öffentlich – hat's nötig!

Zweitens: Das Beharren auf Etikettierung erfüllt eine vermeintlich wichtige Funktion Nichtjuden gegenüber. Es ist die Botschaft: »Seht her! Da ist nichts Geheimnisumwittertes an mir, das Euch vielleicht zu Vorurteilen oder unangemessenen Reaktionen verleiten müßte. Kein Grund zur Furcht! Ich bin Euch ähnlicher als ihr vielleicht denkt.« Falsch! Seit Freud ist bekannt: Das Ähnliche ist das Unheimliche – am ausgeprägtesten im Doppelgänger, der zum Schreckbild (seiner selbst) wird.

Die Bestimmung des eigenen Standorts ist ausschließlich Privatsache und nicht Aufgabe von Positionsspezialisten für jüdische Standortfragen. Selbstbestimmte Eigendefinitionen (»Jude in Deutschland«, »deutscher Jude« u.a.) sind nicht ein für allemal festgeschrieben, sondern unterliegen je nach biographischen Besonderheiten und historischer Situation einem gleitenden Prozeß – in jede denkbare Richtung! Aus der Tatsache, daß der eigene gesellschaftliche Standort eben nicht endgültig definitorisch zementiert ist, erwächst jene Wachsamkeit, die Voraussetzung für produktive Unruhe und geschärfte Wahrnehmung gesellschaftlicher Veränderung ist.

Zum gegenwärtigen Zeitpunkt haftet der forcierten Diskussion um jüdische Identität in Deutschland der Beigeschmack des Bekenntniszwanges an; etwa so, als müßte auf jüdischer Seite der landesweit geführten Debatte um deutsche Nationalität eilfertig hinterhergehechelt werden – aus Sorge, beim patriotischen Wettlauf nicht ins gesellschaftliche Abseits zu geraten; und dann wundert sich der »jüdische Hase« auch noch, warum der »deutsche Igel« immer schon da ist.

Fazit: Wer es nötig hat, mit seiner Selbstdefinition Bekenntnis-Exhibitionismus in der Öffentlichkeit zu treiben, sollte sich ernsthaft Gedanken um den Zustand seines Seelenhaushaltes machen. Es mag ja sein, daß die Sucht nach Selbst- und Fremddefinition listigerweise bereits Teil der Therapie ist. Wenn's dem Definitionssüchtigen hilft und niemanden schadet – warum nicht?

Aber ich habe den Eindruck, daß es – in die Öffentlichkeit getragen – niemandem hilft, außer denjenigen, die von Berufs wegen ihre eigene Thermik lediglich mit Variationen des immer gleichen Themas erzeugen. Wie wär's denn mal zur Abwechslung mit »Die jüdische Identität und das Bandwurmsyndrom grönländischer Ballettmeister«? Probleme mit Quellenlage und Sekundärliteratur? Wie dem auch sei: Der Dauerbrenner »Jüdische Identität in Deutschland« (als Ratespiel beliebt unter dem Titel »Was bin ich?«) wird auch weiterhin Favorit auf dem Spielplan des »Jüdischen Deutschland-Theaters« bleiben.

Auf der Suche nach innerer Festigung

Über die Gefährdung der jüdischen Gemeinden in Deutschland und Europa/Ein Ausblick ins 21. Jahrhundert

In diesen Monaten jähren sich zum 150. Mal die Ereignisse des deutschen Schicksalsjahres 1848. Zu jener Zeit kämpften liberale Bürger für einen demokratischen Nationalstaat, der nach Vorbild der Menschenrechtserklärung der französischen Nationalversammlung von 1789 allen Deutschen umfangreiche Grundrechte garantieren sollte, Rechte, die den deutschen Juden erst 1869 vollständig gewährt wurden – und das auch nur de jure, denn de facto konnten Juden in Deutschland bis zum Ende der Weimarer Republik in der Regel weder höhere Beamte, noch höhere Offiziere, noch ordentliche Professoren werden – es sei denn zum Preis der Taufe. Der seit Beginn des 19. Jahrhunderts geführte Kampf der deutschen Juden um rechtliche und gesellschaftliche Emanzipation war noch nicht vollständig gewonnen, als er 1933 gewaltsam unterbrochen wurde.

Nach 1945 besaßen die wenigen noch in Deutschland lebenden oder hierher zurückgekehrten Juden zwar alle bürgerlichen Rechte – auf die vor 1933 so heiß ersehnte gesellschaftliche Gleichstellung mit den Deutschen legten sie keinen Wert: Deutschland war für die rund 15 000 nach 1950 hier verbliebenen Juden – die meisten aus dem Osten Europas – verbrannte, von Blut getränkte Erde, ohne Aussicht auf eine jüdische Zukunft.

Bis 1990, bis zur Vereinigung der beiden deutschen Teilstaaten lebten die meisten Juden, trotz gelegentlicher antisemitischer Vorfälle, in einem staatlich tabuisierten Schutzraum. Zur nichtjüdischen Gesellschaft hielten sie Distanz und bewegten sich im Alltag eher in einer traumatisierenden Vergangenheit als in der bundesrepublikanischen Gegenwart: Überleben statt Leben! Sie empfanden sich als Mitglieder einer Schicksalsgemeinschaft, als Gefühlsjuden, für die jüdische Tradition eher Identitätsstütze als Ausfluß religiöser Überzeugung war. Die Distanz zu Deutschland und seiner Geschichte zeitigte einen kompensatorischen Israelzentrismus, der das Problem jüdischer Identität im Land der ehemaligen Täter verschärfte. So wie Nichtjuden nach Auschwitz mit einer gebrochenen „negativen" nationalen Identität konfrontiert waren, so war – spiegelbildlich dazu – jüdische Identität in Deutschland über den Holocaust negativ definiert: eine zwar nach außen hin ungefährdete jüdische Existenz, nach innen aber gekennzeichnet von labilem Gleichgewicht. Nicht ein sich positiv definierendes Judentum hielt die jüdische Gemeinschaft in Deutschland zusammen, sondern die langen Schatten der Vergangenheit, der Wille niemals zu vergessen, der Wunsch, dieses Land irgendwann zu verlassen.

Die vor sich selbst als vorübergehend betrachtete Einrichtung einer Wohnstätte im Land der ehemaligen Täter fiel den meisten Juden trotz aller Rationalisierungsversuche und Rechtfertigungsstrategien nicht leicht. Doch die Teilung Deutschlands besänftigte ihr permanent schlechtes Gewissen: denn im westlichen deutschen Teilstaat erblickten sie ein Provisorium, das ihrer eigenen Seelenlage entsprach und in das man sich – trotz moralischer Bedenken – wenigstens materiell behaglich einrichten konnte.

Mit dem Ende der deutschen Teilung schien auch das Provisorium jüdischer Existenz in Deutschland sich dem Ende zuzuneigen. Doch erwies sich diese Einschätzung als trügerisch. Die jüdischen Gemeinden hatten sich innerlich nicht so gefestigt, wie es äußerlich, durch den Bau neuer Synagogen und Gemeindezentren, den Anschein hatte und wie man es von nichtjüdischer Seite aus politischem Kalkül auch sehen wollte. Erziehungs- und Bildungswesen, Sozialabteilungen und Kultuseinrichtungen waren zwar in Großgemeinden wie Berlin, Frankfurt und München neu aufgebaut worden; in all den Jahren und Jahrzehnten des Aufbaus war es den jüdischen Landesverbänden und Gemeinden aber nicht gelungen, eigenes Lehr- und Kultuspersonal heranzuziehen. Es muß weiterhin aus dem Ausland, vorwiegend Israel, »importiert« werden. Die großen Gemeinden kämpfen, wie alle übrigen auch, mit ständigem Personalmangel im Kultus- und Lehrbereich. Mittlere und kleine Gemeinden besitzen nur in Ausnahmefällen die Möglichkeit der religiösen Unterrichtung ihrer Mitglieder. Nicht zuletzt als Ergebnis einer jahrzehntelangen innerlichen Distanz der meisten hier lebenden Juden zum »Land der Täter« ist die innere Lage der jüdischen Gemeinden nach wie vor instabil und oft durch Finanzknappheit zusätzlich gefährdet.

Seit der deutschen Vereinigung wuchs die bis 1990 ca. 30 000 Mitglieder umfassende Gemeinschaft der Juden in Deutschland vorwiegend durch Einwanderer aus der ehemaligen Sowjetunion auf 75 000, d. h. um 150 % an, und in absehbarer Zeit werden es über 100 000 sein. Die Vervielfachung der Mitgliederzahl, insbesondere in kleineren und mittleren Gemeinden, belastet das ohnehin gefährdete jüdische Gemeindeleben stärker als je zuvor. Einerseits arbeiten die Gemeindeinstitutionen, insbesondere Sozialabteilungen, am Rande ihrer Kapazität, andererseits hat das nicht gerade blühende religiöse Leben der jüdischen Gemeinden zunächst wenig oder gar nicht von den Neueinwanderern profitiert: die meisten waren schon in ihren kommunistischen Herkunftsländern dem Judentum entfremdet gewesen. Auch wenn die Hoffnung der jüdischen Gemeinschaft darauf beruht, in Zukunft die Kinder dieser Zuwanderer wieder dem Judentum und damit dem Gemeindeleben zuführen zu können: angesichts ihrer mangelhaften personellen und materiellen Ausstattung und nicht zuletzt wegen des nach wie vor labilen inneren Gleichgewichtes sind die jüdischen Gemeinden im neuvereinigten Deutschland mit einem Bündel unvorhergesehener, scheinbar unlösbarer Aufgaben konfrontiert. Welchen Weg werden sie unter diesen Bedingungen in Zukunft nehmen?

Für die Beantwortung dieser Frage wird entscheidend sein, ob sich die bisherige Struktur der Einheitsgemeinde und die des Zentralrates der Juden in Deutschland bewähren kann. Die Einheitsgemeinde hat als Organisationsform immer dann Stärke bewiesen, wenn sie von ihren Mitgliedern als kulturell bergender Schutzraum gegenüber der nichtjüdischen Umwelt empfunden wurde. Zudem bleibt als weitere Voraussetzung ihrer Funktionsfähigkeit, Toleranz nicht nur anderen Religionen gegenüber, sondern auch und gerade gegenüber anderen religiösen Ausrichtungen innerhalb des Judentums. Diese Faktoren – von außen und von innen wirkende – sind bereits im Wandel begriffen. Sofern die deutsche Demokratie sich auch in Zeiten ökonomischer Schwierigkeiten als stabil bewähren sollte, wird Antisemitismus in Deutschland als politisch relevantes Phänomen allmählich an Wirkung verlieren. Für die Generation der hier geborenen und aufgewachsenen Juden, die der deutschen Kultur und Sprache weit stärker verbunden sind, als ihre Eltern es je waren, wird der nachlassende Außendruck ein weiteres Öffnen zur nichtjüdischen Gesellschaft begünstigen. Die Einheitsgemeinde dürfte für sie dann nicht mehr den Zufluchtsort in schwierigen Zeiten bilden, wie einst für ihre Eltern, die vor sich selbst nur bestehen konnten, weil sie sich der nichtjüdischen Gesellschaft aus Gründen der Selbstrechtfertigung und der Selbstachtung verweigert haben, ja verweigern mußten.

Durch den Zuzug der Neueinwanderer und die damit verbundenen rasch steigenden Mitgliederzahlen werden nicht nur die an der Oberfläche weitgehend überdeckten Schwächen der bisherigen Gemeindestrukturen schonungslos aufgedeckt: Die Neueinwanderer bilden auch in religiöser Hinsicht eine Art Scheidewasser, denn sie stärken durch den auf die Gemeinden ausgeübten Druck nach rascher Integration liberale und reformerische Bewegungen innerhalb der jüdischen Gemeinschaft. Diese ermöglichen zunächst einen wesentlich einfacheren und bequemeren Zugang zu Judentum und jüdischer Religion, als konservative und orthodoxe Ausrichtungen es zulassen. Dem wird eine verstärkte religiöse Polarisierung innerhalb der jüdischen Gemeinden folgen, denen es zunehmend schwerer fallen dürfte, die auseinanderstrebenden Kräfte langfristig zu binden.

Die Stärke der Einheitsgemeinde, der Zusammenhalt verschiedenster religiöser Ausrichtungen unter einem großen Dach, ist gleichzeitig deren Schwäche. Sie bietet zwar allen einen Rahmen, das notwendige institutionelle Verwaltungsgerüst, aber keine klar definierten Inhalte, keine eindeutige Religionsausrichtung. Wo alles unter einen bequemen Hut paßt, besteht die Gefahr der Beliebigkeit – von manchen Gemeindemitgliedern auch als Richtungslosigkeit empfunden. Das Aufgeben tradierter Werte, die zunehmende Liberalisierung und verstärkte Indifferenz in religiösen Dingen, wie bei der Mehrzahl der Mitglieder jüdischer Gemeinden zu beobachten, bergen auf Dauer die Gefahr der Abspaltung konservativer und neo-orthodoxer Minderheiten von der Einheitsgemeinde in sich.

Was auf der Ebene der Einheitsgemeinde gilt, trifft verstärkt auf der des Zentralrates der Juden in Deutschland zu. Aufgrund seines Selbstverständnisses und seiner Satzung vereinigt er alle jüdischen Landesverbände und Großgemeinden unter einem Dach – gleichgültig, ob sie liberal, konservativ, orthodox oder areligiös sind. Die sich zugunsten der Einheit auferlegte Neutralität des »Zentralrates« gestattet es ihm nicht, eine Art Richtlinienkompetenz innerhalb der jüdischen Gemeinschaft in Deutschland auszuüben. Es ist zu erwarten, daß einigen seiner Mitglieder bei ihrer Suche nach wegweisenden Normen und eindeutigen Maßstäben Neutralität als Prinzip nicht genügen wird. Sie wollen keine leere Bühne im kalten Licht neutraler Kulissen, sondern ein darauf gespieltes, von jüdischem Leben erfülltes Stück.

Solange der »Zentralrat« von einer starken Persönlichkeit wie Ignatz Bubis geführt wird, ist die Gefahr einer Spaltung gering; und solange Großgemeinden wie Berlin, Frankfurt, München, Düsseldorf, Köln und Hannover eine ähnliche Richtung in ihrer Gemeindepolitik verfolgen, wird dies so bleiben. Doch allmählich tritt die Generation der Pioniere und Erbauer der jüdischen Nachkriegsgemeinden, zu denen auch Ignatz Bubis zählt, ab, und wird von der Generation der Verwalter ersetzt. Wo für erstere, die Pioniergeneration, durch gemeinsam erlebte Leidensgeschichte und gemeinsam gelebte Aufbaugeschichte Solidarität und Einheit sich aus dem Überlebenswillen der neugegründeten jüdischen Nachkriegsgemeinden fast von selbst ergaben, fehlt der Verwaltergeneration die Solidarität fördernde Kraft einer sichtbaren Aufbauleistung. Es besteht erschwerend die Gefahr, daß sie von den wachsenden inneren Problemen der Einheitsgemeinden überfordert und aufgezehrt werden. Die Folgen dürften verstärkte Abspaltungstendenzen sein: entweder in Form von Austrittsgemeinden, wie sie sich bereits im Deutschland des 19. Jahrhunderts gebildet hatten, oder als Synagogen-Gemeinden nach angelsächsischem Vorbild.

Die Risse im Unterbau könnten sich leicht bis in den Oberbau, bis in den Zentralrat der Juden in Deutschland hinein fortsetzen. Sollte ein Teil seiner Mitglieder sich nicht mehr durch eine Repräsentanz vertreten fühlen, die zwar politisch aktiv ist, Antisemitismus bekämpft und eine deutliche Präsenz in allen Medien zeigt, aber für die innere Stabiliät seiner Mitglieder aus unabdingbarer Neutralität heraus nicht zuständig sein kann, dann sind auf Dauer zwei oder gar mehrere Spitzenorganisationen der Juden in Deutschland nicht mehr auszuschließen.

Neben diesen inner-strukturellen Schwierigkeiten des jüdischen Gemeindelebens wirken bereits historische Entwicklungstendenzen, die sowohl grundlegende Veränderungen des jüdischen Selbstverständnisses in Deutschland als auch eine veränderte Wahrnehmung der gesellschaftlichen Stellung der Juden durch die nichtjüdische Umwelt nach sich ziehen werden.

Mit dem Aussterben der überlebenden Opfer des Nationalsozialismus geht das kommunikative Gedächtnis der Zeitzeugen im kulturellen Gedächtnis der Institutionen auf. Damit wird der Holocaust objektiviert und historisiert – zwar als weiterhin einschneidendes historisches Ereignis von europäischer Dimension und ungebrochenem wissenschaftlichen Forschungsinteresse, aber doch als ein in den Staub der Geschichte zurückfallendes. Mit dieser Entwicklung werden sich die Beziehungen zwischen Juden und Nichtjuden versachlichen, um schließlich die klassische Rollenteilung zwischen Opfernachfahren und »Täternachkommen« abzumildern und aufzuheben. Das Medieninteresse an den Juden, das immer auch ein Interesse der Deutschen an bestimmten dunklen Teilen der eigenen Geschichte, der eigenen nationalen Identität war, wird trotz weiterer »Zwischenhochs« anläßlich runder Gedenktage allmählich schwinden. Dem wird eine Rückbesinnung der Deutschen auf ihre Geschichte vor 1933 und nach 1945 folgen – das Interesse an den frühen Jahrzehnten der BRD zeichnet sich in der deutschen Historiografie zunehmend stärker ab.

Mag der Holocaust noch einmal 50 Jahre nachwirken, so wird er in Zukunft immer weniger die Identität der Juden in Deutschland bestimmen. Nach dessen Wegfall als Identitätsstütze werden Juden, sofern sie sich auch zukünftig bewußt als solche verstehen wollen, die Wahl haben, sich, eher innenorientiert, jüdischer Religion und Tradition oder, eher nach außen gerichtet, der deutsch-jüdischen Geschichte zuzuwenden. Solche Hinwendung zur Geschichte ist für Juden in Deutschland mit der Gefahr ihrer Idealisierung und der ihrer Idolatrie verbunden. Die von Leopold Zunz 1819 gegründete »Wissenschaft des Judentums« war als wissenschaftlich objektivierte Geschichte in Zeiten verstärkter Assimilation zum Identitäts- und Religionsersatz geworden. Rückblickend betrachtet kann diese säkularisierte Form des Glaubens auch als Übergangsphänomen eines sich auflösenden Judentums interpretiert werden: für die Zukunft der Juden in Deutschland eher ein Menetekel denn eine Identitätsstütze auf Dauer.

Die deutsch-jüdische Vorkriegsgeschichte, häufig als deutsch-jüdische Symbiose verklärt, darf für die heute und zukünftig in Deutschland lebenden Juden allenfalls zu einer auf kritischer Distanz gehaltenen, adoptierten Geschichte werden, wenn nicht der tiefgreifende historische Bruch, den Auschwitz hinterlassen hat, überbrückt und verharmlost werden soll. Die zukünftigen deutschen Juden – wir sind auf dem Weg dahin – werden sich zuallererst mit ihrer eigenen, sehr kurzen Geschichte nach 1945 auseinandersetzen müssen – nicht gerade ein Fundus für stabile, historisch gewachsene Identität.

Jene andere, eher innenorientierte Hinwendung zu jüdischer Religion und Tradition, die zu ihrer Stärkung einer engagierten, tätigen Solidargemeinschaft bedarf, wird zur Abkapselung, wenn nicht gar Abspaltung innerhalb einer zunehmend säkularisierten, indifferenten jüdischen Mehrheit führen. Israel wird für die zukünftigen deutschen Juden zunehmend an politisch-nationalem Bezug verlieren, dafür bei traditionellen und orthodoxen Minoritäten an religiöser Autorität gewinnen – als eine Art »jüdischer Vatikan« in religiösen Fragen, was ganz gegen jüdische Tradition gerichtet wäre. Es wird der Preis dafür sein, daß Juden in Deutschland nicht mehr, wie vor 1933, aus eigenen, lebendigen religiösen Primärquellen schöpfen können, sondern weiterhin auf Zuflüsse von außen angewiesen sind. So wird die Polarisierung unterschiedlicher religiöser Observanzen mit einer wachsenden Abhängigkeit vom »jüdischen Ausland« – sei es Israel für die Konservativen, seien es die USA für die Liberalen – bezahlt werden müssen.

Aus zunehmend an Bedeutung gewinnender europäischer Sicht spricht all das nicht gerade für den bevorstehenden Aufbau eines stabilen europäisch-jüdischen Gemeindeverbundes als Grundlage eines europäisch geprägten Judentums und eines vom Judentum bereicherten Europas. Die jüngere Diasporageschichte hat es nachdrücklich gezeigt: Vom Judentum aus betrachtet war der jüdische Beitrag zur europäischen Kultur immer mit einem Aderlaß des Judentums verbunden; aus dieser geschichtlichen Erfahrung heraus dürften die heute in der Diaspora lebenden Juden einen solchen Beitrag primär nicht anstreben, wenn sie ihrem bedrohten Judentum noch eine Chance geben wollen.

Einen Beitrag zur deutschen oder europäischen Kultur kann per Definition nur leisten, wer Eigenes und Substantielles beizutragen hat. Nur wo es Unterschiede zwischen Kulturen oder innerhalb von Kulturen gibt, können diese aufeinandertreffen, sich gegenseitig befruchten, Neues bilden und somit lebendig bleiben.

Die jüdischen Gemeinden in Deutschland werden erst dann einen deutschen oder gar europäischen Beitrag leisten können, wenn sie nach innen gefestigt sind. Ohne auf einem soliden »jüdischen Fundament« zu stehen, bedeutete dies sonst die Gefahr beschleunigter Auflösung jüdischer Gemeinden. Es ist ein schönes Bild, das Diana Pinto in »The New Jewish Europe: Challenges und Responsibilities« (1997) im europäischen Überbau der jüdischen Gemeinschaft gezeichnet hat. Doch wenn der Unterbau brüchig bleibt, dann werden diese gefährdeten jüdischen Gemeinden in Deutschland und im übrigen Europa nicht fest im europäischen Boden verankert sein, sondern mit beiden Beinen fest in der europäischen Luft stehen. Nicht das europäische Luftschloß, sondern die bescheidene Synagoge, das jüdische Lehrhaus, der jüdische Kindergarten, die jüdische Schule, jüdisches Wissen, jüdische Tradition und im unspektakulären Alltag gelebtes Solidarverhalten garantieren auf Dauer das Überleben des deutschen und europäischen Judentums auf weiterhin dünnem Eis.

Diana Pintos optimistische Vision ist unübersehbar ein Gegenentwurf zu Bernhard Wassersteins 1996 publizierter »Vanishing Diaspora«. Dort prognostiziert er, ähnlich wie Michael Wolffsohn dies neuerdings für Deutschland verkündet, den Untergang der jüdisch-europäischen Diaspora. Während in Pintos Bild der Wunsch nach einem »Neuen jüdischen Europa« der Wirklichkeit vorauseilt und es bisher allenfalls auf einen überschaubaren Kreis polyglotter jüdischer Intellektueller zutrifft, steht den dezidierten Untergangsprognosen von Wasserstein und Wolffsohn immer noch die Komplexität jüdischer Geschichtserfahrung entgegen. In ihrer über 3000 Jahre währenden Geschichte – davon nahezu 2000 Jahre in Deutschland – wurde Juden oft der Untergang vorhergesagt, und tatsächlich sind hier und dort jüdische Gemeinden aus der Geschichte verschwunden. Doch als Gemeinschaft haben die Juden, nicht zuletzt wegen ihres einzigartigen kollektiven Gedächtnisses, sich stets dauerhafter erwiesen als alle sie betreffenden Untergangsprognosen.

Rückkehr der Mythen?
Zur Zukunft des »deutsch-jüdischen« Verhältnisses

Mythen sind langlebig und Vorurteile hartnäckig. Haben sie sich erst einmal als festgefügte Bilder oder sprachliche Stereotype in die Volksseele eingenistet, dann können sie dort Jahrhunderte überdauern und unter bestimmten Voraussetzungen stets aufs Neue belebt werden. Drei Beispiele: Das seit dem frühen 13. Jahrhundert in der christlichen Kirche tradierte Bild von der sogenannten »Judensau« hat bis in unsere Gegenwart hinein Wirkung gezeigt. Der Ruf »Schlagt tot den Walther Rathenau, die gottverdammte Judensau« begleitete 1922 die Ermordung des deutschen Außenministers jüdischer Herkunft, und das aus der gleichen Wurzel stammende Schmähwort vom »Saujuden« besitzt immer noch traurige Aktualität. Der 1475 angeblich von Juden an dem christlichen Knaben Simon von Trient verübte Ritualmord ist Ursprung des bis heute vor allem in ländlichen Gegenden nach wie vor virulenten Gerüchtes, Juden würden ihren zum Passah-Fest gebackenen Mazzen das Blut eines zuvor rituell getöteten christlichen Kindes beimengen. Und die in Martin Luthers 1543 erschienenen Alterswerk »Von den Juden und ihren Lügen« erhobenen Forderungen, »daß man ihre Synagoge oder Schule mit Feuer anstecke ... daß man auch ihre Häuser desgleichen zerbreche und zerstöre ... daß man ihren Rabbinen bei Leib und Leben verbiete hinfort zu lehren ... daß man den Juden das Geleit und Straße ganz aufhebe ...« sind von der Evangelischen Kirche bis heute amtlich nicht verworfen worden. Die Brand- und Blutspur dieses Aufrufes durchzieht mehr als vier Jahrhunderte, und was während der »Reichskristallnacht« einen vorläufigen Höhepunkt gefunden hatte, war zuletzt wirksam, als vor fünf Jahren die Synagoge in Lübeck brannte.

Diese Beispiele mögen für die deutsche Gegenwart keine aktuelle Bedeutung haben, doch der jahrhundertealte Nährboden, auf dem einst ein tödlicher Antisemitismus gedieh, hat sich nicht einfach aufgelöst. Die seit dem Fall der ehemaligen Sowjetunion zu beobachtenden Entwicklungen lehren auch stellvertretend für andere

Völker, daß in Zeiten schwieriger wirtschaftlicher Verhältnisse und zunehmender Verunsicherung die bewährten Sündenböcke erneut für alle gesellschaftlichen Übel herhalten müssen. Aber es geht hier nicht um Rußland und die übrigen Staaten der ehemaligen UdSSR mit ihrem beängstigend wachsenden Antisemitismus. Ein Blick in die neuen Bundesländer bestätigt die Aktualität solcher Gefahren in unmittelbarer Nähe. Und nicht zuletzt hat eine zunehmend unübersichtlich werdende, diffuse Ängste schürende Globalisierung auch einen Gegentrend zur Tribialisierung, zum Rückzug in esoterische Zirkel, Sekten, Ethnien, Volks- und Religionsgemeinschaften ausgelöst. Im Wunsch nach Überschaubarkeit, Sicherheit und einfachen Lösungen liegt immer auch der Keim alt-neuer Mythen und bewährter Vorurteile.

Antworten auf die Frage nach den zukünftigen deutsch-jüdischen Beziehungen, aktualisiert durch einen Regierungswechsel, der gleichzeitig ein Generationswechsel war, werden solch leicht revitalisierbares Vorurteilspotential ebenso zu berücksichtigen haben wie die Folgen des seit etwa 1990 durch den verstärkten Zuzug von Juden aus der ehemaligen Sowjetunion ausgelösten Wandels innerhalb der jüdischen Gemeinschaft.

Dabei spielt der zeitliche Abstand zum nationalsozialistischen Völkermord an den Juden eine gewichtige Rolle. Weil mit dem absehbaren Aussterben der überlebenden Opfer des Holocaust das authentische Gedächtnis der Zeitzeugen allmählich im kulturellen Gedächtnis der Institutionen aufgeht, wird der Kampf um individuelle und kollektive Erinnerung mit bisher nicht gekannter Heftigkeit geführt. Es ist am Ende des Jahrhunderts ein letzter Versuch der überlebenden Opfer, ihrem Leiden einen Sinn zu geben und von dessen Verursachern noch einen Rest an bisher verweigerter materieller Kompensation zu erlangen. Nach über 50 Jahren stößt dies bei vielen Deutschen – auch solchen, die sich nicht wie ihre Eltern und Großeltern als Opfer der »Wiedergutmachung« betrachten – auf den Wunsch nach einer endgültigen Lösung der leidigen Entschädigungsfrage, nach einem Schlußstrich unter die jüngste Vergangenheit und nach einer wie immer gearteten »Normalität«.

Bemerkenswert in ihrer gesellschaftlichen Bedeutung sind dabei Phänomene gegenläufiger Entwicklungen. In keinem anderen Land der Welt außerhalb Israels erscheinen so viele Publikationen über jüdische Geschichte, den Holocaust und die versuchte »Aufarbeitung« des Jahrhundertverbrechens wie in Deutschland. Eine wachsende Anzahl von Kino- und Fernsehfilmen behandelt die Problematik der deutsch-jüdischen Beziehungen wie zum Beispiel »Hitlerjunge Salomon«, »Comedian Harmonists«, »Aimée und Jaguar«, »Meschugge«, »Rosa Roth in Jerusalem«, »Rosenzweigs Freiheit« und der mit dem Grimme-Preis 1998 ausgezeichnete Streifen »Das Urteil«. Und es dürfte kein Zufall sein, daß Max Bruchs op. 47, Kol Nidre, seit März diesen Jahres in der Hitparade von Klassik-Radio erscheint.

Solches Interesse ist verstärkt in den alten Bundesländern und hier vor allem unter jüngeren Menschen zu beobachten. In Schulen wird das Schicksal ehemaliger jüdischer Schüler und Lehrer erforscht, und in vielen Ortschaften ist der Beitrag früher ansässiger Juden zur gemeinsamen Lokalgeschichte Gegenstand zahlreicher Chroniken geworden. Mehrere Initiativen in der Bundesrepublik befassen sich zur Zeit mit der wissenschaftlichen Dokumentation und virtuellen Rekonstruktion zerstörter Synagogen.

Der zunehmende zeitliche Abstand vom nationalsozialistischen Genozid begünstigt solche Entwicklungen. In den ersten Jahrzehnten nach 1945 haben sowohl die überlebenden Opfer und deren Nachkommen als auch die »Tätergeneration« und deren Nachkommen aus verständlichen Gründen geschwiegen: die einen wegen erlittener Erniedrigungen und Traumata, die anderen aus dem Bewußtsein der Schuld, aus Scham oder schlechtem Gewissen. Die Zeit mußte erst reifen und eine Generation der Enkel heranwachsen, die ohne solche Belastung sich der Vergangenheit stellen kann. Daher kommen öffentliche Auseinandersetzungen wie um das Goldhagen-Buch, die Wehrmachtsausstellung, das Berliner Holocaust-Denkmal und die Walser-Bubis-Kontroverse nicht fünfzig Jahre zu spät, wie oft angemerkt wird, sondern zu einer Zeit, in der bei nachlassender Leugnungs- und Verdrängungsenergie der unmittelbar Beteiligten die Entfaltungsmöglichkeiten solcher Grundsatzdebatten erst gegeben sind.

Diese wachsende Distanz zur jüngsten Vergangenheit trägt unumgänglich Tendenzen ihrer Historisierung und damit das absehbare Ende der Nachkriegszeit in sich. Die Politikergenerationen dieser Epoche, zuletzt verkörpert durch Helmut Kohl, waren biografisch sowohl mit der »Tätergeneration« als auch mit der Generation der überlebenden Opfer verbunden. Eine noch bewußte Erinnerung an den Krieg und seine Folgen bestimmte trotz aller innenpolitisch notwendigen Rücksichtnahmen die besonderen Beziehungen zu den überlebenden Opfern und deren Nachkommen – vor allem den jüdischen. Und mag Helmut Kohl die persönliche Dimension der überlebenden Opfer und ihrer Leiden nicht immer richtig eingeschätzt haben, so hat er doch die historische nie aus den Augen verloren.

Dieser unmittelbare Bezug zur jüngsten Geschichte, deren Kenntnis aus eigener Anschauung, fehlen der nunmehr an die Macht gelangten neuen Politikergeneration. Ihr Verhältnis zur Geschichte des »Dritten Reiches« ist vermutlich kein emotionsloses, doch schon aufgrund ihres Alters ein eher distanziertes. Dies muß auf Dauer zu einer Veränderung der Beziehungsqualität zwischen Juden und Nichtjuden in Deutschland führen. Sind die derzeit laufenden Verhandlungen deutscher Banken und Konzerne zur Entschädigung noch lebender anspruchsberechtigter Zwangsarbeiter erst einmal abgeschlossen und die Gefahr weiteren Drucks amerikanisch-jüdischer Organisationen auf die deutsche Wirtschaft abgewendet, dann dürfte die in jüngster Zeit von Vertretern der neuen deutschen Politikergeneration eingeforderte »Normalität« für die zukünftige deutsche Politik an Bedeutung gewinnen.

Ein solcher Wunsch nach »Normalität« besteht nicht erst seit der Walser-Bubis-Kontroverse. Sein Ursprung ist in der Achtundsechziger-Revolte zu finden, auch wenn er erst Jahre später, 1985, während des Faßbinder-Konfliktes deutlicher zutage trat und qualitativ ein anderer ist als der der Unbelehrbaren und ewig Gestrigen. Das umstrittene Theaterstück »Der Müll, die Stadt und der Tod« wurde als antisemitisch empfunden, obwohl sein Autor kein Antisemit war. Vermutlich wollte Rainer Werner Faßbinder mit dieser Provokation aller Welt zeigen, daß er als aufgeklärter Mensch, als antifaschistischer Deutscher mit einem bis dahin in der zeitgenössischen deutschen Kunst und Politik als Tabu geltenden Thema – Juden als Spekulanten – ganz »normal« umgehen konnte. Es war gleichzeitig eine Revolte gegen den verkrampften Umgang seiner Elterngeneration mit dem Thema »nationalsozialistische Vergangenheit« – das Aufbäumen eines nachgeborenen Deutschen gegen die Weitergabe eines schlechten Gewissens gegenüber Juden und deren Schicksal an die nachfolgende Generation.

In der Tat sind Scham, Schuldgefühle und schlechtes Gewissen bei den Nachkommen der »Tätergeneration« keine dauerhafte Grundlage für den Aufbau »normaler« Beziehungen zwischen Juden und Nichtjuden. Und so muß ein Stück wie »Der Müll, die Stadt und der Tod« gerade bei einem des Antisemitismus' unverdächtigten Autors wie Faßbinder als Befreiungsschlag gegen eine unaufrichtige Haltung der Elterngeneration gegenüber den überlebenden jüdischen Opfern und deren Nachkommen gewertet werden. Dem aber wohnte selbst etwas Verkrampftes und Dreistes inne: denn die hier aus einer Reaktionsbildung heraus demonstrativ praktizierte »Normalität« war nicht identisch mit jener zerbrechlichen, auf der die überlebenden Opfer und ihre Nachkommen aus Gründen des Selbstschutzes damals verharrten und vermutlich heute noch verharren.

Hier zeigt sich, daß der Begriff »Normalität« zur gleichen Zeit inhaltlich voneinander abweichende Zuschreibungen erlaubt. Während in Deutschland die »Tätergeneration« und ihre Nachfahren eher dazu neigen, eine »Normalität« einzufordern, in der die jüngste Vergangenheit bereits historisiert ist, bestehen die überlebenden Opfer des Holocaust und deren Nachkommen auf einer von der Vergangenheit weiterhin beherrschten »Normalität«. Im politischen Diskurs erweist sich »Normalität« als Begriff ohne Konturenschärfe: Weder erklärt noch beschreibt er eine bestimmte Wirklichkeit oder deren »idealtypischen Querschnitt«, sondern etikettiert lediglich ein nicht fixierbares historisch-dynamisches Kontinuum. Weil eine solchermaßen fließende »Normalität« an keine allgemein anerkannten Normen festzumachen und daher auch nicht an ihnen zu messen ist, gelingt die Beurteilung und Bewertung von »Normalität« – wenn überhaupt – nur im Vergleich mit anderen gesellschaftlichen »Normalitäten« und deren konstitutiven Elementen.

Faßbinders früher Versuch, unter Umgehung der tatsächlich vorhandenen, immer noch fragilen deutsch-jüdischen Beziehungen forciert zu einer qualitativ neuen deutsch-jüdischen »Normalität« durchzustoßen, könnte als Variante der einst von Helmut Kohl eingeforderten »Gnade der späten Geburt« eine »erfolgreiche« Neuauflage durch die neue Politikergeneration erfahren. Ein solcher Paradigmenwechsel ist umso wahrscheinlicher, je weniger der Holocaust eine entscheidende Rolle in den zukünftigen deutsch-jüdischen Beziehungen spielen wird. Damit könnte die jüdische Minderheit in Deutschland tendenziell eine »normale« Minderheit unter anderen Minderheiten werden, und vermutlich dürfte langfristig der Verlust ihres historisch bedingten Sonderstatus' der Preis für eine wie immer geartete neue deutsch-jüdische »Normalität« sein.

Es mag zunächst widersprüchlich klingen: dieser gesellschaftspolitische Bedeutungsverlust wird umso wahrscheinlicher, je stärker die jüdische Gemeinschaft in Deutschland zukünftig anwächst. Denn damit erhöht sich die »kritische Masse« der bisher noch einigermaßen überschaubaren jüdischen Gemeinden und Landesverbände und mit ihr die Wahrscheinlichkeit von Abspaltungen. So wird es für den Zentralrat der Juden in Deutschland zunehmend schwieriger werden, mit einer Stimme für die Juden in Deutschland zu sprechen, und offiziellen Stellen auf Landes- und Bundesebene stünde dann eine aufgespaltene, politisch geschwächte jüdische Gemeinschaft gegenüber. Diese Schwächung dürfte durch einen sich bereits vollziehenden innerjüdischen Wandel eher noch zunehmen: In den ersten Jahrzehnten nach Kriegsende hatten sich in Deutschland jüdische Gemeinden gebildet, die zunächst von überlebenden deutschen Juden, später vor allem von aus Polen, Ungarn, Rumänien und der Tschechoslowakei zugewanderten jüdischen Flüchtlingen geführt und aufgebaut wurden. Mit dem früheren deutschen Judentum hatten sie wenig zu tun, so daß Kultur und Geschichte der deutschen Juden für sie nur ansatzweise Bedeutung zur Ausbildung einer eigenen deutsch-jüdischen Identität im Land der ehemaligen Täter besaß. Seit Mitte der achtziger Jahre zeigen vor allem jüngere Juden zaghaft Bereitschaft, die Geschichte der deutschen Juden partiell zu »adoptieren« und als Bestandteil der eigenen deutsch-jüdischen Nachkriegsgeschichte anzunehmen.

Mit der seit etwa 1990 verstärkt eingesetzten Zuwanderung von Juden aus der ehemaligen Sowjetunion erfährt diese Entwicklung eine qualitative Veränderung. Für die Neuzuwanderer besitzt weder die Geschichte der deutschen Juden noch die Nachkriegsgeschichte der hier gebliebenen jüdischen Flüchtlinge aus Osteuropa ein besonderes Gewicht für ihre eigene, neu aufzubauende jüdisch-russisch-deutsche Identität. Und sollten diese Zuwanderer eines Tages die Führung in den alten und neugegründeten jüdischen Gemeinden übernehmen, dann wird für sie die Bedeutung der deutsch-jüdischen Geschichte eine noch weit geringere sein, als sie es seit 1945 für die jüdischen Nachkriegsgemeinden ohnehin schon war.

So gesellt sich zur Historisierung der jüngsten deutsch-jüdischen Geschichte auf nichtjüdischer Seite eine partielle Enthistorisierung deutsch-jüdischer Nachkriegsgeschichte auf jüdischer Seite hinzu. Ob Ignatz Bubis während seiner Auseinandersetzung mit Martin Walser instinktiv oder rational durchdacht auf dessen Äußerungen zum Wegschauen, zu Gedenkritualen und zu Forderungen nach einer neuen deutschen »Normalität« reagiert hat: hier zeigte sich die Besorgnis eines überlebenden Opfers vor den langfristigen Folgen einer Historisierung des Holocaust bei absehbarer Enthistorisierung der deutsch-jüdischen Nachkriegsgeschichte. Es ist die Angst, daß angesichts einer neuen, technokratisch ausgerichteten Politikergeneration mit ihrer »Mentalität des Vergessens« (Karl Heinz Bohrer) ein durch gelebte historische Erfahrung und Aufklärungsbemühungen in Jahrzehnten aufgebauter Damm gegen Vergessen und Verdrängen von einer neu eingeforderten »Normalität« (»Laßt uns jetzt endlich nach vorne blicken«) durchlöchert wird und Einfallschneisen für alt-neue Mythen freigibt.

Das Bild vom gefährdeten Damm ist trotz der in Deutschland 1998 gegenüber 1997 um elf Prozent angestiegenen rechtsextremistischen Personenzahl (Verfassungsbericht 1998) gegenwärtig zweifellos überzeichnet. Schließlich geht die Enkelgeneration der jüdi-

schen und nichtjüdischen Deutschen viel freier und unvoreingenommener miteinander um, als es zwischen deren Eltern und
Großeltern je der Fall war. Zum ersten Mal seit Kriegsende gibt es
in der jüdischen Gemeinschaft in Deutschland Familien, in denen
vier aufeinanderfolgende Generationen leben, und das Wort
»Jude«, lange als Stigma und Tabu empfunden, kommt immer
mehr Deutschen, vor allem jüngeren, leichter über die Lippen. Sogar ein höheres Maß antisemitischer Übergriffe könnte in Zeiten
des Übergangs möglicherweise als notwendiges Aufbrechen untergründig vorhandener Strömungen, als kathartische Langzeitwir-
kung gedeutet und hingenommen werden, wäre da nicht die besondere deutsche Geschichte Teil der besonderen deutsch-jüdischen
»Normalität«.

Diese wird zukünftig von einer bisher wenig beachteten, aber bereits sich abzeichnenden Entwicklung beeinflußt werden. Der
christlich-jüdische oder deutsch-jüdische Dialog dürfte sich angesichts der bereits heute über zwei Millionen in Deutschland lebenden Muslime zu einem christlich-jüdisch-moslemischen Trialog
wandeln und damit dem diffusen Normalitätsbegriff eine andere
Wendung geben. Die Frage nach dem jeweiligen Verhältnis der
deutschen Bürger christlichen, jüdischen und moslemischen Glaubens zur deutschen Vergangenheit und einer wie immer gearteten
nationalen Identität in einem vereinten Europa wird sich dann neu
stellen und bei einem moslemischen Deutschen sicherlich eine andere Bedeutung erhalten als bei einem christlichen oder jüdischen.
Langfristig muß dies kein Nachteil sein. Der europäischen Integration wird eine mit Brechungen versehene, facettenartige nationale
Identität zukünftig eher entsprechen als eine völkisch definierte
nach Art des 19. Jahrhunderts. Im Rahmen einer solchermaßen europäisch ausgerichteten Identität dürfte es nationalen und religiösen Minderheiten und damit auch den Juden in Deutschland leichter fallen, sich in den kommenden Generationen stärker in die
deutsche Gesellschaft zu integrieren.

Erfolg oder Mißerfolg einer solchen Entwicklung werden nicht
zuletzt davon abhängen, ob die Mehrheit der Deutschen eher einer
deutsch-europäischen Identität oder aus Furcht vor europäischen

Globalisierungstendenzen kompensatorisch einem neuen deutschen Regionalismus zuneigen wird – mit allen damit verbundenen Gefahren einer Rückkehr alter Mythen und Vorurteile. Daß durch Aufklärung und Wissensvermittlung deren Wiederkehr dauerhaft verhindert werden könnte, ist angesichts der schmerzlichen Erfahrungen, die die »Dialektik der Aufklärung« in unserem Jahrhundert hinterlassen hat, eher eine Hoffnung als schon eine gesicherte Tatsache.

Brüder reden miteinander

Zu den Aussichten der christlich-jüdischen Gesellschaften

Im Januar dieses Jahres richtete die 1934 in New York von Emigranten gegründete deutschsprachige Zeitung AUFBAU einen verzweifelten Appell an ihre Leser: wenn nicht sofortige finanzielle Hilfe erfolge, müsse Amerikas einzige deutsch-jüdische Publikation im Februar ihr Erscheinen einstellen. Die Gesellschaften für Christlich-Jüdische Zusammenarbeit in Deutschland sind noch keine 65 Jahre alt und dennoch gehen auch sie einer ungewissen Zukunft entgegen.

Die Ursachen hierfür sind zum Teil deckungsgleich mit jenen, die dem AUFBAU seit langem Sorge bereiten: 54 Jahre nach Kriegsende und an der Schwelle eines neuen Milleniums geht das authentische Gedächtnis der Zeitzeugen des Holocaust allmählich in das kulturelle Gedächtnis der Institutionen über. Das Wissen um den bevorstehenden Generationswechsel, die Angst vor der endgültigen Historisierung der Ereignisse zwischen 1933 – 1945 ist auch ein wesentlicher Grund für die in den letzten Jahren heftig geführten Debatten um das Berliner Holocaust-Mahnmal, die Wehrmachts-Ausstellung, Goldhagens Thesen von den »willigen Vollstreckern« und nicht zuletzt der Walser-Bubis-Kontroverse. In all diesen Fällen geht es immer wieder um die Legitimation jeweils unterschiedlicher kollektiver und individueller Erinnerungen sowie deren gesicherte Aufbewahrung für künftige Generationen.

Die 1948/49 von den Amerikanern im Rahmen ihres Erziehungsprogrammes zum politisch-moralischen Wiederaufbau Deutschlands gegründeten Christlich-Jüdischen Gesellschaften empfanden viele Deutsche als Zwangseinrichtungen. Kein Wunder: nach den ersten bundesweit durchgeführten Umfragen zum Antisemitismus stuften sich 1949 ein Viertel und 1952 sogar ein Drittel der Bevölkerung selbst als Antisemiten ein. Aus diesen beiden Tatsachen resultierte unter anderem, daß nach Einführung der ebenfalls auf amerikanischen Einfluß zurückzuführenden Woche der Brüderlichkeit im Jahre 1950 einige der »Gesellschaften« sich nicht scheuten, Redner mit brauner Vergangenheit über christlich-jüdische

Brüderlichkeit referieren zu lassen. Und sieht man es nach 50 Jahren unge-schönt, dann wird man zur Kenntnis nehmen müssen, daß in den ersten Jahrzehnten nach dem Krieg weniger aufrichtige Motive nach Versöh-nung, als vielmehr eine politisch motivierte »moralische Wiedergutma-chung« mit Blick auf deren Wirkung im Ausland die Arbeit der »Gesell-schaften« vorrangig bestimmte.

Das hat sich in der Folgezeit geändert, ohne allerdings neue, bis in unsere Gegenwart hineinwirkende Probleme zu lösen. Die ohne-hin geringe Zahl jüdischer Mitglieder in den »Gesellschaften«, frü-her vornehmlich »deutsche Juden«, wird immer kleiner. Folgt man dem Stuttgarter Publizisten Josef Foschepoth, dann sind die Gesell-schaften für Christlich-Jüdische Zusammenarbeit heute eher Ge-sellschaften zur Beschäftigung mit dem Judentum. Und der erst Ende letzten Jahres erfolgte Austritt der Jüdischen Gemeinde Bonn aus dem Vorstand der dortigen Gesellschaft für Christlich-Jüdische Zusammenarbeit im Zusammenhang mit einem monatelang wäh-renden Streit um Äußerungen christlicher Gesellschaftsmitglieder zur Wehrmachts-Ausstellung zeigt, wie dünn das Eis zwischen jüdi-schen und nichtjüdischen Deutschen werden kann, wenn es um Le-gitimationsversuche unterschiedlicher Erinnerungen geht. Unklar bleibt dabei, ob dies – positiv betrachtet – als Zeichen eines offene-ren, ehrlicheren Umgangs miteinander zu werten ist oder doch als Vertiefung unüberbrückbarer Erinnerungsgräben.

Vor zwei Wochen kam die erlösende Nachricht: der AUFBAU sei gerettet und werde seine Arbeit den Erfordernissen einer in Zu-kunft eher englischsprechenden Leserschaft anpassen. Ich bin mir nicht im klaren darüber, ob aufgrund ihrer fremdbestimmten Gründungsgeschichte in die Gesellschaften für Christlich-Jüdische Zusammenarbeit jene Kraft eines historischen Gründungsmythos, einer historischen Mission nachträglich hineingewachsen ist, die, wie etwa beim AUFBAU, in kritischen Zeiten ungeahnte Reserven zu mobilisieren vermag. Und so kann ich auch in dieser Feierstunde weder mit Trost noch Rat für eine gesicherte Zukunft der Christ-lich-Jüdischen Gesellschaften in Deutschland dienen.

In solch vertrackten Situationen versichere man sich am besten kluger Gedanken angesehener Dichter und Denker. Es ist nicht, was hier nahe läge, der deutsche Europäer Goethe, an den ich denke, es ist der deutsch-jüdische Emigrant Schalom Ben-Chorin, der früher Fritz Rosenthal hieß. Sein Grundsatz lautet: Der Glaube Jesu einigt Juden und Christen, der Glaube an ihn trennt sie. Um so mehr seien beide Brüder, die nicht über-, sondern miteinander sprechen müßten.

Das »Holocaust-Mahnmal« in Berlin

Monströse Platte
Zur Debatte um das »Holocaust-Denkmal«

»Die Masse könnt Ihr nur durch Masse zwingen ...« Hatte Helmut Kohl Goethes »Vorspiel auf dem Theater« im Sinn, als er 20.000 qm südlich des Brandenburger Tors für die Errichtung eines zentralen »Holocaust-Denkmals« in Berlin zur Verfügung stellte? Das »Vorspiel« droht sich zum Trauerspiel auszuwachsen, denn es hat den Anschein, als werde der Kanzler die riesigen Geister, die er mit der enormen Grundstücksgröße auf den Plan rief, nun nicht mehr los. Sicherlich, es geschah in bester Absicht: eine gigantische Fläche für die künstlerische Darstellung eines Ereignisses, das seinerseits alle Dimensionen sprengt. Doch weil das darzustellende Ausmaß des Infernos sich nicht »symmetrisch« nach dem Ausmaß von Fläche und Kubatur bemißt, erwies sich das Wettbewerbsgelände als Danaergeschenk: 20.000 qm wollen erst einmal bewältigt sein. Und die Künstler der preisgekrönten monumentalen »Grabplatte« in Schieflage, auf der 4,2 Millionen Namen ermordeter Juden Europas eingemeiselt werden sollen, haben nichts anderes getan, als des Kanzlers Grundstücksvorgabe maximal auszunutzen (Abb. 42).

Das Aufschrecken Helmut Kohls und anderer Politiker über die Gigantomanie des Geistes, der da »unkontrolliert« aus der Wettbewerbsflasche entwichen ist, könnte dazu verführen, einem Entwurf zuzustimmen, dessen drohende Realisierung heftigste Reaktionen bis in höchste Regierungskreise auslöst. Doch adelt hier der Zwist nicht schon von selbst das Objekt des Streites. Die gigantische, schräg gestellte »Grabplatte« des geplanten »Holocaust-Denkmals« hat mit Kunst wenig zu tun. Solche »Schieflagen« können sinnbildlich für alle Übel einer aus den Fugen geratenen Welt stehen und bleiben als Vehikel nahezu jeder inhaltlichen Aussage beliebig austauschbar.

Dies gilt auch für die Aufzählung von Namen auf Denkmälern: Es ist von der sinnlichen Wirkung her gleichgültig, ob auf einer schräg gestellten Platte Namen von Opfern oder z. B. Namen von Tätern eingemeiselt sind. Weder die einen noch die anderen Namen ändern

Abb. 42: Berlin, Denkmal für die ermordeten Juden Europas.
Wettbewerbsmodell der 1. Preisträger Christine Jackob-Marks, Hella Rolfes,
Hans Scheib und Reinhard Stangl, 1995.

etwas an der ästhetischen Belanglosigkeit von schiefen Ebenen. Zudem: die Addition von Namen allein gebirt noch keine Kunst - auch wenn Lea Rosh glaubt, mit Namensaddition das unangreifbare Mittel der Wahl für die künstlerische Gestaltung von Gedenkstätten der nationalsozialistischen Judenvernichtung gefunden zu haben. Die angestrebte Individualisierung der Opfer durch Nennung ihrer Namen erzeugt in millionenfacher Reihung eben jene Anonymität, die die Namensnennung doch gerade aufzuheben versucht. Die Kunst der »Namens-Kunst« besteht im feinsinnigen Ausbalancieren zwischen individualisierendem Gedenken und überindividualisierender Aussage zur Dimension des nationalsozialistischen Völkermordes an den Juden Europas. Die bloße Namensaufzählung auf der ins Monströse gesteigerten Berliner »Grabplatte« kann dieses schwierige Wechselverhältnis auch nicht ansatzweise herstellen.

Wohin Übersteigern von Proportionen führt, läßt sich beim Umschreiten der Kollwitzschen Pieta in der Neuen Wache anschaulich studieren: eine subtil gestaltete Plastik wurde zu einer voluminösen Figur aufgeblasen, die alle Feinheiten des Originals vermissen läßt. Gegen die nun heftig umstrittene gigantische Berliner »Grabplatte« wird die vergrößerte Pieta sich harmlos ausnehmen. Was im Wettbewerbsmodell noch überschaubar und maßstäblich wirkt, sprengt in realisierter Form jede Übersichtlichkeit, Orientierung und jeden städtebaulichen Zusammenhang.

Nun könnte man gerade solche »Störungen« zu Tugenden erheben, wenn die künstlerische Darstellung des Nichtdarstellbaren gefordert wird. Doch scheitert die als Denkmal etikettierte Berliner Beton- und Namenswüste auch an dem, was (Mahnmals-) Kunst leisten sollte: dem Betrachter zu helfen, Dinge, die er (vielleicht) ansatzweise begriffen hat, partiell fühl- und erlebbar zu machen. Wäre Picasso die Darstellung der Greuel des Krieges eindringlicher gelungen, wenn er anstelle seines Gemäldes »Guernica« aller Opfer des Spanischen Bürgerkrieges – in welcher künstlerischen Form auch immer – »namentlich« gedacht hätte?

Es bedürfte schon eines Archivars als Künstler oder eines Künstlers als Archivar, um Millionen von Namen in ein »bewegendes« Denkmal umzusetzen. Und noch das Scheitern dieser Umsetzung ließe sich rechtfertigen, wenn es dem Künstler zumindest gelänge, die Unmöglichkeit seines Versuches angemessen darzustellen.

Nichts von alledem bei der Berliner »Grabplatte«; und gerade deshalb ist es faszinierend zu beobachten, mit welch fester Überzeugung und ungebrochenem Durchsetzungsvermögen Lea Rosh beständig versucht, diesen Entwurf zu verwirklichen. Ihre Mitstreiter aus »Förderkreis« und Berliner Senat scheint sie in ihren Bann geschlagen zu haben – so, als seien sie ihr dankbar dafür, daß da jemand geradlinig seine Ziel verfolgt, ohne auch nur im geringsten von der »Gnade des Zweifels« geplagt zu sein.

Während die im Wettbewerb zur Verfügung stehenden 15 Millionen DM für die Realisierung des Entwurfes wichtiges Entscheidungskriterium bei der Auswahl der preisgekrönten Arbeiten waren, spielt dies nun (gottlob!) keine Rolle mehr; jetzt geht es ja darum, Lea Rosh' Lieblingsprojekt zu verwirklichen – und da dürfen es auch 30 Millionen DM oder mehr sein, falls sie je zusammenkommen werden.

Um Mißverständnissen vorzubeugen: ich befürworte die Errichtung eines Mahnmals zur Erinnerung an die ermordeten Juden Europas in der deutschen Hauptstadt – unabhängig von den Kosten. Und wenn dies nicht an angemessenerem Ort – gegenüber der Neuen Wache, am Brandenburger Tor oder am Reichstag – möglich sein sollte, dann eben auf dem von Helmut Kohl zur Verfügung gestellten Grundstück. Dabei vertrete ich nicht den Dualismus zwischen künstlerisch gestaltetem Mahnmal am nichtauthentischen Ort nationalsozialistischer Verbrechen und dem des authentischen Ortes (Konzentrations- und Vernichtungslager) als originäres Mahnmal. Dies sind keine Gegensätze, sondern Ergänzungen, denn auch die Steine am authentischen Ort sprechen nicht von selbst – sie müssen erst (z. B. mit Hilfe von Kunst) zum »Sprechen« gebracht werden.

Und doch bleibt ein bitterer Nachgeschmack, wenn für die Errichtung eines »Holocaust-Mahnmales« in Berlin Gelder zur Verfügung stehen, während gleichzeitig die früheren Konzentrationslager Ravensbrück und Sachsenhausen dem Verfall preisgegeben sind, weil die Bundesregierung die bisher gewährten Zuschüsse radikal gekürzt hat. Ein halbes Jahrhundert nach Zusammenbruch der nationalsozialistischen Herrschaft, nur wenige Wochen nach dem Ende der Feierlichkeiten zur 50. Wiederkehr des Jahrestages der Befreiung von Ravensbrück und Sachsenhausen verstärkt sich der Verdacht, daß in aller Stille die allmähliche Beseitigung der authentischen Vernichtungsorte in Deutschland eingeleitet wird. Sollte dies der Preis für die Errichtung des »Holocaust-Denkmals« in Berlin sein, dann ist er inakzeptabel.

Eine Frage bleibt offen: Hätte Helmut Kohl, hätten Bundesregierung und Innenministerium ebenso rasch und eindeutig reagiert, wenn Ignatz Bubis nicht öffentlich von der Berliner »Grabplatte« abgerückt wäre? Der Eindruck verstärkt sich, daß dem Vorsitzenden des Zentralrates der Juden in Deutschland – über den hier vorliegenden Fall hinaus – eine Rolle zugedacht wird, in die er selbst nicht hineinschlüpfen möchte: die des deutschen Oberschiedsrichters in jüdischen Belangen. Diese ihm zugedachte Rolle birgt für politische Entscheidungsträger, bis hin zum Kanzler, den unschätzbaren Vorteil, in Ignatz Bubis einen anerkannten, allseits geschätzten und geachteten jüdischen Repräsentanten zu haben, auf dessen Wort und Entscheidung man sich jederzeit wie auf einen Richterspruch berufen kann – so, als besäße man von ihm einen Stempelaufdruck mit dem Vermerk »koscher«. Mit der ihm zugeschriebenen Rolle des ultimativen Absolutionsmandates in jüdischen Fragen wird Ignatz Bubis »moralisch« überfordert. Es ist immer zu begrüßen, wenn zu Belangen, die Juden in Deutschland berühren, jüdische Repräsentanten gehört, ihr Rat eingeholt wird. Aber sofern in solchen Angelegenheiten letzte Entscheidungen von nichtjüdischer Seite zu fällen sind – wie beim »Holocaust-Denkmal« – sollte die Last der Entscheidung nicht auch noch rückversichernd auf »jüdische Schultern« gegurtet werden.

Im Falle des »Holocaust-Denkmals« war Lea Rosh' Haltung von Anfang an konsequent; sie hat stets, ohne jene widerliche neue Dreistigkeit Juden gegenüber, den Standpunkt vertreten, die Verwirklichung eines »Denkmals für die ermordeten Juden Europas« sei vorrangig Sache der Nichtjuden – ein wichtiger Schritt hin zu einer noch lange ausstehenden Normalität im Umgang zwischen Juden und Nichtjuden in Deutschland.

Mit der jüngsten Erklärung des Bundeskanzlers, in der er sich gegen die Berliner »Grabplatte« wendet, ist die Diskussion um das zentrale Mahnmal noch rechtzeitig der Privatsphäre des »Förderkreises zur Errichtung eines Denkmals für die ermordeten Juden Europas« entzogen worden: eine öffentliche Diskussion ist konstitutiv, wenn es um die Errichtung eines zentralen »Holocaust-Denkmals« im Zentrum der deutschen Hauptstadt geht. Gleichzeitig ist Helmut Kohls Forderung zu widersprechen, Ziel der öffentlichen Diskussion sei es, »einen breiten Konsens aller Beteiligter zu erreichen«. Das ins nächste Millenium hineinwirkende Mahnmal bedarf keiner breiten Zustimmung; künstlerische Qualität wird nicht durch Mehrheitsentscheid herbeigeführt. Das »Denkmal für die ermordeten Juden Europas« darf, ja, es sollte ein öffentliches Ärgernis bleiben – ein Pfahl im Fleisch der Erinnerung.

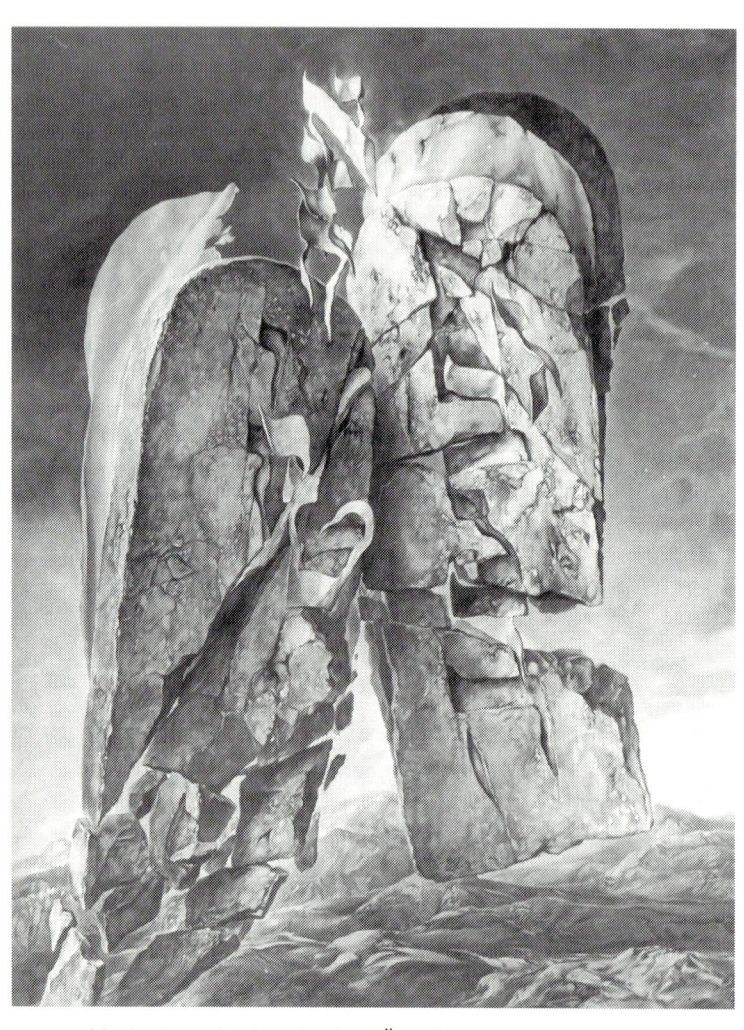

Abb. 43: Samuel Bak, Othioth II. Öl auf Leinwand, 200 x 160 cm.

Die Tafeln sind zerbrochen

Über die Darstellung des Unvorstellbaren, das Vergessen und den Streit um das »Holocaust-Denkmal« in Berlin

Als Moses vom Berg Sinai herabstieg, um den Kindern Israel die Bundestafeln mit den Zehn Geboten zu überbringen, sah er die Israeliten um das Goldene Kalb tanzen. Die Legende besagt, Moses habe bis zu diesem Augenblick die schweren Steintafeln mühelos getragen; der den eingemeißelten Buchstaben innewohnende Geist Gottes hatte die Bundestafeln schwerelos gehalten. Durch den Frevel der Kinder Israel lösten sich die göttlichen Buchstaben von den Bundestafeln und entschwebten zum Himmel; die Tafeln aber, wieder schwere, unbeseelte Materie geworden, fielen zu Boden und zerbrachen (Abb. 43).

In diesem Ereignis und der sie begleitenden Legende verdichtet sich ein grundlegender Wesenszug des Judentums: der von Materie und Götzenbildern abgelöste Monotheismus: »Du sollst keine anderen Götter haben vor meinem Angesicht. Du sollst Dir kein Bild machen und keinerlei Gestalt von dem, was im Himmel oben, oder im Wasser unter der Erde ist.«(1) Das zweite Gebot des am Sinai verkündeten Dekalogs forderte von den Kindern Israel den endgültigen Bruch mit der zu jener Zeit weithin verbreiteten Vielgötterei. Anstelle von Götzenbildern sollten sie von nun an einen einzigen unsichtbaren Gott verehren, der weder Gestalt noch Namen hatte. Die Erfüllung dieser Forderung als Grundlage des Bundes bedeutete für die Israeliten den endgültigen Verzicht, göttliche Macht durch Vergegenständlichung der Gestalt Gottes magisch bannen zu können; sie war gleichzeitig die Anerkennung seiner unsichtbaren Allgegenwart, der man nicht entfliehen konnte, und in letzter Konsequenz der Triumph der Geistigkeit über die Sinnlichkeit.(2)

Die Aufhebung der magischen Macht des materialisierten Götzenbildes und deren Übertragung auf einen entmaterialisierten, unsichtbaren Gott kennzeichnet den Übergang von der an Gegenstände gebundenen, konkret-bildhaften Erinnerung zur entmaterialisiert-abstrakten. Während erstere, die konkret-bildhafte Erinnerung, an bestimmte Orte, Gegenstände, Oberflächen gebunden ist und grundsätzlich durch Ortswechsel abgelegt werden kann, ist letztere, die entmaterialisiert-abstrakte, davon losgelöst und damit weit stärker im Individuum oder Kollektiv verinnerlicht. Die zuvor erfolgte Loslösung des Glaubens von vermeintlicher Magie bestimmter Gegenstände, von materieller Bindung überhaupt, war Voraussetzung und Grundlage einer dauerhaften, vergeistigten, internalisierten Erinnerung.

Die daraus erwachsende, unablässig tätige Auseinandersetzung religiöser Juden mit ihrem unsichtbaren allgegenwärtigen Gott, mit ihrer Religion und Geschichte zeitigte eine enge Verknüpfung zwischen jüdischer Geschichte und kollektivem historischen Gedächtnis des jüdischen Volkes. Noch heute gedenken Juden an bestimmten Feiertagen des vor mehr als 3000 Jahren erfolgten Auszuges der Kinder Israel aus Ägypten, des babylonischen Exils im 6. Jahrhundert v. Chr., der Zerstörung des Zweiten Tempels vor 2000 Jahren und weiterer, lange zurückliegender, freudiger und trauriger Ereignisse. Es ist dies ein aktives Gedenken, das bestimmten Riten und Ritualen folgt und über Jahrhunderte hinweg als fester Bestandteil jüdisch-religiösen Lebens lebendig geblieben ist.

Muß das kollektive historische Gedächtnis durch verdinglichtes Gedenken, zum Beispiel durch Denkmäler anstelle wiederkehrender aktiver Gedenkriten gestützt werden, dann bedeutet dies die Abkehr vom geistig verinnerlichten Gedenken und Hinwendung zu einem konkreten, veräußerlichten, an bestimmte Gegenstände gebundenes Gedenken, zugespitzt: Rückfall in Idolatrie, in den Glauben an die magische oder dauerhafte Wirkung von bestimmten Gegenständen.

Hier kommt die Kunst ins Spiel und ihr wird als Ersatz für Eigenantrieb des Individuums oder Kollektivs – nämlich selbst Erinnerung aktiv aufrechtzuerhalten – magische Wirkung zugeschrieben. Nach Art des Delegationsprinzips soll das künstlerisch gestaltete Denkmal zumindest einen Teil der Erinnerungsarbeit erbringen, die das Kollektiv nicht mehr leistet – das Denkmal erhält Stellvertreterfunktion. Wenn sich Erinnerung im Denkmal konkretisiert, dann hat sie sich für jedermann sichtbar verdinglicht; die eigene Erinnerung ist gestützt, entlastet und bedarf nicht mehr derselben Anstrengung wie zuvor.

Dauerhafte Erinnerung, so die Lehre aus Ursprung und Geschichte des Monotheismus, ist weder an bestimmte Gegenstände noch an Materie überhaupt gebunden, sondern wird durch fortwährende kollektive Ritualisierung transgenerationell im Individuum verinnerlicht. Denkmäler als materialisierte Erstarrung vormals lebendig-komplexer Erinnerung bedürfen zur Entfaltung ihrer begrenzten Wirkungsmöglichkeiten des interessierten, informierten Betrachters, der die im Denkmal künstlerisch-erstarrte Erinnerung in eine lebendige zurückzuüberführen vermag. Gelingt dies nicht, dann hat es seinen Zweck verfehlt. Mit anderen Worten: Schwindet beim Betrachter die historische Erinnerung, dann schwindet die Möglichkeit des dialogischen Prinzips zwischen Mahnmal und Betrachter. Aufgrund dieser dialogischen Wirkungsweise können Denkmäler allein keine Versicherung gegen Vergessen sein. Immer wieder sind die letztgenannten Argumente im Zusammenhang mit Mahnmalen, die in Deutschland an den Holocaust erinnern, vorgebracht worden. Hier hinterließ der nationalsozialistische Massenmord an den europäischen Juden eine traumatische Belastung des nationalen Selbstverständnisses. Wie bei psychischen Traumata üblich, reagierten viele Deutsche mit Abwehr, Leugnung, Verdrängung der eigenen Geschichte, verstärkt durch Flucht in einen hektischen Wiederaufbau. Das daraus entwickelte historische Gedächtnis mußte zwangsläufig unscharf bleiben. So beschränken sich viele der nach 1945 errichteten Mahnmale auf die Formulierung pazifistischer Allgemeinplätze. Es überwiegt der alle besänftigende Wunsch, die Überlebenden zu Frieden und Menschlichkeit zu verpflichten, ohne eine Präzisierung der Inhalte vorzunehmen, deren man gedenkt.

Indem sich Denkmäler einer Aussage über Schuldige enthalten, verschleiern und verleugnen sie – spiegelbildlich zur Seelenlage weiter Bevölkerungskreise – Ursachen und Hintergründe der Kriegskatastrophe. Eine Mahnmalspolitik herrschte vor, deren Vorbilder Plastiken und Denkmäler aus der Zeit nach dem Ersten Weltkrieg sind: Im Zentrum steht das Opfer, dessen künstlerische Darstellung oft christlicher Ikonographie entlehnt ist. In religiös eingefärbter Verklärung des unermeßlichen Leids löst sich jede Konkretisierung der Ereignisse ins Allgemeinmenschliche, ja, Kosmische auf – Ausdruck eines flickenhaften historischen Gedächtnisses und Ausdruck der Unfähigkeit zu aufrichtiger Trauer.

Es war vermutlich der Wechsel von Kriegs- zu Nachkriegsgeneration samt dem Einfluß der achtundsechziger Bewegung auf die bundesrepublikanische Gesellschaft, der eine Änderung des Geschichtsbewußtseins und damit des historischen Gedächtnisses in weiten Kreisen der akademischen Jugend und kritischer Intellektueller einleitete. Das veränderte Geschichtsbewußtsein hinsichtlich des Nationalsozialismus stellte auch bisherige Formen des Gedenkens in Frage. In diesen Jahren entstand gegen herkömmliche Gedenkstätten und ihren Anspruch auf Allgemeingültigkeit die Bewegung der sogenannten Gegen- oder Antidenkmäler. Worauf es ankomme, so ihre Maxime, sei vor allem die prozessuale Dimension des kollektiven historischen Gedächtnisses, die Thematisierung von Vergessen und Verdrängen, von Wiedererinnern, Deuten und Umdeuten.

Eine neue Künstlergeneration stellte Denkmäler als Träger öffentlicher Erinnerung radikal in Frage. Sie erschwerte eher Erinnerung, statt sie anzuregen.

Horst Hoheisel zum Beispiel ließ 1987 in Kassel den 1908 von einem früheren jüdischen Bürger gestifteten, 1939 von den Nazis zerstörten Brunnen in Negativform wiedererstehen, indem er ihn rekonstruierte und umgekehrt in die Erde versenkte. Das Kasseler »Denkloch« sollte als »negatives« Spiegelbild des früheren Brunnens die Geschichte des Ortes als eine Wunde und offene Frage in das Bewußtsein der Öffentlichkeit retten.

Das 1986 von Jochen und Esther Gerz errichtete Harburger »Mahnmal gegen den Faschismus«, eine zwölf Meter hohe, bleiverkleidete Säule, lud den Betrachter dazu ein, seinen Namen in sie einzuritzen, um, abschnittsweise vollgeschrieben, Stück für Stück in die Erde versenkt zu werden. Die Bürger mußten dieses Mahnmal in Gebrauch nehmen, sonst wäre es als Menetekel dafür sichtbar geblieben, daß zu wenige sich mit ihrem Namen gegen den Faschismus bekannt hatten. Gerade weil die Säule langsam verschwand, war sie dem Bewußtsein der Öffentlichkeit näher, als starre, „ewigwährende" Denkmäler, die man jederzeit beliebig aufsuchen kann. Im Jahr 1993 war die Säule vollständig versenkt – unsichtbar geworden wie die verschwundenen Opfer des Nationalsozialismus.

Die Abkehr von herkömmlichen starren, verdinglichten Denkmälern und Hinwendung zu allmählich verschwindenden oder unsichtbaren Installationen ist mehr als nur eine Anspielung auf den jüdischen Schriftglauben und das Bilderverbot. Es ist die Abwendung von idolatrischen, verdinglichten Denkmalvorstellungen und in gewisser Weise eine Rückkehr zum Sinai, zur Aufforderung fortwährender eigenverantwortlicher, geistiger Auseinandersetzung mit der eigenen Geschichte, mit kollektiver und individueller historischer Erinnerung. In dieser Phase kritischer Mahnmalsdebatten forderte die Fernsehjournalistin Lea Rosh 1988 die Errichtung eines »Denkmals für die ermordeten Juden Europas« in Berlin. Sie stieß auf offene Ohren.

Kurz vor dem Mauerfall wurde im November 1989 mit vielen prominenten Mitgliedern der »Förderkreis zur Errichtung eines Denkmals für die ermordeten Juden Europas e. V.« gegründet.(3) Im Frühjahr 1992 erklärte der Bund seine Bereitschaft, gemeinsam mit dem Land Berlin und dem Förderkreis die Trägerschaft für das Denkmal zu übernehmen. Wenige Monate später entschied das Innenministerium unter Rücksichtnahme auf den Standpunkt des Zentralrates der Juden in Deutschland, kein gemeinsames Mahnmal für die ermordeten Juden und die Sinti und Roma zu errichten. Im November 1992 stand fest, daß das »Denkmal für die ermordeten Juden Europas« auf einem Grundstück des Bundes südlich des Brandenburger Tors, in den ehemaligen Ministergärten, errichtet werden soll. Bund und Land Berlin verpflichteten sich, die Hälfte der Realisierungskosten zu übernehmen; die andere Hälfte will der »Förderkreis« durch Spenden aufbringen.

Im April 1994 wurde von den Auslobern Bund, Land Berlin und Förderkreis ein anonymer bundesoffener künstlerischer Wettbewerb mit zwölf eingeladenen internationalen Künstlern für das geplante »Denkmal« ausgeschrieben. Etwa 2600 Künstler forderten die Wettbewerbsunterlagen an, 528 Entwürfe wurden bis zum 28. Oktober 1994 abgegeben. Das fünfzehnköpfige Preisgericht vergab nach fünf Sitzungen am 16. März 1995 zwei gleichrangige erste Preise, einen an Simon Ungers (Köln) und einen weiteren an die Künstlergruppe Christine Jackob-Marks, Hella Rolfes, Hans Scheib, Reinhard Stangl (Berlin), daneben wurden fünfzehn weitere Arbeiten preisgekrönt. Bis zum Sommer sollte eine Machbarkeitsstudie klären, welcher Entwurf realisiert wird.

In den folgenden Wochen erschienen zahlreiche, überwiegend ablehnende Kommentare zum Ergebnis des Wettbewerbs. Ignatz Bubis kritisierte die monströse Grabplatte der Künstlergruppe um Christine Jackob-Marks (Abb. 42) und geißelte vor allem den Aufruf des Förderkreises, Spenden über in die Grabplatte einzumeißelnden Opfernamen zu sammeln. Jeder, der ein schlechtes Gewissen habe, so Bubis, könne hier einen Ablaßhandel mit Namen treiben. Im Juni 1995 gab die Senatsverwaltung für Bau- und Wohnungswesen Berlin bekannt, daß der Entwurf der Künstlergruppe um Christine Jackob-Marks, die Mega-Grabplatte, realisiert werden soll. Ende Juni legte Bundeskanzler Kohl sein Veto gegen diese Entscheidung ein und erklärte gleichzeitig, daß der Bund das vorgesehene Grundstück für die Realisierung dieses Entwurfes nicht zur Verfügung stellen werde. Die Auslober haben ihre neu zu treffende Entscheidung bis nach den Berliner Landtagswahlen verschoben. Sie wird voraussichtlich in den kommenden Wochen getroffen werden.

Gleichgültig, wie entschieden werden wird: Die zunächst favorisierte, dann kritisierte Mega-Grabplatte ist ein weiteres Beispiel dafür, daß viele Deutsche in einem fortdauernden schleichenden Prozeß semantisch auf der Ebene jüdischer Opfer angelangt sind. Wie muß ein historisches Gedächtnis strukturiert sein, das fünfzig Jahre nach Kriegsende im Land der Täter immer noch zum Indentitätstransfer in Richtung Opfer neigt? Wenn in Israel staatlich überhöht oder individuell betrauert der Ermordeten gedacht wird, in den Vereinigten Staaten der Holocaust den dort lebenden Juden als Identitätsstütze dient, dann sollte es in Deutschland, dem Land, in dem der nationalsozialistische Massenmord geplant wurde, eine

Selbstverständlichkeit sein, vor allem an die Täter und ihre Taten zu erinnern.

Von den preisgekrönten Arbeiten, die dies versucht haben, scheitern die meisten an der Austauschbarkeit der von ihnen gewählten Gestaltungselemente oder an der Tatsache, daß das darzustellende Ausmaß des Infernos sich nicht symmetrisch nach dem Ausmaß von Fläche und Kubatur bemißt. Überhaupt ist es unmöglich, Ereignisse, die im Hohlraum der Zivilisation stattgefunden haben, mit den Mitteln einer Kunst darzustellen, die ihre Wurzeln außerhalb dieses Hohlraums hat: »Nur der verwandte Schmerz entlockt uns die Träne, und jeder weint eigentlich für sich selbst«(4), sagt Heinrich Heine. Dies scheint zweierlei Vermutungen zu bestätigen. Zuerst, daß vielleicht nur der unmittelbar betroffene Künstler, der das ihm eingebrannte Inferno überlebt hat, dieses authentisch darstellen könne. Des weiteren, daß nur derjenige, der diesen Schmerz am eigenen Leib gespürt hat, ihn auch nachempfinden kann.

Können nur überlebende Künstler mit dem ihnen eingebrannten Schrecken das Grauen des Holocaust authentisch darstellen? Betrachtet man literarische, vor allem aber zeichnerische Werke von Menschen, die Vernichtungslager überlebt haben, dann wird man zugeben müssen, daß es sich um die aufwühlendsten, eindringlichsten und glaubwürdigsten Zeugnisse des Grauens handelt. Auch dem Außenstehenden, der das Inferno nicht unmittelbar erlebt hat, teilt sich davon etwas mit, sofern er sich Mitgefühl und Leidensfähigkeit bewahrt hat. Doch ist Mitfühlen und partielles Nacherleben nur möglich, weil hier Leid in seiner jeweils individuellen Erfahrung gezeigt wird. Die Überlebenden selbst wollten es nur so; sie wünschten sich bildlichen, figurativen Ausdruck ihres unermeßlichen Leids. Verallgemeinernde Darstellungen des Infernos mit abstrahierenden Gestaltungsmitteln trafen ihren Schmerz nicht.

Die überzeugende künstlerische Transformation persönlicher Erfahrungen aber in die überindividuelle Dimension der Katastrophe ist – soweit ich es beurteilen kann – nicht gelungen. Sie kann wahrscheinlich nicht gelingen, weil der künstlerischen Darstellung des Holocaust Grenzen gesetzt sind, die ich mit »Taschenlampen-Phänomen« bezeichnen möchte. Entweder ist der projizierte

Taschenlampenstrahl gebündelt, konturenscharf, hell, eine kleine Fläche maximal ausleuchtend – dies entspräche dem Individuellen, Figurativen –, oder er ist gestreut, dunkler, eine große Fläche überstreichend – was der Darstellung verallgemeinerter Aspekte des Holocaust entspräche. Aus dieser Ausschließlichkeit scheint es keinen Ausweg zu geben.

Doch angenommen, es könnte trotz aller angeführten Einwände *das* Holocaust-Denkmal geben, wäre es dann überhaupt wünschenswert? Man stelle sich vor, es gelänge einem Künstler vom Range eines Michelangelo, ein Holocaust-Mahnmal zu schaffen, das bei jedem Betrachter ein bis in die Tiefen seiner Seele hinabreichendes »erkennendes Erschrecken« auslöste. Dies käme einer Erlösung von dunklen Bildern, Ahnungen und Ängsten nahe, die allesamt durch ein solches Mahnmal festumrissene Gestalt erhielten und damit in ihm gebunden, wenn nicht gar gebannt wären. Weitere Auseinandersetzungen mit einem quälenden Thema könnten gemildert werden, wenn ein solches Mahnmal, einem Götzenbild gleich, einen Teil des freischwebenden Seelenpotentials aus der Erblast des Nationalsozialismus an sich binden könnte.

Wenn also der Kunst die Darstellung des Unvorstellbaren nur begrenzt gelingen kann, dann ist zu prüfen, ob authentische Orte der Vernichtung künstlerischen Lösungen an nichtauthentischen Orten überlegen sind. Dabei ist folgendes zu berücksichtigen: Authentische Gedenkorte wie Erschießungsstätten, Konzentrations- und Vernichtungslager können im jeweils vorgefundenen zufälligen – meist verfallenen – Zustand nichtssagende Idyllen für den Besucher sein; Fundamente von verfallenen Baracken, zerstörten Gaskammern oder Krematorien sagen, für sich genommen, nichts aus. Steine sprechen nicht von selbst, sie müssen auch am authentischen Ort erst zum »Sprechen« gebracht werden.

Deshalb schließen authentische Orte und künstlerische Darstellungen des Gedenkens einander nicht aus. Beide können sich entweder ergänzen oder auch jeweils für sich selbst stehen. Die Gedenkstätten in Treblinka und Buchenwald zeigen, welche gelungene Verbindung authentischer Ort und künstlerische Darstellung miteinander eingehen können (Abb. 44, 45). Ohne gegängelt zu

Abb. 44: Vernichtungslager Treblinka. Mahnmal für die Opfer
(17 000 Felssteine), 1964.

Abb. 45: Konzentrationslager Buchenwald, Jüdisches Mahnmal. 1993.
Entwurf: Klaus Schlosser, Tine Steen.

werden, spürt der Betrachter durch einfühlsame künstlerische Gestaltung etwas von jener Grausamkeit, Brutalität und Ausweglosigkeit, die einst an diesen Orten herrschte. Vermutlich gibt es eine Wechselwirkung zwischen authentischem Ort und sensibel gestaltetem Mahnmal: Wenn ein geglücktes Mahnmal den authentischen Ort zum »Sprechen« bringen kann, dann verleiht dieser dem Mahnmal etwas von der eigenen Authentizität. Doch ist eine solch überzeugende Symbiose nur am Ort des Verbrechens möglich und damit eher ein Sonderfall.

Was aber gilt für den Normalfall, für das Mahnmal am nichtauthentischen Ort? Damit kehren wir zurück zum Sinai, zum Ausgangspunkt unserer Überlegungen. Gedenken, so die Schlußfolgerung, ist aktive, bewußte Zuwendung zu bestimmten Ereignissen der Geschichte und dient damit der Festigung des individuellen und kollektiven historischen Gedächtnisses. Läßt das lebendige Wechselverhältnis zwischen historischem Gedächtnis und Gedenken nach, dann bedarf es zur Stützung ersatzweise eines konkreten Gegenstandes, eben eines sinnlichen Denkmals oder Mahnmals. Man könnte dies als Abkehr vom verinnerlichten Prinzip des Gedenkens und Hinwendung zur Idolatrie betrachten. Doch wäre dies kurzschlüssig, weil damit eine über tausendjährige Entwicklung abendländischer Kunst von der Ikone zum Gemälde ignoriert würde, das heißt die allmähliche Umwandlung des ursprünglich religiös verehrten Heiligenbildes zum Kunstwerk als Gegenstand verweltlichten Genusses.

In der christlich-abendländischen Kunst, in der das Abbildungsverbot des Alten Testaments von jeher wenig Geltung besaß, wurde im Laufe von Jahrhunderten – spätestens seit der Renaissance – die unmittelbare heilige Verehrung von Bildern, Ikonen, Statuen, Gotteshäusern abgelöst durch distanzierende, ästhetische Wertschätzung und kunsthistorisches Interesse. Die Oberflächenwirkung des nur noch unter ästhetischen Kategorien genossenen Bildes verselbständigte sich zusehends vom religiösen Inhalt der christlichen Ikone und dominiert seither unsere Wahrnehmung. Es ist – verkürzt betrachtet – die unumkehrbare Entwicklung vom unsichtbaren Gott zum Heiligenbild und vom Heiligenbild zum ästhetischen, von religiösen Inhalten emanzipierten Bild. Es brächte wenig, in kulturhistorischen Pessimismus zu verfallen und den Untergang von Lesekultur, abstraktem Denken und anderer Errungenschaften des nachgutenbergischen Zeitalters zu beklagen. Dem monotheistischen Prinzip wohnt schließlich auch ein Stück Sinnen- und Genußfeindlichkeit inne. Bilder können eine wesentliche Bereicherung unserer Wahrnehmung sein, wenn sie nicht andere Formen unserer Rezeption beeinträchtigen oder ersetzen.

Ideal wäre, wenn die gesamte »verinnerlichte« und »veräußerlichte« Palette der Gedenkmöglichkeiten genutzt werden könnte, um individuelle und kollektive historische Erinnerung zu bewahren. Nichts anderes wird heute im Staat der Juden, in Yad Vashem, angestrebt und streckenweise verwirklicht.

Die begründete Vermutung, es könne *das* Holocaust-Denkmal nicht geben, führt nicht notwendigerweise zu dem Schluß, daß es dann besser keines geben dürfe. Man kann Erwartungen und Forderungen an ein solches Mahnmal so weit nach oben schrauben, bis es immun gegen jede Realisierung ist. Es ist aber auch möglich, diese Erwartungen von vornherein auf ein realistisches Maß zu reduzieren, nämlich auf Beantwortung der Frage, was ein solches Mahnmal in unserer Zeit zu leisten vermag, wenn doch *das* absolute Holocaust-Mahnmal gar nicht wünschenswert ist. Je weniger dem Mahnmal am Akt des Gedenkens abverlangt wird, desto mehr muß vom Betrachter erwartet und erbracht werden, so daß die Forderung nach dem »absoluten« Holocaust-Mahnmal nichts anderes ist als die Entlassung des Betrachters aus der Notwendigkeit aktiven Gedenkens.

Im vorliegenden Fall bedeutet das: Ein Mahnmal für die ermordeten Juden Europas kann, wie die Kulturhistorikerin Stefanie Endlich schreibt, nur Teil »eines Dialogs in Politik und Kultur, am Arbeitsplatz und in der Öffentlichkeit sein. Diesen Dialog kann es im besten Fall verstärken, verbreitern, vielleicht auch verändern und zur notwendigen Verunsicherung beitragen, aber niemals ersetzen.«(5)

Sofern nicht religiös gestützt, gilt für das Gedenken Friedrich Nietzsches Festeststellung: »Nur was nicht aufhört, weh zu tun, bleibt im Gedächtnis.«(6) Weil aber kein Schmerz ewig währt, schwindet mit der Zeit – und sei es über Generationen hinweg – jede noch so quälende Erinnerung. Zurück bleibt dann bestenfalls ein ästhetisch ansprechendes Denkmal, in dem das zu gedenkende Ereignis »gefühlsneutral« aufbewahrt ist – ähnlich einem historischen Datum im Gedächtnis der Zeitgenossen. Und sollten bis dahin die Lehren aus der Geschichte gezogen worden sein, dann wäre die unumgängliche Tatsache erträglicher, daß jedes Denkmal am Ende zum Denkmal seiner eigenen Vergänglichkeit wird.

Durch den Reichstag geht ein Riß

Wenn Kunst die Barbarei gestalten soll:
Das geplante Berliner »Holocaust-Mahnmal« und die nationale Identität

Die Nationaldenkmäler des 19. Jahrhunderts – Herrschern, Schlachten, Helden gewidmet – bestimmen bis heute das Bild von Denkmälern im öffentlichen Bewußtsein. In Stein gemeißelt, in Bronze gegossen, sollten sie Größe und Bedeutung der Nation verherrlichen und dauerhaft im kollektiven Gedächtnis bewahren. Weil aber nationale Identität im Deutschland des 19. Jahrhunderts nur schwach ausgeprägt und stets gefährdet war, sind diese Monumente gleichzeitig versteinerte Zeugnisse jener Angst, Einheit und Selbstwertgefühl der Nation könnten mißlingen. Doch so sehr auch gesellschaftliche Realität und deren geschöntes Bild auseinanderklafften, so ungebrochen war der von Sturm und Drang romantisch verklärte Wunsch nach nationaler Einheit. Deren idealisierte Darstellung im Nationaldenkmal zielte auf positive Identifizierung des Betrachters mit Herrscher, Volk und Vaterland.

Holocaust-Mahnmale in Deutschland – zumal von nationaler Bedeutung – stellen das von klassischen Denkmälern her gewohnte »positive« Identifikationsmuster gewissermaßen auf den Kopf. Vom Betrachter ist, sofern er zu den »Täternachkommen« zählt, der komplexe Akt einer »negativen« Identifizierung mit dem dargestellten Inhalt des Holocaust- Mahnmals zu erbringen: die gefühlsmäßige Annäherung an einen »abstoßenden« Gegenstand – den Verbrechen des eigenen Volkes – bei gleichzeitig kritischer Distanz zur ästhetisierenden Transformation von Barbarei in Kunst.

Diesem mühsamen Vorgang weichen all jene nichtjüdischen Deutschen aus, die sich selbst als Opfer des Nationalsozialismus betrachten: Adressaten der Mahnmals-Botschaft sind aus ihrer Sicht die anderen – die eigentlichen »Nachfahren der Täter«. Für sie, die nicht in eine bequem angeeignete Opferrolle schlüpfen, kann ein Holocaust-Mahnmal identitätsbedrohend sein. Es konfrontiert mit den dunklen Seiten der eigenen Gemeinschaft und steht der Ausbildung einer ungebrochenen Identität mit dieser im Wege. Die Bereitschaft, der nationalsozialistischen Verbrechen aufrichtig zu gedenken, hängt aber von der Bereitschaft der »Täternachkommen« ab, nationale Identität in ihren geschichtlichen Brechungen anzunehmen – sich eben nicht in eine scheinbar heile nationale Identität oder ausweichende Opferrolle zu flüchten, die zwangsläufig die Erinnerung an den nationalsozialistischen Massenmord auf ihre Bedürfnisse hin verbiegen, relativieren und schließlich verfälschen muß. Nur aus dieser Einstellung heraus kann an einem nationalen Holocaust-Mahnmal der beschwerliche Akt »negativer« Identifizierung auf kritischer Distanz gelingen.

Je »künstlerischer«, ästhetischer und gefälliger ein Holocaust-Mahnmal in der Tradition klassischer Denkmäler gestaltet ist, desto weniger bietet es Ansätze für »negative« Identifizierung. Sie aber kann nur dort glaubwürdig gelingen, wo das Problem gebrochener Identität im Kern getroffen wird: in unmittelbarer Konfrontation mit den zur Identifizierung einladenden deutschen Symbolen.

Horst Hoheisel hatte beim Wettbewerb um das zentrale Holocaust-Mahnmal in Berlin vorgeschlagen, das Brandenburger Tor zu Staub zu zermalen und ihn über das Wettbewerbsgelände zu verstreuen. Daß die meisten Jury-Mitglieder von der Radikalität dieses Vorschlages abgestoßen waren, dessen gedankliche Tragweite nicht ansatzweise erkannten, spricht eher für den Entwurf als für die Jury; denn so schmerzlich Hoheisels Vorschlag für viele Deutsche auch gewesen wäre: er enthielt jenen, wider Gedenkroutine lökenden Stachel, dessen es zur »negativen« Identifizierung mit einem angemessenen Holocaust-Mahnmal bedarf. Doch Hoheisel schoß übers Ziel hinaus und machte es der Jury leicht, seinen Vorschlag abzulehnen. Das von den Nationalsozialisten an Menschen und Völkern vollzogene Prinzip totaler Vernichtung kann nicht spiegelbildlich auf Gegenstände in der Hoffnung übertragen werden, *eine* totale Vernichtung durch eine andere »künstlerisch« symbolisieren zu können. Die Auslöschung bedeutender historischer Zeugnisse ist immer ein Akt der Barbarei, gleichgültig welch vermeintlich höherem Zweck sie dient. Hätte Hoheisel anstelle totaler Zerstörung mehrere Stützen aus dem Brandenburger Tor herausgelöst und durch provisorische – aus Holz oder Metall – ersetzt, dann wäre er auf einem vielversprechenderen Weg gewesen.

Es bedarf keiner hellseherischen Fähigkeiten, um vorherzusagen, daß auch ein solch »abgemilderter« Vorschlag kaum Aussicht auf Verwirklichung gehabt hätte. Groß bleibt das Bedürfnis der »Täternachkommen«, mit Hinweisen auf bedeutende nationale Errungenschaften, deutsche Geschichte von den Verbrechen der Nationalsozialisten freizuhalten – so, als seien diese keine Deutschen gewesen. Doch wie sonst des Jahrtausendverbrechens in einem Mahnmal aufrichtig gedenken, wenn nicht über Infragestellung und Verfremdung nationaler Symbole und den damit verbundenen schmerzlichen Empfindungen?

Um möglichen Mißverständnissen vorzubeugen: Es gibt keinen Königsweg zu einem angemessenen Holocaust-Mahnmal. Und auch die erwähnten provisorischen Stützen am Brandenburger Tor sind lediglich Denkanstöße, Bewegung in die festgefahrene Debatte um das zentrale Holocaust-Mahnmal zu bringen. Vorstellbar sind auch andere, von konventionellen Denkmalskonzepten abweichende Ansätze »negativer« Identifikation: So könnte dicht vor der Neuen Wache eine hohe, undurchlässige Glaswand stehen, in die alle Namen der nationalsozialistischen Konzentrations- und Vernichtungslager unübersehbar eingeätzt sind. Um in die zentrale deutsche Gedenkstätte für die »Opfer von Krieg und Gewaltherrschaft« hinein- oder herauszugelangen, müßten die Besucher diese transparente Wand umschreiten, ohne den Namen der nationalsozialistischen Konzentrations- und Vernichtungslager ausweichen zu können. Auf diese Weise wäre der aktive Opferbegriff (für einen »höheren« Zweck sterben) mit dem passiven (für einen »höheren« Zweck geopfert, ermordet werden) konfrontiert und das nationalsozialistische Jahrtausendverbrechen als Bestandteil deutscher Geschichte wie eine gläserne Klagemauer in die zentrale deutsche Gedenkstätte eingelagert.

Und ein letzter Denkanstoß: Unmittelbar vor dem Eingang zum Deutschen Reichstag könnte ein abgrundtiefer Spalt geschaffen werden, über den jeder, der den Reichstag betreten oder verlassen will, hinweggehen muß. Abgeordneten, Staatsgästen und Besuchern stünde vor Augen, über welche Tiefen deutsche Geschichte führt und über welchem Abgrund das neuvereinigte Deutschland *auch* errichtet wurde – als unablässige Mahnung, wo die Verletzung von Menschenrechten münden kann.

Gleichgültig welchem nationalen Symbol auf den Leib gerückt wird: immer überwiegt das Verlangen, im blutigen Ozean der jüngsten deutschen Geschichte unbefleckte Identifikations-Inseln zu bewahren, die einen Rest an ungebrochenem Nationalbewußtsein ermöglichen. Doch die nach Auschwitz notwendige Absage an (scheinbar) heile nationale Identität ist Voraussetzung für die Annahme eines zentralen Holocaust-Mahnmals als Gegenentwurf zu Identifikationsangeboten herkömmlicher Denkmäler. Wie ein Pfahl im Fleisch müßte ein solches Mahnmal zwischen Betrachter und den zu »positiver« Identifizierung mit deutscher Geschichte einladenden Wahrzeichen stehen. Das aber ist wirksam nur möglich an den nationalen Symbolen selbst. Andernfalls bleibt das Holocaust-Mahnmal konventioneller Denkmalsikonographie verhaftet und verfehlt durch seinen Anspruch auf künstlerisch-autarke Wirkung die notwendige Konfrontation mit den gebauten Ikonen deutscher Identität.

Vermutlich ist ein solcher Schritt bisher nicht gewagt worden, weil in den ersten Jahrzehnten nach dem Holocaust das nationale Selbstverständnis der Deutschen traumatisiert, bedroht, unsicher war und – aus dem Bewußtsein dieser Schwäche heraus – sich nicht selbst darzustellen vermochte. Doch liegt im nunmehr erreichten zeitlichen Abstand eine Chance. Das Bekenntnis zu einer nationalen Identität in all ihren historisch bedingten Brechungen, widergespiegelt in einem zu »negativer« Identifizierung auffordernden Holocaust-Mahnmal, würde auch etwas über gewandelte Selbsteinschätzung und neue Haltung der Deutschen zur eigenen Geschichte aussagen; mit dem Akzeptieren eines aus unterschiedlichen Facetten zusammengesetzten Nationalbewußtseins als (geringen) Preis für das von Deutschen verübte nationalsozialistische Inferno wäre ein erster Schritt zur Errichtung einer aufrichtigeren nationalen Identität getan.

All das führt fort von bisherigen, lediglich auf Standort und Gestaltung eines zentralen Holocaust-Mahnmals fixierten Überlegungen, wie sie erst kürzlich wieder bei den Berliner Kolloquien zum »Denkmal für die ermordeten Juden Europas« zu hören waren. Die herkömmliche Auffassung, Denkmäler seien Kunst im öffentlichen Raum, greift im Falle eines nationalen Holocaust-Denkmals im Land der ehemaligen Täter zu kurz, weil das mit ihm verknüpfte Problem »negativer« Identifizierung vorrangig kein künstlerisch-ästhetisches, sondern ein politisch-moralisches ist. Als solches ist es nicht Aufgabe eines privaten »Förderkreises«, so unbestritten dessen Verdienste in dieser Sache auch sind, sondern die des Deutschen Bundestages: ihm muß die letzte Entscheidung in Sachen nationales Holocaust-Mahnmal vorbehalten bleiben.

Werden die Abgeordneten des Deutschen Bundestages ihrer Verantwortung gerecht werden und diese Angelegenheit zu ihrer eigenen erklären? Und werden sie dann auch den Mut und die Größe besitzen, sich auf den schwierigen Pfad »negativer« Indentifizierung mit dem zukünftigen zentralen Holocaust-Mahnmal zu begeben? Denn so, wie die Denkmäler des 19. Jahrhunderts zu steinernen Zeugnissen einer idealisierten, in Wirklichkeit gefährdeten nationalen Identität geworden sind, so geriete ein in Verlängerung solcher Tradition stehendes Holocaust-Mahnmal zum Zeugnis eines auf Kosten der Opfer angeeigneten Nationalbewußtseins. Angemessen ist ein Holocaust-Mahnmal aber nur antinomisch: es muß quer zur deutschen Geschichte stehen und gleichzeitig in sie integriert sein.

Geteilte Erinnerung

Unteilbare Lasten: Finale im Streit um das Berliner
»Holocaust-Mahnmal«

»Der Vorschlag schien reiner Verzweiflung entsprungen: angesichts des unbefriedigenden Ergebnisses aus dem ersten Wettbewerb um das 'Denkmal für die ermordeten Juden Europas' solle das Jüdische Museum Berlin zentrales Holocaust-Mahnmal werden. Doch als Erweiterungsbau des Berlin-Museums kann das Jüdische Museum nicht einfach durch Etikettenwechsel in ein Mahnmal von nationaler Bedeutung umgewidmet werden. Betrachtet man jetzt die Ergebnisse der zweiten Wettbewerbsrunde, dann ist eines auffällig: drei der vier Arbeiten enthalten Elemente aus dem Formenschatz des von Daniel Libeskind entworfenen Jüdischen Museums – vermutlich ein Indiz dafür, daß der Vorrat an Ausdrucksmitteln zur künstlerischen Darstellung des Holocaust weitgehend erschöpft ist (...)«

Meine Beurteilung der Entwürfe des zweiten Wettbewerbes um das Berliner Holocaust-Mahnmal war niedergeschrieben, als ich mich entschloß, auf eine Veröffentlichung zu verzichten. Nicht etwa, weil grundsätzliche Bedenken gegen die Voraussetzungen des Wettbewerbs ausgeräumt oder alle Fragen des gegenwärtigen Verfahrens bereits beantwortet wären: zum Beispiel bleibt nach wie vor rätselhaft, warum ein Entwurf, der im ersten Wettbewerb wegen nicht zu übersehender Schwächen frühzeitig ausschied, jetzt ernsthaft als mögliches Holocaust-Mahnmal gehandelt wird. Nein, es war die Einsicht, daß die anstehende Entscheidung in Sachen Holocaust-Mahnmal ohne weitere Beteiligung von jüdischer Seite erfolgen sollte – eine Seite, die, wie die nichtjüdische auch, durchaus keine einheitliche Meinungsfront bildet.

Noch gibt es in Deutschland eine zweigeteilte Erinnerung an den Holocaust. Die überlebenden Opfer und deren Nachkommen müssen als »passiv« Betroffene der planmäßigen deutschen Ausrottungspolitik naturgemäß eine andere Erinnerung an das nationalsozialistische Jahrtausendverbrechen haben als die »aktiv« betroffenen

»Nachfahren der Täter«. Das hatte sich in der Debatte um das »Holocaust-Mahnmal« deutlich gezeigt. Den überlebenden jüdischen Opfern kam es dabei weniger auf theoretische Begründungen der Mahnmals-Errichtung im Land der ehemaligen Täter an. Sie, die zutiefst gedemütigt und deren Angehörige von Deutschen ermordet wurden, wollen ein ihr Leiden symbolisierendes Mahnmal im Herzen der deutschen Hauptstadt sehen. Eine lange Debatte, so ihre Befürchtung, könnte die Errichtung des Mahnmals gefährden und schließlich scheitern lassen. Das Argument, im Land der »Täternachfahren« sei ein Holocaust-Mahnmal nicht so sehr für Juden als für Nichtjuden wichtig, ist für viele von ihnen im Wunsch nach symbolischer Kompensation ebensowenig annehmbar wie die oft erhobene Forderung nach einem Mahnmal für alle Opfer. Beides würde ihrem persönlich erfahrenen Leid nicht gerecht werden.

Es waren die Nachkommen der jüdischen Opfer, jene »zweite Generation«, die von der Sache her begründete Einwände gegen Standort und Wettbewerbsverfahren erhoben. Sie haben im Laufe der Debatte die »Nachfahren der Täter« aufgefordert, nicht ausweichend die Identifizierung mit den Opfern zu suchen, sondern sich der schwierigen Auseinandersetzung mit der eigenen Vergangenheit, mit der ihrer Väter und Großväter zu stellen. Dahinter verbarg sich das eigene komplizierte, wenn nicht gar ungeklärte Verhältnis zu einem Land, dessen Vergangenheit vor allem den Opfernachfahren Schwierigkeiten bereitet, sich mit ihm zu identifizieren. Es wird erst einer langen, gemeinsam gelebten Geschichte zwischen Juden und Nichtjuden bedürfen, um als Angehöriger der jüdischen Minderheit sich Deutschland identifikatorisch nähern zu können – mögen 50, mögen 100 Jahre vergehen. Doch wie lange es auch dauern mag: die Debattenbeiträge und dezidierte Stellungnahmen von jüdischer Seite bedeuteten, ähnlich wie beim Faßbinder- und Börneplatz-Konflikt in Frankfurt am Main, öffentliche Einmischung in gesellschaftspolitisch wichtige Fragen und damit Teilhabe am allgemeinen politischen Diskurs in Deutschland – Ansätze einer sich abzeichnenden »pragmatischen Normalität«?

Die unterschiedliche Sicht von Juden und Nichtjuden in der Debatte war wichtig, weil an den Reibungsflächen der je unterschiedlich ausgebildeten Sensibilität sich die wirklich wichtigen Fragen nach dem eigenen Standort entzündeten. Das von Juden der »zweiten Generation« gezeigte Engagement um Gedenken und Identität entsprang dem Wunsch nach klärender Abgrenzung der unterschiedlichen Erinnerungen. Denn für Juden wie Nichtjuden gilt unverändert, daß aufrichtige Annäherung und dauerhaftes Miteinander nur im Bewußtsein des dauerhaft Trennenden möglich ist.

Auch wenn das Holocaust-Mahnmal bei Juden wie Nichtjuden die Frage der jeweils eigenen Identität im neuvereinigten Deutschland empfindlich berührte, so hat die Debatte doch gezeigt, daß dieses Mahnmal schwerlich allen Ansprüchen gerecht werden kann. Weil im Lande der ehemaligen Täter allen voran die »Täternachkommen« sich in einem Holocaust-Mahnmal »wiederfinden« müssen, sollte dessen Gestaltung nicht von den Nachfahren der Opfer, sondern denen der »Täter« entschieden werden. Die Auslober haben dabei der Versuchung zu widerstehen, prominenten Juden die Last der Entscheidung aufzubürden. Dies käme sonst einer Entmündigung derer nahe, bei denen die Verantwortung für das »Holocaust-Mahnmal« verbleiben muß.

Die öffentliche Feststellung von Ignatz Bubis, er könne mit allen vier Entwürfen der Endrunde leben, enthält diese Botschaft. Jetzt ist es an den nichtjüdischen Deutschen, selbstverantwortlich zu entscheiden, mit welchem »Holocaust-Mahnmal« sie leben wollen.

Wie soll das Parlament entscheiden?

Stellungnahme zum Berliner »Holocaust-Mahnmal« vor dem
Kulturausschuß des Bundestages am 3. März 1999

A. 1. Wie stellt sich der Sachstand der Beratungen zu der Frage
dar, *warum* ein Denkmal errichtet werden soll?

2. Wie stellt sich der Sachstand der Beratungen zu der Frage
dar, *wo* ein Denkmal errichtet werden soll?

3. Wie stellt sich der Sachstand der Beratungen zu der Frage
dar, *wie* ein Denkmal für die ermordeten Juden Europas gestaltet werden soll?

B. Welche Hinweise ergeben sich aus dem Sachstand der Beratungen für den weiteren Prozeß der Diskussion und der
Entscheidungsfindung des Deutschen Bundestages?

Zu A. 1.

Die Fragestellung, warum ein »Denkmal für die ermordeten Juden
Europas« errichtet werden soll, ist eine Verengung der übergeordne-
ten Frage, warum ein Denkmal für die von nationalsozialistischen
Deutschen ermordeten Menschen errichtet werden soll. Und auch
diese Formulierung überspannt noch nicht das Problem in seiner
Gesamtheit. Sie müßte sonst lauten: Soll und kann im Land der
ehemaligen Täter ein »Holocaust-Denkmal« für alle Opfer des Nationalsozialismus errichtet werden, das gleichzeitig an Tat und Täter gemahnt?

Vor Beantwortung dieser Fragen ist darauf hinzuweisen, daß der
Deutsche Bundestag nicht in der Position der drei bisherigen Auslober – Bundesregierung, Land Berlin und »Förderkreis« – des
»Denkmals für die ermordeten Juden Europas« steht und von daher
sich auch nicht deren bereits eingeengte Sichtweise zueigen machen
sollte. Dies ist weder notwendige Verpflichtung noch eigentliche

Aufgabe des deutschen Parlaments. Als höchste politische Instanz müßte es das hier anstehende Problem von nationaler Bedeutung zunächst in seiner Gesamtheit betrachten und behandeln. Wenn danach eine Einengung der Fragestellung mehrheitlich gewollt sein sollte, wäre diese Vorgehensweise ein souveräner Entscheidungsprozeß.

Die Errichtung eines »Denkmals für die ermordeten Juden Europas« ist, wie jedes Denkmal für jede andere Opfergruppe auch, ein Akt nationaler Pietät den Toten und Ermordeten gegenüber. Neben Archiven, Bibliotheken und Museen bewahrt ein Denkmal die einzig noch verbleibende Möglichkeit, zwischen den zu Gedenkenden und gegenwärtiger Gesellschaft eine öffentlich wahrnehmbare Verbindung herzustellen – nicht als schon gesicherte Maßnahme gegen Vergessen, aber dennoch als Angebot des Erinnerns und Gedenkens im öffentlichen Raum.

Die jetzt nahezu unentwirrbar scheinenden Schwierigkeiten in der Debatte um das Berliner »Holocaust-Mahnmal« hatten mit dem 1988 gefaßten Beschluß einer Privatinitiative, dem späteren »Förderkreis zur Errichtung eines Denkmals für die ermordeten Juden Europas e.V.« begonnen, ausschließlich einer ausgewählten Opfergruppe ein Denkmal zu setzen. Es ist zweifellos das Recht jeder privaten Vereinigung, ein Denkmal für diese oder jene Opfergruppe des nationalsozialistischen Völkermordes zu errichten. Doch was einem privaten »Förderkreis« erlaubt ist, ist dem Staat noch lange nicht erlaubt. Im Falle des »Denkmals für die ermordeten Juden Europas« hat er sich 1992 in bester Absicht dieser partikularistischen Privatinitiative angeschlossen, sie gleichsam staatlich geadelt, statt die Initiative für eine unteilbare staatliche Verpflichtung von Anbeginn selbst zu ergreifen. Seine Aufgabe wäre es gewesen – und ist es auch weiterhin –, im öffentlichen Gedenken die Totalität des nationalsozialistischen Massenmordes zu wahren und daraus die Notwendigkeit eines »ungeteilten« Mahnmals gegen den nationalsozialistischen Völkermord in seiner Gesamtheit abzuleiten und es zu verwirklichen.

Der Hinweis, für andere Opfergruppen seien bereits Mahnmale geplant, geht am staatlich selbstverschuldeten Dilemma vorbei.

Denn selbst wenn Deutschland neben dem »Denkmal für die ermordeten Juden Europas« in Zukunft für alle übrigen Opfergruppen Denkmäler errichten sollte, so wird am Ende doch *das* zentrale Mahnmal fehlen, in dem der nationalsozialistischen Verbrechen nicht ratenweise, sondern in ihrer Gesamtheit gedacht wird. Die Addition unterschiedlicher Opfergruppen-Denkmäler, zumal an verschiedenen Standorten, bildet noch kein Mahnmal-Ensemble gegen den nationalsozialistischen Massenmord. Und selbst ein solches Ensemble muß nicht unbedingt von sich aus ein die Gesamtdimension des Verbrechens umfassendes Mahnmal sein. Ein Mahnmal, das ein ungeteiltes Bekenntnis der Deutschen zum nationalsozialistischen Inferno beinhaltet, überspannt alle Aspekte des nationalsozialistischen Völkermordes und ist dadurch eben mehr als die Summe aller über die Hauptstadt verteilten Opfergruppen-Denkmäler. Es ist ihnen übergeordnet, weil es auch ohne einzelne Opfergruppen-Denkmäler seine Berechtigung hätte – nicht umgekehrt.

So zeitigt die begrüßenswerte Privatinitiative des »Förderkreis« durch herausgehobene staatliche Beteiligung ungewollt die Verhinderung eines zentralen deutschen Mahnmals gegen die nationalsozialistischen Verbrechen in ihrer Gesamtheit.

Der Deutsche Bundestag kann jetzt noch die unabdingbare staatliche Verpflichtung, aller Opfergruppen des Holocaust öffentlich zu gedenken, von den zweifellos berechtigten und förderungswürdigen Interessen einer Privatinitiative abtrennen. Geschieht dies nicht, dann wird er in Kauf nehmen müssen, daß es zu einer Hierarchisierung der Opfer im öffentlichen Raum kommt. Es ist zweifelhaft, ob dies auf Dauer im Interesse der herausgehobenen Opfergruppe liegt. Und es ist mehr als nur zweifelhaft, ob dies – Ausland hin, Ausland her – eine souveräne und gerechte Entscheidung des deutschen Staates in Sachen nationales Holocaust-Mahnmal wäre.

Zu A. 2.

Die Frage, wo ein »Denkmal für die ermordeten Juden Europas« oder besser ein Holocaust-Mahnmal für alle Opfergruppen errichtet werden soll, umfaßt nicht nur eine örtliche, sondern gleichzeitig eine inhaltliche Komponente. Was auf Anhieb nicht ohne weiteres zusammenzugehören scheint, steht im folgenden Kontext: In Deutschland, dem Land, in dem der nationalsozialistische Massenmord geplant wurde, müßte es eigentlich eine Selbstverständlichkeit sein, in einem nationalen Mahnmal vor allem an diese Tat und ihre Folgen zu erinnern. Eine solche Forderung wäre in den ersten Jahrzehnten nach Kriegsende nicht einzulösen gewesen: zu groß war die Traumatisierung sowohl auf seiten der überlebenden Opfer und ihrer Nachkommen als auch auf seiten der „Tätergeneration" und ihrer Nachkommen. Die Mehrzahl der Deutschen stufte sich selbst als „Opfer des Nationalsozialismus" ein.

Der zeitliche Abstand von mehr als einem halben Jahrhundert eröffnet jetzt die Chance, die jahrzehntelang von vielen Deutschen als Abwehrhaltung eingenommene »opferzentrierte« Perspektive des Erinnerns und Gedenkens in eine aufrichtigere und präzisere »tat- und täterzentrierte« Sicht umzuwandeln. Wird dieser im Lande der ehemaligen Täter längst fällige Perspektivenwechsel vollzogen, dann entstehen daraus notwendigerweise geänderte Anforderungen an ein Holocaust-Mahnmal, sei es ein nur auf die hauptsächliche Opfergruppe bezogenes, sei es ein die Gesamtdimension des Verbrechens umfassendes Denkmal.

Ein solches Mahnmal wäre nicht nur vorrangig »tat- und täterzentriert« zu gestalten, es müßte auch im öffentlichen Raum sichtbar an die deutsche Gegenwart und Zukunft statt an eine fixierte Vergangenheit gebunden werden, und es sollte unzweideutig zeigen, daß die von Nationalsozialisten verübten Verbrechen von den heute lebenden Deutschen nicht nur verbal, sondern tatsächlich als Selbstamputation ihrer eigenen Kultur, Zivilisation und nationalen Identität empfunden werden. Weil aber die Übergänge zwischen »opferzentrierten« und »tatzentrierten« Holocaust-Mahnmalen gestalterisch fließend sind, und das eine immer auch im anderen durchscheint, kommen Standort und stadträumlichem Kontext entscheidende Bedeutung zu, wenn einer dieser beiden Aspekte unmißverständlich hervorgehoben werden soll. Die Frage nach dem »Standort« des Holocaust-Mahnmals ist somit eine im wörtlichen wie auch im übertragenen Sinn: es ist die Frage nach Isolierung der

Opfer oder nach Konfrontation mit Tat und Täter. Beläßt man das Denkmal am vorgesehenen Standort, dann isoliert man das Opfergedenken nachhaltiger von der Frage nach der Urheberschaft des Verbrechens als an anderen Stellen.

Erst die Konfrontation des Mahnmals mit den Symbolen deutscher Geschichte stellt dessen »tat- und täterzentrierte« Ausrichtung in aller Öffentlichkeit unmißverständlich klar und bindet es gleichzeitig an deutsche Gegenwart und Zukunft. Allein die künstlerische Verfremdung, Infragestellung, »Beschädigung« eines nationalen deutschen Symbols kann, wenn überhaupt, jenen im Sinne Nietzsches unabdingbaren, bleibenden Schmerz auslösen, der – gleich dem Affekt, an den sich stets dieselbe Assoziation bindet – individuelle und kollektive Erinnerung über einen nennenswerten Zeitraum aufrechtzuerhalten vermag. Andernfalls bleibt das Holocaust-Mahnmal konventioneller Denkmalsikonographie verhaftet und verfehlt durch seinen Anspruch auf künstlerisch-autarke Wirkung die notwendige Konfrontation mit den gebauten Ikonen deutscher Identität.

Diese ehrlichste und schmerzlichste Annäherung an ein angemessenes Holocaust-Mahnmal im Land der ehemaligen Täter schließt, wegen ihrer Radikalität, jede Eingrenzung auf eine bestimmte Opfergruppe aus.

Zu A. 3.

Die Frage danach, wie ein »Denkmal für die ermordeten Juden Europas« oder, weitergefaßt, ein Holocaust-Mahnmal gestaltet werden soll, berührt bereits ein originär künstlerisches Aufgabenfeld und kann nur umrißhaft beantwortet werden. Aus den Ergebnissen der beiden bisherigen Wettbewerbe läßt sich zunächst ableiten, wie ein solches Denkmal nicht aussehen sollte.

Unabhängig von den oben bereits geäußerten Bedenken gegen den gewählten Standort: ein 20.000 qm großes Wettbewerbsgelände für ein Denkmal unterliegt einem gestalterischen Monumentalismus-Sog, dem sich kaum ein Künstler entziehen kann. Der niedliche Modellbaumaßstab der vorliegenden Wettbewerbsentwürfe täuscht. Monumentalistische Denkmäler, seien sie in horizontaler oder vertikaler Dimension entwickelt, überschreiten den Erfahrungshorizont jedes durchschnittlichen Betrachters. Die absehbare Folge davon ist, daß der überforderte, wenn nicht gar eingeschüchterte Betrachter dazu neigt, sich schon aus Gründen des Selbstschutzes dem überwältigenden Denkmal und seiner „Botschaft" zu verschließen und sich ihm so zu entziehen.

Aus dem gleichen Grund ist es verfehlt, den Schrecken des Infernos in einem Denkmal möglichst hautnah nachstellen zu wollen. Die versuchte künstlerische Simulation der Hölle ist der untaugliche Versuch, Authentizität zu inszenieren, nur um sie letztlich zum verharmlosenden Spektakel verkommen zu lassen. Das zivilisatorische Vakuum der Vernichtungslager ist in seiner abgrundtiefen Schwärze nicht im entferntesten darstellbar.

Wenn es also bei der Gestaltung eines Holocaust-Mahnmals nicht um eine spiegelbildliche Darstellung des Nichtdarstellbaren gehen kann, nicht um monumentalistische Überwältigung des Betrachters und nicht um eine vornehmlich »opferzentrierte« Ausrichtung, dann reduziert sich die Aufgabenstellung dieses Denkmals auf eine öffentliche symbolische Geste des deutschen Volkes, des deutschen Staates, der deutschen Nation, deren Botschaft lauten könnte: mit diesem Mahnmal bekennen wir uns uneingeschränkt zum dunkelsten Kapitel deutscher Geschichte und erklären es auch im neuvereinigten Deutschland zum Bestandteil unserer nationalen Identität.

Die künstlerische Umsetzung einer solchen Botschaft erfordert weder Monumentalismus noch Inszenierung, sondern Bescheidenheit und Aufrichtigkeit.

Zu B.

Der Deutsche Bundestag wäre gut beraten, wenn er in der vorliegenden Sache ausschließlich als politisches Gremium handelte, sich auf politische Grundsatzentscheidungen beschränkte und sich nicht auch nur indirekt in die Position einer Wettbewerbs-Jury für künstlerische Fragen begibt. Von daher sollte der Bundestag als eine den Auslobern übergeordnete Institution, ohne Festlegung auf einen bestimmten Standort für das Denkmal, darüber entscheiden,

– ob ein eigenes »Denkmal für die ermordeten Juden Europas« und damit gleichzeitig auch für alle anderen Opfergruppen jeweils ein eigenes Denkmal errichtet werden soll;
– ob stattdessen ein nationales »tat- und täterzentriertes« Holocaust-Mahnmal an herausragender Stelle das Ziel ist;
– oder ob beides, in bescheidenerem Maßstab als bisher diskutiert, verwirklicht werden soll.

Letzteres hätte den Vorteil, daß viele Überfrachtungen, Widersprüche und Antinomien, die ein einziges Holocaust-Mahnmal von nationaler Bedeutung im Land der ehemaligen Täter immer in sich tragen muß, entzerrt, wenn nicht gar aufgehoben wären. Die komplexe, historisch bedingte Verzahnung zwischen Opfer, Täter, Opfernachfahren und »Täternachkommen« läßt sich in ein und demselben Holocaust-Mahnmal nicht mit der von den überlebenden Opfern und deren Nachfahren gewünschten Differenzierung verwirklichen. Was die Nachkommen der »Tätergeneration« zu leisten haben, die Integration von Auschwitz in eine notwendigerweise »gebrochene« nationale Identität, ist von den Nachkommen der Opfer auf einer anderen Ebene, mit anderen Vorzeichen zu erbringen: die fortwährende Auseinandersetzung mit einer vom Holocaust »negativ« definierten Identität in Deutschland. Die Unvereinbarkeit dieser immer noch getrennt zu bewältigenden historischen Erblast spricht in unserer Generation eher gegen ein gemeinsames nationales Opfer-Täter-Denkmal und für eine Trennung von Denkmal für die Opfer und Mahnmal gegen Tat und Täter.

Und jetzt mahn mal!

Nach der Entscheidung des Deutschen Bundestages, in Berlin ein »Denkmal für die ermordeten Juden Europas« zu errichten

Die am 25. Juni 1999 getroffene Entscheidung des Deutschen Bundestages, in Berlin ein »Denkmal für die ermordeten Juden Europas« zu errichten, ist grundsätzlich zu begrüßen. Damit ist dem umstrittenen nationalen »Holocaust-Mahnmal« die Legitimation des deutschen Volkes zuteil geworden. Und mindestens ebenso bedeutsam ist, daß zum ersten Mal in der Geschichte ein Parlament die Errichtung eines zentralen Monumentes gegen die Verbrechen des eigenen Volkes im Herzen seiner Hauptstadt beschlossen hat (Abb. 46, 47).

Daß dieses Mahnmal ausschließlich den jüdischen Opfern gewidmet wurde, wäre noch zu vertreten gewesen, wenn der Bundestag mit gleicher Vorlage beschlossen hätte, auch für alle anderen Opfergruppen Mahnmale zu errichten. Weil er dies versäumt hat und ein solcher Beschluß allenfalls erst zu einem späteren Zeitpunkt möglich ist, wird es unabwendbar zu einer Hierarchisierung der Opfergruppen kommen. Kein Zweifel: aufgrund der besonderen deutsch-jüdischen Geschichte und des einzigartigen eliminatorischen Charakters des nationalsozialistischen Antisemitismus', ist ein eigenes Denkmal für die ermordeten Juden mit guten Gründen zu vertreten – aber nicht als ausschließliches Monument, sondern als eines neben anderen.

Die Aufgabe des Staates wäre es gewesen – und ist es auch weiterhin – im öffentlichen Gedenken die Totalität des nationalsozialistischen Massenmordes zu wahren und daraus die Notwendigkeit eines »ungeteilten« Mahnmals gegen den nationalsozialistischen Völkermord in seiner Gesamtheit abzuleiten und es zu verwirklichen. Erst danach wäre die Frage zu entscheiden, ob daneben der einzelnen Opfergruppen in eigenen Mahnmalen gedacht werden sollte. Der deutsche Staat durfte schon deshalb keiner Opfergruppe exklusiv ein nationales Mahnmal widmen, weil die damit öffentlich bekundete Schuld nicht der tatsächlichen Dimension des Jahrhundertverbrechens entspricht.

Abb. 46: Berlin, »Denkmal für die ermordeten Juden Europas«.
Wettbewerbsmodell »Eisenman II«, 1998. Architekt: Peter Eisenman.

Die jetzt getroffene Entscheidung des Bundestages für einen ganz
bestimmten Entwurf ist in mehrfacher Hinsicht fragwürdig. Zunächst hätte sich das deutsche Parlament auf seine eigentliche Aufgabe, auf das Treffen politischer Entscheidungen beschränken sollen. Wenn aber die höchste Volksvertretung sich souverän genug
wähnt, künstlerische Entscheidungen fällen zu können, dann hätte
sie sich nicht in ein Verfahren hineinziehen lassen dürfen, das von
einer Privatinitiative für eine besondere Opfergruppe unter verworrenen Voraussetzungen und unklaren Fragestellungen durchgeführt
wurde. Um nur eine Konsequenz daraus aufzuzeigen, sei an folgendes erinnert: Aus rechtlichen Erwägungen hatte die Bundesregierung als einer der drei Wettbewerbs-Auslober erst vor wenigen Wochen das Verfahren um den Mahnmals-Wettbewerb für gescheitert
erklärt, um dem Bundestag zu ermöglichen, eine juristisch unbela-
stete Entscheidung zu treffen. Auf dieser Grundlage heißt das aber
nichts anderes, als daß der Deutsche Bundestag ein Mahnmal aus
einem gescheiterten Verfahren zum nationalen Monument erhoben

Abb. 47: Berlin, »Denkmal für die ermordeten Juden Europas«.
Wettbewerbsmodell »Eisenman II«, 1998. Architekt: Peter Eisenman.

hat – ein Umstand, der das »Holocaust-Mahnmal« in seiner Bedeutung herabsetzt.

Richtig wäre es gewesen, einen neuen, an keine besondere Opfergruppe gebundenen künstlerischen Mahnmals-Wettbewerb auszuschreiben und einer unabhängigen sachverständigen Jury den Auftrag zu erteilen, aus einem solchen Verfahren dem Bundestag maximal zwei Entwürfe zur endgültigen politischen Entscheidung vorzulegen.

Die Mahnmals-Debatte im Bundestag hat gezeigt, daß bei den meisten Abgeordneten Unklarheit über die von ihnen zu entscheidenden Inhalte herrschte. Auch wenn der eine oder andere zu begriffen haben schien, daß es bei der anstehenden Abstimmung nicht um eine künstlerisch-ästhetische, sondern um eine politisch-moralische Entscheidung ging, wurden daraus keine nennenswerten Konsequenzen gezogen. Die grundsätzliche Frage, welche »Botschaft« das nationale »Holocaust-Mahnmal« öffentlich vermitteln solle, blieb im erkennbaren Bemühen um politisch korrektes Verhalten unbeantwortet.

Wie jeder andere Entwurf, ist auch Peter Eisenmans Mahn-
mals-Vorschlag zunächst nicht als Kunstwerk im Sinne einer qualitativ hochwertigen Skulptur zu beurteilen, sondern als künstlerisch
gestalteter Träger von Bedeutungen und »Botschaften«. Gelangte
man zu dem Ergebnis, ein Holocaust-Mahnmal in der deutschen
Hauptstadt dürfe auf keinen Fall symbolisches Gräberfeld oder stei-
nernes Leichentuch sein, unter denen das nationalsozialistische
Jahrhundertverbrechen sichtbar historisiert und endgültig begraben
wird, dann wäre die Frage nach dem künstlerischen Rang dieses
Mahnmals bedeutungslos. Natürlich lassen sich Inhalt und künstlerische Form nicht ohne weiteres voneinander trennen. Und doch
hätte vor einer abschließenden Bewertung des Holocaust-Mahnmals Klarheit über Rangfolge und Gewichtung der Bewertungs-
maßstäbe herrschen müssen: Geht die inhaltliche Aussage vor, oder
dürfen angesichts eines noch so überragenden Kunstwerkes offensichtliche Mißdeutungen und falsche Signale in Kauf genommen
werden?

Eisenmans gestalterisches Muster läßt sich ohne wesentlichen
Qualitätsverlust an jedem anderen Standort, in nahezu jeder belie-
bigen Ausdehnung reproduzieren. Und selbst die Zuschreibung ist
austauschbar: Dieser Entwurf könnte ein Mahnmal für jeden Völkermord, für beliebige Kriege, für alle Opfergruppen sein. Indem
die bemerkenswerte Weite der Deutungsmöglichkeiten zur Austauschbarkeit der Inhalte gerät, zeigt sich dessen künstlerische Stärke gleichzeitig als inhaltliche Schwäche. Dies dürfte eine Entwicklung begünstigen, die nicht im Sinne der Auslober sein wird.

Weil zwischenzeitlich die Bezeichnungen »Holocaust-Mahnmal« und »Holocaust-Denkmal« im Verständnis der Öffentlichkeit nicht allein den Völkermord an den Juden meint, sondern
zunehmend für das nationalsozialistische Verbrechen insgesamt
steht, verschwimmen die Begriffe »Denkmal für die ermordeten
Juden Europas« und »Holocaust-Mahnmal« bis zur Austauschbarkeit ineinander. Dies ist insofern bedenklich, als ein Denkmal für
die Opfer des Holocaust – für welche Opfergruppe auch immer –
und ein Mahnmal gegen die Verbrechen des nationalsozialistischen Völkermordes in ihrer Gesamtheit, sich weder inhaltlich

noch in künstlerischer Darstellung eindeutig voneinander trennen lassen. In jedem Opfer-Denkmal wird – mal zurückhaltender, mal herausgehobener – immer auch das an den Opfern begangene Verbrechen erkennbar werden. Und so ist es durchaus wahrscheinlich, daß ein Opfer-Denkmal gleichzeitig als Mahnmal gegen Tat und Täter wahrgenommen wird – und umgekehrt. Dies hängt mit der besonderen inneren »Gesetzmäßigkeit« der Bildenden Künste zusammen. Sie können zwar mit ihren Ausdrucksmitteln Inhalte verdichten und symbolisieren, aber keine präzisen Informationen vermitteln. Dazu bedarf es einer (schriftlichen) Widmung, die das künstlerische Gebilde unmißverständlich einem bestimmten Zweck, einer eindeutigen Funktion zuordnen soll. Erst der Widmungstext kann Eindeutigkeit in einem Bereich herstellen, in dem Mehrdeutigkeit Besonderheit und Stärke des Mediums ausmachen.

In eben diesem Spannungsfeld der Bedeutungen und Bezeichnungen bewegt sich das »Denkmal für die ermordeten Juden Europas«. Bevor es noch errichtet ist, gilt es unter dem Etikett »Holocaust-Mahnmal« im öffentlichen Bewußtsein als das zentrale deutsche Mahnmal gegen den nationalsozialistischen Massenmord in seiner Gesamtheit. Die umständlich-korrekte, nach bestem Bürokratendeutsch klingende Bezeichnung »Denkmal für die ermordeten Jüdinnen und Juden Europas«, wie es neuerdings heißt, ist nicht zuletzt wegen offizieller staatlicher Beteiligung an dessen Errichtung in die einprägsamere, gleichwohl mißverständliche Formel »Holocaust-Mahnmal« umgewidmet worden – eine Bezeichnung, die bereits jetzt auf eine bestimmte Richtung der öffentlichen Wahrnehmung dieses Denkmals verweist und die sich auf Dauer, mit allen damit verknüpften inhaltlichen Vorstellungen, vermutlich auch durchsetzen wird. So könnte Deutschland mit dem »Denkmal für die ermordeten Jüdinnen und Juden Europas« sich am Ende doch noch eines zentralen Mahnmals gegen die Verbrechen des Nationalsozialismus rühmen – freilich eines, das keines ist.

Erinnerung als Legitimation:
Zur Bubis-Walser-Kontroverse

Es ist Zeit

Die andere Seite des Bubis-Walser-Streits

Man muß nicht »vor Kühnheit zittern«, um festzustellen, daß Martin Walsers »Sonntagsrede« weit weiniger von Interesse ist als die durch sie ausgelöste Kontroverse. Wieder einmal erweist sich, daß Erinnerung, über ihre funktionale Notwendigkeit hinaus, stets legitimatorisch wirkt. Da in Deutschland die dunklen Seiten der eigenen Geschichte, vor allem die des eigenen Kollektivs, nicht oder nur begrenzt zur Identifizierung und damit zum Aufbau einer ungebrochenen nationalen Identität taugen, lassen sich vor allem zwei Abwehrstrategien beobachten: Die kollektive Erinnerung wird solange zurechtgebogen, bis sie keine Bedrohung der individuellen mehr darstellt, oder die individuelle Erinnerung wird von der kollektiven partiell abgekoppelt.

Walser selbst leugnet nicht die Erblast der nationalsozialistischen Vergangenheit, sondern kritisiert deren wie immer auch gemeinte Instrumentalisierung. Solche Kritik am Umgang mit deutscher Geschichte läßt sich leicht zum Instrument der Entlastung von Geschichte umbiegen: beanstandet werden zwar Formen und »Auswüchse« kollektiven Gedenkens, gezielt aber wird auf bestimmte Inhalte kollektiver Erinnerung – auf graduelle Beseitigung der nationalsozialistischen Erblast. Dieses verdeckte, möglicherweise unbeabsichtigte Argumentationsmuster in Walsers Rede scheint vielen seiner Verteidiger mindestens ebenso wichtig zu sein wie deren Inhalt – gestattet es doch dem eigenen Legitimationsbedürfnis, all das hineinzulesen, was sie selbst gerne heraushören möchten: ein Recht der ehemaligen Täter, Profiteure, Mitläufer oder deren Nachkommen auf ein »normales«, vom nationalsozialistischen Verbrechen nicht mehr verstörtes Leben. Doch so wenig Spontaneität auf Befehl herzustellen ist, so wenig läßt Normalität sich herbeizwingen – schon gar nicht im langen Schatten von Auschwitz.

Die überlebenden Opfer und deren Nachkommen bestehen bei den »Täternachfahren« auf einer unverbrüchlichen kollektiven Erinnerung, in der Hoffnung, sie könne eine Versicherung gegen die

Wiederholung des unvorstellbaren Infernos sein. Viele ehemalige Täter, Profiteure, Mitläufer oder deren Nachfahren beharren aber vor allem auf ihrer individuellen Erinnerung, um nicht unter der Last der kollektiven Erinnerung ihre fragile nationale Identität zu gefährden. Verständnis für die jeweils andere Seite bedeutete von daher eine bedrohliche Infragestellung der eigenen Position. So ist es kein Wunder, daß Walser nicht versteht, warum Bubis ihn nicht versteht und umgekehrt – auch wenn jeder zu verstehen meint, warum der andere ihn nicht versteht.

Obwohl die individuelle und kollektive Erinnerung der überlebenden Opfer und ihrer traumatisierten Nachfahren von den Folgen des Jahrtausendverbrechens überschattet sind, so fallen beide Erinnerungsanteile nicht in dem Maße auseinander, wie dies meist auf seiten der »Tätergeneration« und deren Nachkommen zu beobachten ist. Zwar tragen erstere weit schwerer an der Last ihrer Erinnerung, jedoch ohne Verantwortung für die begangenen Verbrechen. Es ist diese von Schuld losgelöste Einheit in der Negativität, die den überlebenden Opfern und ihren Nachfahren von vielen »Täternachkommen« geneidet wird. Obwohl einer solchen Position von sich aus keine besondere moralische Legitimation zukommt, begünstigt allein diese voreingenommene Haltung den Eindruck, als sprächen die Nachfahren der Opfer – und dies trifft vor allem auf die jüdischen zu – vom hohen Roß der Moral zu den tiefer stehenden »Täternachkommen«. Das kann unter bestimmten Konstellationen Unbehagen, Abwehr, ja Wut hervorrufen. Man muß nicht »vor Kühnheit zittern«, um festzustellen, daß ebenso wie auf seiten der »Täternachfahren« nicht alles überlegt, klug und angemessen ist, was gelegentlich von überlebenden Opfern oder deren Nachfahren öffentlich gesagt oder getan wird.

Aber ist es wirklich das, was Walser meint? Selbst wenn dem so wäre, könnte dies seinen nebulösen Instrumentalisierungs-Vorwurf keinesfalls rechtfertigen. Er hätte zumindest Roß und Reiter nennen müssen, um nicht den fatalen Eindruck zu erwecken, es seien wieder einmal »die üblichen Verdächtigen« gemeint: zum Beispiel der Zentralrat der Juden in Deutschland, der World Jewish Congress oder gar das »internationale Judentum« – oder waren es vielleicht doch Grass, Reich-Ranicki, Habermas und andere? Tatsächliche oder vermeintliche Instrumentalisierung darf aber weder Anlaß noch Vorwand sein, die ersehnte Entlastung von der nationalsozialistischen Vergangenheit zu begründen: dies wäre selbst eine höchst subtile Form der Instrumentalisierung. Doch geht es jetzt nicht mehr allein darum.

Wie ein Wanderer am Steilhang durch einen Fehltritt eine Lawine auslöst, so könnte Walser durch seine »Sonntagsrede« unbeabsichtigt eine wichtige Debatte um kollektives Erinnern und Gedenken in ihren erstarrten Inhalten und Formen losgetreten haben. Lange wollte man es nicht wahrhaben: Wenn in Deutschland unterschiedliche kollektive Erinnerungen, etwa die der Opfer- und »Täternachfahren«, bei gemeinsamen Gedenkveranstaltungen aufeinandertreffen, entsteht oft ein unausgesprochenes Unbehagen. Das gemeinsame Gedenken kann nicht gleichzeitig den Nachkommen der Opfer als auch denen der ehemaligen Täter gleichermaßen gerecht werden. Wo das gemeinsame Gedenken »opferzentriert« ausgerichtet ist, neigen die »Täternachfahren« dazu, sich eskapistisch auf die Seite der Opfer zu schlagen, und wo es »täterzentriert« ist, da kann der öffentliche Skandal schnell so groß werden, daß selbst ein Bundestagspräsident seinen Hut nehmen muß, wie am 9. November 1988 im Falle Jenninger geschehen.

Diesem Gedenkdilemma im Land der ehemaligen Täter ist kaum zu entrinnen. Als Ausweg wird seit jeher der kleinste gemeinsame Nenner gesucht: ein in floskelhaften Redewendungen kanalisierter Jargon der Betroffenheit und appellierende Inhalte, auf deren Harmlosigkeit man sich unausgesprochen längst verständigt hat. Dem Eingeständnis von Scham, Schuld und Schande ist dabei mit Vorsicht zu begegnen, denn es ist leichter sich zu schämen als schonungslos die unbequeme Wahrheit zu suchen, um daraus nachhaltige Konsequenzen zu ziehen. Wo dies nicht immer wieder aufrichtig versucht wird, da droht zu guter letzt die kollektive Erinnerung im institutionalisierten Gedenken zu verschwinden.

Nur der von Opfer- und »Täternachfahren« gleichermaßen zu unternehmende Versuch, die Empfindlichkeiten der jeweils anderen Seite zu verstehen, der Verzicht auf diese oder jene herausgeho-

bene Position, auf jeden Anschein moralischer Überlegenheit wird
es auf Dauer ermöglichen, auch über schmerzliche oder tabuisierte
Themen offen miteinander zu sprechen. Sofern die überlebenden
Opfer oder deren Kinder dafür noch zu traumatisiert sind, ist dies
zu respektieren. Aber spätestens die Enkel der Opfer und die der
ehemaligen Täter sollten dazu in der Lage sein oder zumindest den
Versuch immer wieder wagen. Denn nur über tätiges Miteinander
kann schließlich auf Dauer jene pragmatische Normalität entstehen, die immer dann entgleitet, wenn man sie in Gedenkveranstaltungen, Festtagsreden oder sonstwo beschwört, die sich aber umso
eher einstellt, je weniger sie Gegenstand öffentlicher Debatten sein
muß. Und eines Tages könnte sich dann herausstellen, daß die Bubis-Walser-Kontroverse ein schmerzlicher aber notwendiger Um-
weg dahin gewesen ist.

»Es kommt darauf an, wie man Rituale mit Leben erfüllt«

Interview der Frankfurter Rundschau zur Kontroverse
zwischen Bubis und Walser

Salomon Korn setzt in der Kontroverse über die Äußerungen des Schriftstellers Martin Walser zum Gedenken an die nationalsozialistischen Verbrechen auf Dialog. Walser und Ignatz Bubis sollten bald offen miteinander reden, sagte das Präsidiumsmitglied des Zentralrats der Juden in Deutschland im Gespräch mit FR-Redakteur Matthias Arning. »Ohne persönliche Schuldzuweisungen« lasse sich »die wichtige Diskussion« dann fortführen.

Frankfurter Rundschau: Die Rede von Herrn Walser in der Paulskirche, wo sich die Republik wenige Monate zuvor ihrer demokratischen Tradition von 1848 versichert hatte, wirkte auf den ersten Blick ideologiefrei. Dabei geht es um Fragen der Legitimation. Nur so läßt sich wohl die heftige Erleichterung manches Intellektuellen verstehen, wenn die Empörung über ritualisierte Tabus in Inhalten und Formen der Erinnerung herausbricht?

Salomon Korn: Das ist der Grund der Kontroverse. Bubis hat begriffen, daß Walser eine Schneise in einen bisher tabuisierten Bereich geschlagen hat. Und zwar nicht deshalb, weil bestimmte Dinge gesagt wurden, sondern weil es erstmals ein anerkannter deutscher Intellektueller gesagt hat – das historisch belastete Wort vom Wegschauen. Es kann ein Recht der Täter und ihrer Nachfahren auf ein normales Leben im Schatten von Auschwitz beinhalten.

Deswegen hat Bubis protestiert?

Die Brisanz ist von Bubis instinktiv erkannt worden. Er weiß, daß 1933 als erstes die Eliten umgeschwenkt sind. Ein Schwenk der Eliten stellt immer eine bequeme Rechtfertigung für den Rest der Bevölkerung dar, die gleiche Richtung einschlagen zu dürfen. Wir haben es bei der Walser-Debatte mit einem Phänomen zu tun, das

man eine Re-Traumatisierung durch bestimmt Entwicklungstendenzen nennen könnte, die Bubis noch aus seiner Jugend kennt.
Daher seine heftige Reaktion. Er weiß, daß damit das Abschütteln
von historischer Verantwortung geadelt werden kann. Auch wenn
Walser das vielleicht nicht beabsichtigte, hat er doch ein Einfallstor
für Unverbesserliche geöffnet. Dies trifft, und das erklärt die Heftigkeit der Reaktion, auf die persönliche Lebenserfahrung und das
Lebenswerk von Bubis. Dieses ist der Versöhnung von Deutschen
und Juden gewidmet, wozu auch die Verteidigung Deutschlands
gegen ungerechtfertigte Angriffe aus dem Ausland zählt. Durch
Walsers Äußerungen und deren Folgen sieht Bubis einen Teil seines Lebenswerkes gefährdet, deswegen reagiert er so heftig. Zweifellos ist die von Walser ausgelöste Kontroverse wichtig. Das zeigt sich
daran, daß es für viele Menschen ein Bedürfnis ist, über die ange-
sprochenen Dinge zu reden. Diese Debatte sollte auch fortgeführt
werden, aber nicht mit den bisherigen persönlichen Verletzungen.
Ich kann nur hoffen, daß sich Martin Walser und Ignatz Bubis in
absehbarer Zeit an einen Tisch setzen – offen und ohne Vorbedin-
gungen.

*Auf einmal sagen aufgeklärte Menschen in diesem Land: Das, was Wal-
ser gesagt hat, ist für uns wie eine Erlösung. Offensichtlich lagerte bei
denen etwas lange Zeit im Verborgenen.*

Ich denke, man muß zwei Dinge unterscheiden. Einmal das Formale: Die Art und Weise, wie in Deutschland der Vergangenheit gedacht wird. Sie hat sich seit vielen Jahren, wenn nicht Jahrzehnten
in eingefahrenen Bahnen bewegt. Die Reden zu Gedenktagen mit
ihren immergleichen Formulierungen sind zu einem Korsett des
Gedenkens geworden. Deswegen ist die Infragestellung dieser erstarrten Form durchaus legitim. Die andere Frage ist, ob nicht über
die Infragestellung der Formen des Gedenkens auf dessen Inhalt gezielt wird, und damit auf die historische Verantworung, die dahin-
tersteckt und die man als verantwortungsbewußter Demokrat übernehmen muß. Insofern ist nicht sofort erkennbar, wenn in diesem
Zusammenhang jemand von Erleichterung spricht, ob er tatsäch-

lich meint, daß man endlich frei über die Formen des Gedenkens reden kann, oder ob es eine angestrebte Entlastung von der nationalsozialistischen Erblast bedeutet. Diese beiden Dinge sind schwer auseinanderzuhalten, weil Walser sie in seiner „Sonntagsrede" vermengt hat. Auf der einen Seite hat er – und dabei ist „persönlich" und „privat" nicht ohne weiteres auseinanderzuhalten – unter Berufung auf sein Gewissen argumentiert und den Eindruck erweckt, als hätte das persönliche Gewissen keinen Berührungspunkt mit der jüngsten deutschen Geschichte. Dabei kann übersehen werden, daß es kein privates Gewissen gibt, das isoliert zur deutschen Geschichte steht. In dem Augenblick, in dem er mit seinen persönlichen Gewissensnöten an die Öffentlichkeit tritt, sind sie keineswegs mehr privat. Die Gefahr dieses Argumentationsmusters liegt auf der Hand: Historische Verantwortung des Kollektivs kann unter Berufung auf ein privatistisches Gewissen, dessen Ausprägung beliebig sein kann, bequem aufgelöst werden.

Wenn man über die Form spricht, können sie aus der Rede durchaus Anstöße zu einer produktiven Diskussion erkennen?

Ja. Ich bin bereit, über Formen des Gedenkens zu sprechen. Denn bei manchem, was Walser gesagt hat, scheint ein offensichtliches Bedürfnis vieler Menschen hindurch. Das muß man ernstnehmen. Es wird die Aufgabe unserer Generation sein, diese erstarrten Formen des Gedenkens zu verändern, um dessen Routine zu durchbrechen. Sonst werden sie das Gegenteil von dem bewirken, was sie bewirken sollen – nicht zur Erinnerung anregen, sondern Abwehr mobilisieren.

Geht man zwölf Jahre zurück in den Historikerstreit, dann ging es um historische Subjekte – Hitler und Stalin. Ein paar Jahre später setzen sich neuere Forschungen mit den ganz konkreten Tätern auseinander. Jüngere Historiker sagen: Es sind ganz normale Menschen. Hat sich Walser auf die individuelle Erinnerung zurückgezogen, weil er mit den konkreten Tätern nur schwer umgehen kann?

Der Historikerstreit hatte eher die europäische Dimension zum Gegenstand. Nolte wollte die Verantwortung und Schuld, die das nationalsozialistische Deutschland auf sich geladen hatte, auf möglichst viele europäische Schultern verteilen, um somit Deutschland zu entlasten. Neuere Forschungen und die Debatte um Goldhagens Thesen haben den Blick weg vom Systemischen und stärker hin zu den Individuen gelenkt. Jetzt rücken Betrachtungsweisen über den Nationalsozialismus von der europäischen Ebene sozusagen in unsere unmittelbare Nachbarschaft. Es geht konkret darum: Warum sind gewöhnliche Deutsche zu Tätern geworden, warum haben Deutsche ihre jüdischen Nachbarn ausgeplündert? Ich habe manchmal den Eindruck, daß Martin Walser sich den unschuldigen Bodensee-Blick auf die deutsche Geschichte erhalten möchte: Seine persönliche Biographie soll nicht durch die nationalsozialistischen Greuel verdunkelt werden. Das glückliche Refugium seiner Kindheit wird durch neuere, immer konkreter werdende Geschichtsforschungen zunehmend eingekreist und gefährdet. Und das könnte einer der Gründe dafür sein, warum er sich diese »unschuldigen Erinnerungen« unter allen Umständen bewahren möchte.

Wenn der Tabubruch als Provokation daherkommt, wird er selbst zum Ritual. Wenn es legitim ist, irgend etwas zu sagen, weil es als Tabubruch ausgewiesen ist, werden auch die Rituale zerstört, die eine Gesellschaft braucht.

Der Tabubruch ist in Mode gekommen, weil eine Gesellschaft, die fast nur noch über das Fernsehen anzusprechen ist, auf nichts anderes wirklich reagiert. Aber Tabubrüche haben ihre Grenzen. Es wird der Tag kommen, an dem ein Tabubruch keine Tabubruch mehr ist. In der Debatte um Walsers Rede wurden auch Angriffe gegen Ritualisierungen geführt. Aber keine Gemeinschaft kommt ohne Ritualisierung aus. Rituale sind Struktur- und Ordnungselemente, die weder gut noch böse sind, die aber benötigt werden, um einer Gesellschaft gemeinschaftsfördernde Zeremonien überhaupt erst zu ermöglichen. Es kommt nicht darauf an, Rituale zu durchbrechen, sondern darauf, wie man sie mit Leben erfüllt. Es gibt ja den Konsens zwischen Walser und Bubis, daß der 9. November als Gedenktag und damit auch als Ritual zu erhalten ist. Das ist doch eine vielversprechende Gemeinsamkeit, und letztlich verbindet beide in ihrer Sorge um angemessene kollektive Erinnerung mehr als sie trennt. Es wäre ein hoffnungsvolles Zeichen, wenn dies der Anfang zu neuen Formen des Gedenkens sein könnte.

Befreiung des Gewissens?

Martin Walsers »Sonntagsrede« und die Folgen

Eine Bilanz von Christoph Scheffer
Ausschnitt aus der Hörfunksendung des Hessischen Rundfunks,
2. Programm, 21. März 1999, 20.05-21.00 Uhr

(...)

Autor:
In seinem F.A.Z-Artikel (»Es ist Zeit« – Verf.) ging es Salomon Korn darum, Walser eine Brücke zu bauen, in dem er dessen Kritik an erstarrten Ritualen des Gedenkens aufnahm. Auch Korn wandte sich gegen »einen in floskelhafte Redewendungen kanalisierten Jargon der Betroffenheit und appellierende Inhalte, auf deren Harmlosigkeit man sich längst verständigt hat«. Dies aber sei Ausdruck eines Gedenk-Dilemmas, in dem die Nachkommen der Opfer und die der ehemaligen Täter den kleinsten gemeinsamen Nenner suchten.
Mit diesen Überlegungen hatte Salomon Korn großen Anteil an dem, was die F.A.Z. am 14. Dezember 1998 als oberste Schlagzeile auf Seite 1 melden konnte und was den Einzelverkauf der Zeitung an diesem Tag verdoppeln sollte. In vierspaltiger Aufmachung stand dort:

Zitat F.A.Z.:
Bubis und Walser haben miteinander gesprochen /
Treffen im Haus der Frankfurter Allgemeinen Zeitung /
Bubis: Vorwurf »geistiger Brandstifter« nehme ich zurück

O-Ton Schirrmacher:
Der Text selber, das heißt die Formulierung »Bubis und Walser haben miteinander gesprochen«, der hat ja was. Das ist ja fast höhere Literatur, wenn man als Meldung mitteilt, daß zwei Leute miteinander gesprochen haben. Das gab es in Zeiten des kalten Krieges zwischen Kreml und Washington. Hier sind es nicht zwei Staatsführer sondern ein Repräsentant der Juden in Deutschland und ein

Intellektueller, ein Schriftsteller. Und es ist auch erkennbar, daß diese Schlagzeile auf die eine oder andere Weise mehr als eine Fußnote sein wird in der Geistesgeschichte dieser letzten zehn Jahre.

Autor:

Nach vergeblichen Versuchen den Börsenverein des Deutschen Buchhandels zur Vermittlung zu bewegen, nach vergeblichen Versuchen auch von Fernsehanstalten, die Kontrahenten zu einem Duell vor laufenden Kameras einzuladen, war Frank Schirrmacher gelungen, was kaum noch für möglich gehalten und doch so sehr herbeigesehnt wurde: ein persönliches Gespräch zwischen Martin Walser und Ignatz Bubis. Es fand im Büro von Feuilleton-Chef Schirrmacher statt, wobei dieser und Salomon Korn mal als Sekundanten im Duell, mal als Vermittler und Moderatoren fungierten. Nach dem Gespräch traten die vier zu einer kurzen Gesprächsrunde vor die Fernsehkameras. Am nächsten Tag, dem 14. Dezember, wurde das zunächst vertrauliche Gespräch in einer gekürzten und autorisierten Fassung in der F.A.Z. veröffentlicht. Frank Schirrmacher und Salomon Korn erinnern sich:

O-Ton Schirrmacher/Korn:

Schirrmacher: Das Gespräch lief in einer ungeheuren Schnelligkeit ab. Wir haben drei Seiten publiziert und das ist nur die Hälfte des gesamten Gesprächs. Also, ernst war es sicher in der ersten Hälfte. Und hier war es wichtig, daß Korn als Kenner der Materie – er ist ja auch in der Mahnmalsdebatte sehr wichtig – durch seinen Artikel, den er in der FAZ geschrieben hatte, irgendwie das Vertrauen von Walser besaß. Walser fühlte sich intellektuell verstanden. Ich denke, daß diese Kombination, es zu viert zu machen, sich bewährt hat.

Korn: Die Atmosphäre war keineswegs verkrampft. Sie hat sich, im Laufe des Gesprächs, wie das so üblich ist, eher noch gelockert und entspannt. Allerdings habe ich an zwei Stellen den Atem angehalten, zunächst als Walser sagte: »Ich habe mich mit dem Holocaust beschäftigt, da haben Sie noch ganz andere Sachen gemacht, Herr Bubis.« Was ja einem Menschen gegenüber, der mit fünfzehn Jahren gesehen hat, wie sein Vater in das Vernichtungslager Treblinka abtransportiert wurde, eine Unverschämtheit ist und was auch nichts anderes heißt als: Als ich mich damit beschäftigt habe, haben Sie dubiose Geschäfte gemacht, Schwarzhandel und ähnliches. Also eine doppelte Beleidigung, die Walser hier ausgesprochen hat, und das war das erste Mal, daß ich dachte, jetzt steht Bubis auf und geht raus, das Gespräch ist beendet. Aber Bubis hat das sehr nobel gehandhabt und souverän gekontert. Die zweite Stelle war, als Bubis sagte, er nimmt den »Brandstifter« zurück, da sagte Walser: »Wir sind hier nicht im Offizierscasino.« Als ich das hörte, war mir nicht wohl und beim Nachlesen stellte ich den Grund fest. Dahinter steckt unausgesprochen der Gedanke, daß der Jude Bubis im Offizierscasino nicht satisfaktionsfähig ist.

Schirrmacher: Es stand im Raum bis zu diesem 14. Dezember der Vorwurf, Martin Walser habe als Friedenspreisträger des Deutschen Buchhandels unter dem Beifall der Spitzen der deutschen Gesellschaft eine brandstiftende Rede gehalten. Und dieses sofort zu sagen, wie Bubis es getan hat, was sicherlich nicht richtig war, gleich zu dem stärksten Mittel zu greifen, hat es für Walser unmöglich gemacht zu sagen: Na, nun reden wir mal darüber, ich bin doch gar kein Brandstifter. Ich werfe Ihnen irgendeine Beschimpfung an den Kopf und Sie sagen, ja, nun setzen wir uns mal zusammen und ich erkläre Ihnen, das ich das nicht bin. Das war auch eine Frage natürlich des Stolzes, die da angesprochen war. Ich denke, daß die Rücknahme dieses Vorwurfes durch Bubis hier bei diesem Gespräch ein wichtiges Datum gewesen ist. Und ich hätte mir gewünscht, das habe ich Walser ja auch gesagt, daß Walser seinerseits bei diesem Gespräch ein Zugeständnis gemacht hätte, ein einziges, das Zugeständnis, daß die Rede, ohne daß er es will, mißverstanden werden kann, daß er die Rezeption seines Textes nicht in der Hand hat. Das weiß ja jeder. Dieses kleine Zugeständnis hat er aus bestimmten Gründen nicht gemacht und damit muß man nun leben.

Korn: Es gibt einen Sieger in diesem Gespräch und der heißt eindeutig Bubis. Vielleicht hat Walser einen Punkt gemacht, nämlich an der Stelle, wo Bubis den »Brandstifter« zurückgenommen hat. Aber das war ein Punkt, den Walser ohne eigenes Zutun machen mußte, denn Bubis hatte sich mit dem Begriff des Brandstifters ein bißchen weit vorgewagt, auch wenn die Wochenzeitschrift »Die Woche« nach diesem Gespräch auf der ersten Seite getitelt hat: »Und er – nämlich Walser – ist doch ein Brandstifter!«

Autor:
So die Einschätzung von Salomon Korn.
Im anschließenden Fernsehgespräch gab Frank Schirrmacher die Kompromiß-Parole aus, es handele sich bei dem Streit um ein »Kommunikationsproblem«, das durch eine literarische Rede im politischen Raum der Paulskirche ausgelöst worden sei. Die unterschiedlichen Interpretationen der Rede in den je tausend Briefen, die Walser und Bubis erhalten hatten und die sie sich wechselseitig vorhielten, belegten dies.
Daß aber – bei allem Streit um Formen des Gedenkens – die aufklärende Information über die Zeit des Nationalsozialismus weiterhin notwendig sei, darauf konnten sich Walser und Bubis einigen.

O-Ton Bubis/Walser/Fernsehgespräch:

Bubis: Da sind wir zwei uns einig. Wir sind uns sogar einig, was Sie gemeint haben. Aber ich erzähle Ihnen jetzt einen Witz.

Walser: Den kenn ich schon.

Bubis: Bin ich mir nicht sicher. Und das paßt zu dieser Geschichte. Ein Mann war im Irrenhaus, weil er sich eingebildet hatte, er sei eine Katze und habe Angst vor Hunden. Er wurde als geheilt entlassen. Nach fünf Minuten war er wieder da und sagte: »Professor, ich weiß, es ist alles klar, aber da draußen steht ein Hund. Wir zwei wissen, daß ich keine Katze bin, aber weiß das der Hund an der Ecke?«

Walser: Sind Sie jetzt der Professor?

Bubis: Nein, aber es gibt noch ein paar Hunde an der Ecke, die nicht wissen, daß wir keine Katzen sind.

Autor:
Das Kommunikationsproblem setzte sich offenbar auch im Umgang mit Witzen fort. Salomon Korn beobachtete Walsers Reaktion so:

O-Ton Korn:
Der Witz störte ihn. Anscheinend hatte er diese ganze Sache doch als eine sakrale Handlung eines deutschen Dichters von Bedeutung empfunden. Und dieser Witz paßte ihm wahrscheinlich nicht in den Kram, während Bubis die Gottesgabe hat, daß ihm immer an den richtigen Stellen die richtigen Witze einfallen, was häufig zur Entkrampfung der Situation führt. Aber Entkrampfung ist natürlich nur dann möglich, wenn Sie auch fähig sind, sich zu entkrampfen.

Autor:
... wozu aber Walser nicht bereit war, schließlich ging es ihm um eine ernste, eine für christlich sozialisierte Menschen sogar quälende Sache: das persönliche Gewissen. »Gewissen ist nicht delegierbar« und »Mit seinem Gewissen ist jeder allein«, hatte Martin Walser schon in der Paulskirche gesagt. (...) In einer Rede von 1994 hatte Walser das Gewissen so definiert:

Zitat Walser:
Gewissen ist ein Prozeß, den du in dir solange betreibst, bis du es mit dem, was du tust und denkst, aushältst. Du bist ja als der Bewertende kein bißchen souverän. In dir werden im Lauf der Jahre immer mehr Stimmen laut, die mitreden, mitentscheiden, wenn dein Gewissen sich regt.

Autor:
Dieses heikle Gebilde ist es, in dem Walsers persönliche Auseinandersetzung mit der Vergangenheit stattfindet. Weiter sagte er 1994:

Zitat Walser:
Ich kann meinen Umgang mit unserer Schuld niemandem empfehlen. Die Details sind gar nicht vorzeigbar. Es gibt kein normatives Verhältnis zu dieser Schuld, keine Standardisierung des Bekennens. Mein Gewissen bleibt unveröffentlicht.

Autor:
Die Befreiung des Gewissens von gesellschaftlichen Normen. Wenn das die eigentliche Sehnsucht des Schriftstellers war, die er mit seiner Paulskirchenrede zum Ausdruck bringen wollte, dann ist dies für Salomon Korn ein unmögliches, ein unerfüllbares Verlangen.

O-Ton Korn:
Walser konstruiert sich ein autistisches Gewissen. Er tut so, als wäre Gewissen völlig abkoppelbar von den gesellschaftlichen Verhältnissen, in denen es entstanden ist und als sei Gewissen nicht an irgendwelche Normen zurückgebunden, die aus dieser Gesellschaft kommen. Er sagt zwar, das Gewissen sei nichts privates, sondern etwas persönliches. Aber er behandelt das Gewissen als etwas privates, indem er daraus eine subjektive Bastion macht. Ein Gewissen, das nicht nachprüfbar ist durch gesellschaftliche Normen – und sei es nur der Dekalog, seien es die zehn Gebote – ist willkürlich. Man muß also schon die Normen benennen, nach denen man sein eigenes Gewissen bewertet. Nur dann kann man über das Gewissen selbst sprechen. Wenn ich mein Gewissen abschotte, dann mache ich mich unangreifbar und dann ist aber auch jede Diskussion und jede Reflexion am Ende. Und über diesen Trick, wenn man das so bezeichnen will, hat sich Walser abgeschottet und schottet sich auch weiterhin ab.
(...)

Autor:
Daß diese Debatte notwendig und wichtig war, darin sind sich der Feuilleton-Chef der F.A.Z., Frank Schirrmacher, und das Mitglied im Präsidium des Zentralrats der Juden, Salomon Korn, einig.

O-Ton Schirrmacher/Korn:

Schirrmacher: Die Debatte um das Mahnmal belegt ja, wie wichtig das ist. Wenn Schröder diesen oft attackierten Satz sagt, er will ein Mahnmal, wo die Menschen gerne hingehen, kann man ihn auch ernst nehmen und sagen: Was wollte er sagen? Er wollte sagen, und da ist er ja wieder ein bißchen bei der Wahrheit, er will ein Mahnmal, wo die Menschen freiwillig hingehen und genau das ist das Problem. Die Erinnerung – und das beschäftigt Bubis wahnsinnig, glaube ich, und andere – die Erinnerung an das Dritte Reich und den Holocaust war bisher keine freiwillige Erinnerung. Die Opfer lebten unter uns, die Täter lebten unter uns. Aber wir alle wissen, in der nächsten Generation und im nächsten Jahrhundert wird es natürlich eine freiwillige Erinnerung geben. Es gibt dann noch immer ein paar Gewissen der Nation, die daran erinnern, aber wenn es wirklich in der Substanz der Gesellschaft eine Bedeutung haben soll, dann muß es einen freiwilligen – und das meint Walser – aus der persönlichen Betroffenheit, aus der persönlichen Trauer kommendes Gefühl sein. Und wer das anders haben möchte, der wird sicherlich seinen Zielen genau den schlechten Dienst erweisen, den er ihnen nicht erweisen wollte.

Korn: Wir stehen tatsächlich davor, daß das authentische Gedächtnis der Zeitzeugen des Holocaust in das kulturelle Gedächtnis der Institutionen übergeht und der Holocaust und das Dritte Reich sich allmählich historisieren oder historisiert werden durch den zeitlichen Abstand zur nächsten Generation, die mit diesem Thema nur noch theoretisch etwas zu tun haben wird. Und dann wird sich die Frage stellen: wie lassen sich die Lehren daraus authentisch weitergeben?

Schirrmacher: Der Staat bekommt eine ganz andere Funktion in dieser Debatte, nämlich die Funktion, ein paar staatliche Symbole, die sozusagen ratifizieren, die Trauer zeigen, die das Leid anerkennen, in die Welt zu setzen. Und darum ist das Mahnmal so wichtig. Und darum wollen viele das Mahnmal nicht. Ich bin ein Befürworter des Mahnmals. Das Mahnmal ist für eine kommende Generation, gerade wenn es keine Forschungsstelle bei sich hat, ein Zeichen der Nation, der Gesellschaft, daß sie hier Trauer zeigt und der Opfer gedenkt. Und ich beobachte mit großem Interesse, daß das nicht geschehen soll. Da haben Schröder und andere schon ein Gespür für populistische Strömungen in der Gesellschaft.

Korn: Man kann sehr wohl – da wird Walser einen Zufallstreffer erzielt haben – der Meinung sein, daß dieses Mahnmal viel zu monumentalistisch ist und am falschen Standort steht. Das sind alles Argumente, die mit guten Begründungen vorgetragen worden sind. Aber Walser hat das nicht gut begründet und es muß bei ihm daher als Hilfsargument für andere Absichten erscheinen. Es ist ihm einfach zu groß. Ich meine, Wegschauen wird immer schwierig, wenn eine Sache sehr breit und sperrig im Wege steht. Und wenn man wegschauen möchte, muß das, was man nicht sehen will, möglichst klein oder schnell wegschaltbar sein und das ist ein solches Mahnmal eben nicht. Jetzt könnte man sagen, dann erst recht. Aber es kann nicht etwas schon deshalb richtig sein, weil es das Gegenteil von dem ist, was Herr Walser fordert.

Zum Tod von Ignatz Bubis

»Normalität läßt sich nicht herbeireden«
Das Verhältnis zu den Juden in Deutschland
und der Zentralrat nach Bubis' Tod.
Interview der Frankfurter Allgemeinen Sonntagszeitung
mit Präsidiums-Mitglied Salomon Korn.

Frankfurter Allgemeine Sonntagszeitung: *Ignatz Bubis ist zu einem Zeitpunkt gestorben, an dem die jüdische Gemeinschaft in Deutschland vor großen Herausforderungen steht. Der Wunsch nach Normalität wird lauter, die Regierungsmitglieder kennen die Nazi-Zeit nicht mehr aus eigenem Erleben, die Zeitzeugen sterben.*

Salomon Korn: Normalität lässt sich genauso wenig herbeireden, wie man Spontaneität befehlen kann. Normalität lässt sich noch nicht einmal genau definieren. Man muss versuchen, sie täglich miteinander zu leben, dann wird sie sich irgendwann einstellen. Je weniger es notwendig ist, von Normalität zu sprechen, desto eher kann man annehmen, dass sie besteht. Der Zentralrat weiß natürlich, dass sich die Juden in Deutschland in einer Periode des Übergangs befinden: eine neue Politiker-Generation, Übergang des kommunikativen Gedächtnisses der Zeitzeugen in das kulturelle Gedächtnis der Institutionen, die Bubis-Walser-Debatte, der Wunsch nach dem Schlussstrich.

Und wie wird die Antwort des Zentralrats-Präsidiums darauf lauten?

Das Präsidium des Zentralrats wird darauf antworten müssen, indem es in Zukunft vielleicht nicht mehr alles in einer Person bündelt, weil das kaum noch von einem zu bewältigen ist ...

... und weil es keinen Bubis II. gibt ...

... es gibt keinen Bubis II. Das Präsidium wird seine Arbeit viel stärker im Team verrichten müssen und auf mehr Schultern verteilen. Ich glaube auch, dass dieses paternalistische Bild, dieses überkomme Vaterbild, nicht mehr ein Muster für das Präsidium sein kann, weil die Pionier-Generation allmählich abtritt und nur in Kriegs- oder in Nachkriegszeiten Persönlichkeiten sich ausbilden, die Außergewöhnliches, nämlich Historisches leisten können. Ein Mann wie Bubis hat uns durch seine Kraft, seine Hingabe und seine Ausdauer den Rücken frei gehalten. Die Lebenserfahrung lehrt aber auch, dass man im Schatten großer Männer schwerer atmet, weil die Luft in ihrem Umkreis dünner ist. Aber wenn sie nicht mehr da sind, einem Verantwortung und Pflichten zuwachsen, dann entstehen auch Freiräume, die vorher nicht vermisst wurden, weil die Verantwortung bequemerweise woanders lag. Das Präsidium wird jetzt also eine andere Arbeitsform finden müssen. Ich will aber nicht ausschließen, dass es eine Zwischenlösung geben wird, und jemand, der noch zur älteren Generation gehört, für eine Amtsperiode, vielleicht auch für zwei, einen Übergang in die Zukunft bildet. Und es ist zu überlegen, ob man solche Positionen, die ja nun wirklich 16 oder 18 Stunden am Tag in Anspruch nehmen, nicht auch als Vollzeitjob betrachtet.

Dann bekäme der Zentralrat der Juden in Deutschland einen hauptamtlichen Geschäftsführer und einen ehrenamtlichen Präsidenten?

So könnte es sein, oder der Präsident übt seine Tätigkeit hauptamtlich aus. Mit einer ehrenamtlichen Tätigkeit wird diese Position auf Dauer wahrscheinlich nicht mehr zu bewältigen sein. Ignatz Bubis hat ja immer ganz stolz erzählt, dass er zwischen zwei und drei Uhr nachts seine Büroarbeit erledigt hat, nur vier Stunden schlief, um dadurch einen Tag in der Woche hinzuzugewinnen.

Kann die Struktur auch bedeuten, dass sich das Präsidium künftig nur noch zu Gedenktagen melden wird?

Nein, das Präsidium wird in Zukunft zwar öfter zusammentreten und die Kommunikationswege verkürzen müssen. Ich bezweifele aber, ob es sich immer zu allem und jedem äußern muss. Ich habe oft den Eindruck, dass man sich von nichtjüdischer Seite aus Bequemlichkeit an jüdische Repräsentanten wendet, wenn es um jüdische Belange oder solche von Minderheiten geht. Manchmal wäre es viel aufschlussreicher zu wissen, was denn ein nichtjüdischer Politiker darüber denkt. Da man aber offensichtlich die Reaktion von jüdischer Seite abschätzen kann, wendet man sich dorthin, erwartet eine bestimmte Antwort und geht zufrieden davon. Bubis wurde ja in die Rolle des Oberschiedsrichters in jüdischen Belangen gedrängt, womit er sich nach eigenen Worten überfordert fühlte. Wenn es angebracht schien, versuchte man sich bei ihm ja auch den Koscher-Stempel in bestimmten Dingen abzuholen.

Bubis war nicht nur der Oberschiedsrichter in jüdischen Belangen ...

... er ist über die Position des Präsidenten des Zentralrates der Juden in Deutschland in die Rolle einer moralischen Instanz hineingewachsen. Das spricht ja auch für ihn. Man muss sich aber fragen, ob er nicht zum Teil missbraucht worden ist. Denn er war zum Beispiel immer gut genug, deutsche Politiker nach Israel zu begleiten, aber als er seine letzte Reise nach Israel antrat, haben viele, die er früher dorthin begleitet hat, ihn nicht begleitet. Da stellt sich die Frage, ob sich hier nicht ein Auseinanderklaffen zeigt zwischen der Behandlung der öffentlichen Person Ignatz Bubis, die man brauchte und vielleicht auch missbrauchte, und dem Menschen Ignatz Bubis, den man auf seiner letzten Reise dann doch nicht begleitet hat.

Hätten Sie sich gewünscht, dass der Kanzler nach Tel Aviv gekommen wäre?

Ich hatte da keine Wünsche. Wenn ich eine bestimmte Erwartung an jemand richte, fühlt er sich womöglich unter Druck gesetzt, und dann wäre sein Kommen unaufrichtig. Ich hätte das niemals vom Kanzler verlangt, aber ich hatte gehofft, er würde kommen, um zu zeigen, dass er den Menschen Bubis geschätzt hat und nicht nur den Präsidenten des Zentralrats oder zugespitzt: den Menschen und nicht den »Funktions-Juden«. Im übrigen gilt das nicht nur für den

Bundeskanzler. Zu Lebzeiten von Ignatz Bubis haben sich viele prominente Politiker als seine Freunde ausgegeben und als es um den letzten Freundschaftsdienst ging, waren sie nicht da.

Als Präsident des Zentralrates hat Bubis darauf gedrängt, die Frage der Entschädigung der Zwangsarbeiter schnell zu regeln. Sollte die Bundesregierung dies jetzt als Vermächtnis annehmen?

Es war ein Herzenswunsch von Ignatz Bubis, dass diese Frage so rasch wie möglich geregelt wird, weil die Menschen, um die es hier geht, 70 Jahre und älter sind. Wenn die Konzerne und Banken, die diese Menschen gnadenlos ausgebeutet haben, noch länger zuwarten und auch noch die letzten Anspruchsberechtigten vor einer endgültigen Regelung sterben, dann hätten sie ihr Geschäft mit dem Tod ein zweites Mal gemacht. Die Absicht des Kanzlers und seiner Regierung ist es, Ruhe in die Sache zu bringen. Und ich glaube, das wird nicht vorrangig unter einem moralischen Standpunkt gesehen, als vielmehr Schaden von der deutschen Industrie abzuwenden. Ich habe Verständnis dafür, wenn man die deutsche Industrie bis zu einem gewissen Grad vor zukünftigen Risiken und Unwägbarkeiten schützen möchte, aber das kann nicht das einzige Argument sein. Wenn die Verpflichtung nicht gefühlt wird, dass hier rasch gehandelt werden muss, dann hat man Bubis' Vermächtnis gründlich verkannt. Den Menschen, die nur noch eine kurze Zeitspanne zu leben haben, ist es gleichgültig, aus welcher Motivation heraus sie ihre kümmerliche finanzielle Teilkompensation erhalten, solange sie zu Lebzeiten überhaupt noch etwas davon sehen.

Der neue Unterhändler stammt noch aus der Generation, die die Schrecken der Nazis kennt.

Ich war sehr erfreut zu hören, dass Otto Graf Lambsdorff der Unterhändler ist, denn er weiß wirklich noch, wovon er spricht, und er kennt die Ansichten von Ignatz Bubis – und auch sein Vermächtnis. Ich habe großes Vertrauen zu ihm.

Der zeitliche Abstand zum Dritten Reich wird größer – was bedeutet das? Eine Historisierung der Nazi-Zeit?

Historisierung bedeutet zunächst einmal, dass der Holocaust für die Identitätsbildung der Juden in Deutschland in Zukunft nicht mehr die große Rolle spielen wird wie bisher. Das heißt, wenn Juden in Deutschland ihr Judentum tatsächlich bewahren wollen, werden sie weniger auf eine Holocaust-Identität setzen müssen und mehr auf die Ausbildung positiver Werte des Judentums: Tradition, Religion, Wissen um die eigene Herkunft, die Vermittlung von jüdischem Allgemeinwissen, von jüdischer Geschichte. Alles, was zu einer kulturellen Geborgenheit führen kann, müsste stärker gelehrt werden. Das ist einer der Gründe, warum die Jüdische Gemeinde Frankfurt zur Zeit anstrebt, eine Ganztagsschule zu gründen, so wie das in der Jüdischen Gemeinde Berlin bereits der Fall ist. Das ist die eine Seite der Medaille. Die andere ist, dass mit der Historisierung auch bei den Unbelehrbaren das Gefühl wächst, jetzt sei man eine historische Last los, weil diese Dinge mit dem Aussterben der Zeitzeugen und unmittelbar Beteiligten nun ihren gefühlsmäßigen Anteil verlieren und bestenfalls nur noch neutrale, unpersönliche Information darstellen. Es besteht also die Gefahr, dass auf nichtjüdischer Seite die notwendige Verantwortung aus der Geschichte abnehmen könnte. Ich hoffe, dass all das, was Ignatz Bubis in die Wege geleitet hat, der Dialog mit der Jugend, nicht umsonst war. Positiv an der Historisierung ist wiederum, dass eine Distanz zur nationalsozialistischen Judenvernichtung besteht, die es Juden und Nichtjuden erlaubt, unvoreingenommener miteinander zu sprechen. Man kann also keine allgemeingültige Schublade aufmachen und sagen, schaut her, so sieht es heute mit den Juden in Deutschland aus. Dazu ist das Spektrum zu breit und zu komplex.

Sich mehr auf die jüdischen Werte besinnen, jüdische Ganztagsschulen – das kann zu einem Nebeneinander führen.

Nein, das glaube ich nicht. Ein Erbe, das mehr als 3000 Jahre alt ist, enthält etwas Wertvolles und Beständiges, was den Menschen durchaus Zufriedenheit und Erfüllung geben kann und eben ein Stück kultureller Geborgenheit. Außerdem liegt im Austausch von Kulturkreisen und unterschiedlichen Religionen eine Chance. Man kann durchaus einem anderen Kulturkreis angehören, einer anderen Religion, und gleichzeitig Bürger dieses christlich geprägten Staates sein. Dazu muss man seine Sprache beherrschen, sein Grundgesetz beachten und seine Steuern bezahlen. Das ist der gemeinsame Nenner. Darüber hinaus sollte es in einem demokratischen Staat möglich und eigentlich auch wünschenswert sein, anders sein zu dürfen als die Mehrheitsgesellschaft. Nur über den anderen, der nicht der Fremde sein sollte, kann man sich selbst und die Relativität des eigenen Standortes erkennen. Das ist übrigens eine der wichtigsten Voraussetzungen für demokratisches, liberales Denken und Handeln. Insofern sehe ich im Anderssein auch eine Chance, eine Bereicherung und eine befruchtende Durchdringung.

Sie sehen nicht die Gefahr der Isolation?

Die Gefahr mag bestehen, wird aber vermutlich geringer werden. Wir nehmen doch alle am großen gesellschaftlichen Dialog teil, indem wir Zeitung lesen, Fernsehen gucken, Radio hören, einigermaßen wissen, was vor sich geht. Der Rest ist Privatsache. Solange Anderssein allgemein akzeptiert wird, gibt es weder die Gefahr des Ausschlusses noch der Isolation. Wenn es dennoch zur Isolation von Minderheiten kommen sollte, dann lässt dies Rückschlüsse auf die Mehrheitsgesellschaft und ihren Zustand zu.

Die jungen Juden, die in Deutschland leben, fühlen das auch so?

Es gibt einige, die auswandern, es woanders versuchen – und zurückkommen. Dann gibt es einen Teil, der auswandert und nicht zurückkommt. Der größere Teil bleibt in Deutschland und versucht, hier eine Existenz aufzubauen. Wie sie damit zurechtkommen, kann ich nicht sagen. Ich glaube, wir befinden uns zur Zeit in einem historischen Prozess, der vom Juden in Deutschland über den deutschen Juden hin zum jüdischen Deutschen führen wird.

Aber das wird sich vermutlich über eine Zeitspanne von mindestens vier Generationen hinziehen, weil es so lange dauern wird, bis die Nachwirkungen des Krieges auf psychischer Ebene abgeebbt sein werden. Das mag im Leben eines Menschen lang erscheinen, aber in der Geschichte eines Volkes ist es kurz.

Bubis war Deutscher jüdischen Glaubens. Wie sollte der Staat mit dem Gedenken an ihn umgehen?

Ignatz Bubis hätte sich gewünscht, dass man weniger einen Kult um seine Person veranstaltet, als vielmehr das, was er als Vermächtnis hinterlassen hat, umsetzt. Und das war nun einmal die Annäherung von Juden und Nichtjuden in diesem Land. Wenn man an der Integration der Minderheiten in die Mehrheitsgesellschaft arbeitet und akzeptiert, dass das Anderssein eine mögliche Lebensform ist, dann wäre Bubis‹ Wunsch erfüllt. Und dann hätte man seiner am würdigsten gedacht.

Und wie finden Sie die Idee von Oberbürgermeisterin Roth, einen Ignatz-Bubis-Preis ins Leben zu rufen?

Das halte ich durchaus für ein angemessenes Gedenken, genauso wie ich die Idee für ausgesprochen gut halte, eine Brücke in Frankfurt nach ihm zu benennen. Bubis war ein Brückenbauer zwischen Juden und Nichtjuden, zwischen gesellschaftlichen Minderheiten und der Mehrheitsgesellschaft.

Anhang

Nachweise und Anmerkungen

I. Architektur und Judentum

Der Bruch als Symbol:
Zur jüdischen Baukultur in Deutschland
Veröffentlicht in: Frankfurter Allgemeine Zeitung vom 13. September 1986, S. 25.

Synagogenarchitektur in Deutschland nach 1945

Zuerst veröffentlicht in: Hans-Peter Schwarz (Hg.), Die Architektur der Synagoge, Stuttgart 1988; hier in gekürzter und aktualisierter Fassung. In der Erstveröffentlichung findet sich ein ausführlicher Anmerkungsapparat und eine Gesamtbibliografie zum Thema Synagogenarchitektur.

1   2. Buch Mose 25, 8. Übersetzung Martin Buber und Franz Rosenzweig, Köln-Olten 1954.
2   Israelitische Kultusvereinigung Württemberg und Hohenzollern (Hg.), Festschrift zur Einweihung der Synagoge in Stuttgart am 18. Ijar 5712 (13. Mai 1952), Stuttgart 1952, S. 1.
3   Karl Gerle, Zur Fertigstellung der neuen Synagoge (Paderborn), in: Allgemeine Jüdische Wochenzeitung Nr. XV/4 vom 22. April 1960, S. 9.
4   Jesaja 56, 7.

Wer ein Haus baut, will bleiben
Ansprache anläßlich der Eröffnung des Jüdischen Gemeindezentrums in Frankfurt am Main am 14. September 1986
Veröffentlicht in: Frankfurter Jüdische Nachrichten, Oktober 1986, S. 4.

Phantomschmerzen
Was wird aus Berlins Jüdischem Museum?
Veröffentlicht in: Der Tagesspiegel, Berlin, vom 22. Februar 1996, S. 21.

Ein Bau wie Kain und Abel
Vom Sündenfall zum Glücksfall: Die Architektur des Jüdischen Museums in Berlin
Veröffentlicht in: Frankfurter Allgemeine Zeitung vom 31. Oktober 1997, S. 39.

Neugeboren aus der Tiefe
Frühe christlich-jüdische Symbiose: Mikwe und Dom in Speyer sollten zugleich saniert werden
Veröffentlicht in: Frankfurter Allgemeine Zeitung vom 22. Juli 1996, S. 33.

Anhang

II. Gedenkorte – Gedenktage
Im Hohlraum der Zivilisation
Notizen zu einer Reise nach Auschwitz
Zuerst veröffentlicht in: Frankfurter Allgemeine Zeitung vom 20. Mai 1995, Beilage: Bilder und Zeiten, S. 2.

Die zweigeteilte und die gemeinsame Erinnerung
Was es in Israel heißt, des Holocaust zu gedenken, und was in Deutschland /Ansprache zum »Jom Hashoa« am 15. April 1996 in der Westendsynagoge, Frankfurt am Main.
Veröffentlicht in: Frankfurter Allgemeine Zeitung vom 16. April 1996, S. 45.

Anmerkungen

1 Alle Zitate aus: Michael Berenbaum, The World Must Know, Boston-New York-Toronto-London 1993, S. 183 ff. (Ins Deutsche übertragen von Salomon Korn).
2 Deborah E. Lipstadt, Betrifft: Leugnen des Holocaust, Zürich 1994, S. 15 ff.
3 Saul Friedländer/Adam Seligman, Das Gedenken an die Schoa in Israel – Symbole, Rituale und ideologische Polarisierung, in: James E. Young Hg.), Mahnmale des Holocaust – Motive, Rituale und Stätten des Gedenkens, München-New York 1993, S. 125 ff.
4 Yosef Hayim Yerushalmi, Zachor: Erinnere Dich! Jüdische Geschichte und Jüdisches Gedächtnis, Berlin 1988, S. 17 ff.
5 Aleida Assmann, Zwischen Pflicht und Alibi – Wozu nationales Gedenken? Die Debatte um das zentrale Holocaust-Mahnmal zeigt die Deutschen auf der Suche nach einem neuen Gedächtnis. Diplomatie, Geschichtswissenschaft und Erinnerungspolitik sind davon betroffen, in: Die Tageszeitung, Berlin, vom 20. März 1996.

Balance zwischen Versöhnlichkeit und Verweigerung
Rede zur Eröffnung der Gedenkstätte Neuer Börneplatz in Frankfurt am Main am 16. Juni 1996
Zuerst veröffentlicht in: Frankfurter Allgemeine Zeitung vom 17. Juni 1996, S. 38.

Anmerkungen

1 Amt für Wissenschaft und Kunst, Stadt Frankfurt am Main (Hg.), Gedenkstätte am Neuen Börneplatz für die von Nationalsozialisten vernichtete dritte jüdische Gemeinde in Frankfurt am Main, Sigmaringen 1996.
2 Siehe hierzu: Michael Best (Hg.), Der Frankfurter Börneplatz – Zur Ärchäologie eines politischen Konfliktes, Frankfurt a. M. 1988 und Dezernat für Kultur und Freizeit: Amt für Wissenschaft und Kunst der Stadt Frank-

furt am Main, Jüdisches Museum (Hg.), Stationen des Vergessens: Der Börneplatz-Konflikt, Frankfurt am Main 1992.

3   Stadt Frankfurt am Main, Dezernat Planung: Amt für kommunale Gesamtentwicklung und Stadtplanung; Dezernat Kultur und Freizeit: Amt für Wissenschaft und Kunst (Hg.), Jüdische Gedenkstätte Börneplatz: Ausstellung der ausgezeichneten Wettbewerbsarbeiten 1988, Frankfurt am Main o. J. (1989).

4   Heinz Dieter Kittsteiner, Der Angriff der Gegenwart auf die Vergangenheit: Über das vermeintliche Recht, ein Denkmal für die ermordeten Juden zu bauen, in: Neue Zürcher Zeitung vom 1. April 1996, S. 22.

Brüchige Selbstdefinition
Zum Gedenktag für die Opfer des Holocaust

Veröffentlicht in: Frankfurter Rundschau vom 24. Januar 1998, S. 8; hier in gekürzter Fassung.

Die Aktualität der »Reichskristallnacht«
Ansprache zum 9. November 1993 in der Paulskirche, Frankfurt am Main

Zuerst veröffentlicht in: Frankfurter Jüdische Nachrichten, Nr. 83, Dezember 1993, S. 11 f.

Millionen Deutsche profitieren noch heute von der »Arisierung«
Ansprache zur 60. Wiederkehr des 9. November 1938 in der Westendsynagoge, Frankfurt am Main.

Zuerst veröffentlicht in: Frankfurter Rundschau vom 10. November 1998, S. 7.

Anmerkungen

1   Johannes Ludwig, Boykott, Enteignung, Mord – Die »Entjudung« der deutschen Wirtschaft, München 1992, S. 210 ff.

2   Wolfgang Dreßen, Betrifft: »Aktion 3«: Deutsche verwerten jüdische Nachbarn – Dokumente zur Arisierung, Berlin 1998; Die Schnäppchenjagd auf jüdisches Porzellan – In den Finanzämtern stapeln sich Beweise, wie die »arischen Nachbarn« sich am Besitz Deportierter bereicherten, in: Frankfurter Rundschau vom 30. Oktober 1998, S. 3.

3   Office of Military Government for Germany (OMGUS), Ermittlungen gegen die Dresdner Bank (1946), bearbeitet von der Hamburger Stiftung für Sozialgeschichte des 20. Jahrhunderts, Nördlingen 1986. Office of Military Government for Germany (OMGUS), Ermittlungen gegen die Deutsche Bank (1946/47), bearbeitet von der Dokumentationsstelle zur NS-Politik Hamburg, Nördlingen 1985.

4   »OMGUS – Dresdner Bank«, wie Anmerkung (3), S. 201 f. und 210.

5   Schuld und Summen – Für die Zwangsarbeiter beginnt wieder die Nachkriegszeit, in: Frankfurter Allgemeine Zeitung vom 14. Oktober 1998, S. 45.

III. Jüdisches Leben in Deutschland

Das Ende der Schonzeit
Zur veränderten Seelenlage der Juden in Deutschland

Zuerst veröffentlicht in: Allgemeine Jüdische Wochenzeitung Nr. 48/4 vom 28. Januar 1993, S. 15.

Heiteres Identitätenraten
Zum Dauerbrenner »Jüdische Identität in Deutschland«

Veröffentlicht in: Allgemeine Jüdische Wochenzeitung Nr. 49/13 vom 30. Juni 1994, S. 2.

Auf der Suche nach innerer Festigung
Über die Gefährdung der jüdischen Gemeinden in Deutschland und Europa/Ein Ausblick ins 21. Jahrhundert

Vortrag, gehalten am 18. März 1998 anläßlich des von der Bertelsmann-Stiftung veranstalteten 12. Deutsch-Jüdischen Dialogs im Hotel Steigenberger Venusberg, Bonn. Zuerst veröffentlicht in: Frankfurter Rundschau vom 21. April 1998, S. 16.

Rückkehr der Mythen?
Zur Zukunft des »deutsch-jüdischen« Verhältnisses

Vortrag, gehalten am 20. April 1999 anläßlich des von der Bertelsmann-Stiftung veranstalteten 13. Deutsch-Jüdischen Dialogs im Palais Am Festungsgraben, Berlin. Zuerst veröffentlicht in: Frankfurter Allgemeine Zeitung vom 21. April 1999, S. 54.

Brüder reden miteinander
Zu den Aussichten der christlich-jüdischen Gesellschaften

Grußwort anläßlich des Festaktes »50 Jahre Gesellschaft für Christlich-Jüdische Zusammenarbeit in Frankfurt am Main 1949-1999« am 28. Februar 1999 im Kaisersaal des Römers, Frankfurt am Main.
Veröffentlicht in: Frankfurter Rundschau vom 1. März 1999, S. 5.

IV.   Das »Holocaust-Mahnmal« in Berlin

Monströse Platte
Zur Debatte um das »Holocaust-Denkmal«

Zuerst veröffentlicht in: Frankfurter Allgemeine Zeitung vom 3. Juli 1995, S. 27.

Die Tafeln sind zerbrochen
Über die Darstellung des Unvorstellbaren, das Vergessen und den Streit um das »Holocaust-Denkmal« in Berlin

Vortrag, gehalten vor der Max Dienemann/Salomon Formstecher-Gesellschaft in Offenbach am Main am 11. Dezember 1995.
In gekürzter Fassung zuerst veröffentlicht in: Frankfurter Allgemeine Zeitung vom 9. Februar 1996, S. 36.

Anmerkungen

1 2. Buch Mose 20, 3-4.

2 Vgl. Sigmund Freud, Der Mann Moses und die monotheistische Religion, in: Gesammelte Werke XVI, Frankfurt a. M. 1950, S. 101 ff.

3 Ute Heimrod, Günter Schlusche und Horst Seferens, Der Denkmalstreit – das Denkmal? Die Debatte um das »Denkmal für die ermordeten Juden Europas«. Eine Dokumentation, Berlin 1999, S. 27 ff.

4 Heinrich Heine , Reisebilder II: Italien, Die Bäder von Lucca, Kap. I, in: Heinrich Heine, Sämtliche Schriften (hrsg. von Klaus Briegleb), 2. Bd., München 1969, S. 396.

5 Stefanie Endlich, Beitrag ohne Titel, in: Der Wettbewerb für das »Denkmal für die ermordeten Juden Europas«, Berlin 1995, S. 36.

6 Friedrich Nietzsche, Zur Genealogie der Moral, 2. Abh., in: Friedrich Nietzsche, Werke in 3 Bänden, 2. Bd., Darmstadt 1963, S. 802.

Durch den Reichstag geht ein Riß
Wenn Kunst die Barbarei gestalten soll: Das geplante Berliner »Holocaust-Mahnmal« und die nationale Identität

Zuerst veröffentlicht in: Frankfurter Allgemeine Zeitung vom 17. Juli 1997, S. 32.

Geteilte Erinnerung
Unteilbare Lasten: Finale im Streit um das Berliner »Holocaust-Mahnmal«

Zuerst veröffentlicht in: Frankfurter Allgemeine Zeitung vom 10. Dezember 1997, S. 45.

Wie soll das Parlament entscheiden?
Stellungnahme zum Berliner »Holocaust-Mahnmal« vor dem Kulturausschuß des Bundestages am 3. März 1999

Veröffentlicht in: Frankfurter Allgemeine Zeitung vom 4. März 1999, S. 51, unter dem Titel: Es kann keinen Ablaßhandel mit den Opfern geben – Die Künstlerische Umsetzung erfordert nicht Monumentalismus oder Inszenierungen, sondern Bescheidenheit und Aufrichtigkeit.

Und jetzt mahn mal!
Nach der Entscheidung des Deutschen Bundestages, in Berlin ein »Denkmal für die ermordeten Juden Europas« zu errichten

Veröffentlicht in: AUFBAU, New York, am 9. Juli 1999, S. 1 f.; hier in erweiterter Fassung.

V. Erinnerung als Legitimation: Zur Bubis-Walser-Kontroverse

Es ist Zeit
Die andere Seite des Bubis-Walser-Streits
Zuerst veröffentlicht in: Frankfurter Allgemeine Zeitung vom 1. Dezember 1998, S. 41.

»Es kommt darauf an, wie man Rituale mit Leben erfüllt«
Interview der Frankfurter Rundschau zur Kontroverse zwischen Bubis und Walser
Veröffentlicht in: Frankfurter Rundschau vom 11. Dezember 1998, S. 9.

Befreiung des Gewissens?
Martin Walsers »Sonntagsrede« und die Folgen/Eine Bilanz von Christoph Scheffer/Ausschnitt aus einer Hörfunksendung des Hessischen Rundfunks.
Mitschnitt und Abschrift der Hörfunksendung durch den Hessischen Rundfunk.

Nachtrag: Zum Tod von Ignatz Bubis

»Normalität läßt sich nicht herbeireden«
Das Verhältnis zu den Juden in Deutschland und der Zentralrat nach Bubis' Tod: Fragen an Präsidiumsmitglied Salomon Korn.
Veröffentlicht in: Frankfurter Allgemeine Sonntagszeitung vom 22. August 1999, S. 5, hier in leicht gekürzter Fassung. Die Fragen stellte Cornelia von Wrangel.

Abbildungsverzeichnis und –nachweis

1   *Wiesbaden, Synagoge. 1869. Außenansicht. Architekt: Philipp Hoffmann.*
Hans-Peter Schwarz (Hg.), Die Architektur der Synagoge, Frankfurt a. M.-
Stuttgart 1988, S. 218.

2   *Dresden, Synagoge. 1840. Südseite. Architekt: Gottfried Semper.*
Adolf Diamant, Chronik der Juden in Dresden, Darmstadt 1973, Um-
schlagbild.

3   *Dresden, Synagoge. Inneres nach Osten.*
Adolf Diamant, Chronik der Juden in Dresden, Darmstadt 1973, S. 142.

4   *Frankfurt a. M., Hauptsynagoge. 1860. Westseite. Architekt: Johann Georg
Kayser.*
Historisches Museum Frankfurt a. M.

5   *Hannover, Synagoge. 1870. Südseite. Architekt: Edwin Oppler.*
Albert Marx, Geschichte der Juden in Niedersachsen, Hannover 1995, S. 125.

6   *Hannover, Synagoge. Inneres nach Osten.*
Albert Marx, Geschichte der Juden in Niedersachsen, Hannover 1995, S. 161.

7   *Stiftzelt (Stiftshütte).*
The Jewish Encyclopedia XI, New York, London 1905, S. 654.

8   *Tempel in* Jerusalem. *Nach einem Gemälde von J. Danckerts.*
Illustrierte Monatshefte (...), Wien, 1. Bd., April – Sept. 1865, S. 465.

9   *Thoravorlesung auf dem Almemor. Spanien 14. Jahrhundert.* Grace Cohen
Grossman, Jewish Art, o. O. 1995, S. 88.

10   *Einheben der Thora in den Aron hakodesch. Mantua 1435.*
Grace Cohen Grossman, Jewish Art, o. O. 1995, S. 36.

11   *Dresden, Synagoge. 1950.*
Helmut Eschwege, Die Synagoge in der deutschen Geschichte, Dresden
1980, S. 171.

12   *Erfurt, Synagoge. 1952. Inneres nach Osten.*
Klaus G. Beyer AF/AP (Reg.-Nr. 43), Weimar.

13   *Konstanz, Betraum. 1966.*
       Gisela Huber, Radolfzell am Bodensee.

14   *Köln-Ehrenfeld, Betsaal. 1949. Architekt: Helmut Goldschmidt.*
       Helmut Goldschmidt, Köln.

15   *Saarbrücken, Synagoge. 1951. Inneres nach Osten. Architekt: Heinrich Sievers.*
       Fritz Mittelstaedt, Saarbrücken.

16   *Stuttgart, Synagoge. 1952. Eingang Hofseite (Firnhaberstraße). Architekt: Ernst Guggenheim.*
       Peter Bild, Weinstadt-Endersbach.

17   *Stuttgart, Synagoge. Inneres nach Osten.*
       Peter Bild, Weinstadt-Endersbach.

18   *Hannover, Synagoge. 1963. Inneres nach Osten. Architekt: Hermann Guttmann.*
       Heiner Borchard, Hannover.

19   *Münster, Synagoge. 1961. Inneres nach Osten. Architekt: Helmut Goldschmidt.*
       Chr. Bathe, Münster.

20   *Aachen, Betsaal. 1957. Inneres nach Osten. Architekt: Karl Gerle.*
       Fotostudio Leisten, Aachen.

21   *Paderborn, Synagoge. 1959. Inneres nach Osten. Architekt: Karl Gerle.*
       Winfried Henke, Paderborn.

22   *Karlsruhe, Synagoge. 1971. Inneres nach Osten. Architekten: Hermann Backhaus und Harro Wolf Brosinsky.*
       Foto Schlesiger, Karlsruhe.

23   *Jerusalem, Israel-Goldstein-Synagoge. 1957. Architekt: Ezra Rau.*
       Baumeister, 59. Jg., München 1962, S. 19.

24   *Mannheim, Synagoge mit Gemeindezentrum. 1987. Außenansicht. Architekt: Karl Schmucker*
       Robert Häusser, Mannheim.

25   *Mannheim, Synagoge. Inneres nach Osten.*
       Robert Häusser, Mannheim.

26   *Darmstadt, Synagoge mit Gemeindezentrum. 1988. Architekt: Alfred Jacoby,*
     Perspektivzeichnung von Helmut Jacoby.
     Ursula Seitz-Grey, Frankfurt a. M.

27   *Berlin, Jüdisches Gemeindehaus mit Synagoge. 1959. Eingangsseite. Architek-*
     ten: Dieter Knoblauch und Heinz Heise.
     Der Senator für Bau- und Wohnungswesen, Berlin.

28   *Frankfurt a. M., Jüdisches Gemeindezentrum. 1986. Ansicht Savignystraße*
     (Haupteingang). Architekten: Salomon Korn und Architektengemeinschaft
     Gerhard Balser.
     Waltraud Krase, Frankfurt a. M.

29   *Duisburg, Synagoge mit Gemeindezentrum. Wettbewerbsentwurf des 1. Preis-*
     trägers Zvi Hecker in der Draufsicht, 1996. Eröffnet 1999.
     Zvi Hecker, Berlin.

30   *Dresden, Synagoge mit Gemeindezentrum. Wettbewerbsmodell der 3. Preisträ-*
     ger Nikolaus Hirsch, Wolfgang Lorch und Andrea Wandel, 1997.
     Nikolaus Hirsch, Wolfgang Lorch und Andrea Wandel, Saarbrücken.

31   *Mainz, Synagoge mit Gemeindezentrum. Wettbewerbsmodell des 1. Preisträ-*
     gers Manuel Herz, 1999.
     Stadtplanungsamt Mainz.

32   *Frankfurt a. M., Jüdisches Gemeindezentrum. 1986. Ansicht Savignystraße*
     (Haupteingang). Architekten: Salomon Korn und Architektengemeinschaft
     Gerhard Balser.
     Waltraud Krase, Frankfurt a. M.

33   *Frankfurt a. M., Jüdisches Gemeindezentrum. Foyer. Blick zur Gartenseite.*
     Waltraud Krase, Frankfurt a. M.

34   *Berlin, Jüdisches Museum. Wettbewerbsmodell des 1. Preisträgers Daniel Libes-*
     kind, 1989.
     Daniel Libeskind, Berlin.

35   *Berlin, Jüdisches Museum, Ansicht Lindenstraße (Eingang). Aufnahme Okto-*
     ber 1997. Architekt: Daniel Libeskind.
     Barbara Klemm, Frankfurt a. M.

36   *Speyer, jüdisches Ritualbad (Mikwe). Errichtet um 1100.*
     Barbara Klemm, Frankfurt a. M.

37   *Konzentrations- und Vernichtungslager Auschwitz-Birkenau. Ruinen von Gaskammer und Krematorium.*
Barbara Klemm, Frankfurt a. M.

38   *Jerusalem, Yad Vashem. Monument zu Ehren der Soldaten, Partisanen und Ghettokämpfer.*
Yad Vashem, Jerusalem.

39   *Holocaust-Gedenktag in Israel. Autobahn Tel-Aviv-Jerusalem. Während alle Sirenen des Landes zwei Minuten lang heulen, ruht der gesamte Verkehr.*
James E. Young, The Texture of Memory – Holocaust Memorials and Meaning, New Haven and London 1993, S. 279.

40   *Frankfurt a. M., Gedenkstätte Neuer Börneplatz. 1996. Steine der Judengasse. Architekten: Nikolaus Hirsch, Wolfgang Lorch und Andrea Wandel.*
Barbara Klemm, Frankfurt a. M.

41   *Frankfurt a. M., Gedenkstätte Neuer Börneplatz. Namensblöcke.*
Barbara Klemm, Frankfurt a. M.

42   *Berlin, Denkmal für die ermordeten Juden Europas. Wettbewerbsmodell der 1. Preisträger Christine Jackob-Marks, Hella Rolfes, Hans Scheib und Reinhard Stangl, 1955.*
W. Willi Engel, Berlin.

43   *Samuel Bak, Othioth II. Öl auf Leinwand, 200 x 160 cm.*
Ursula Seitz-Grey, Frankfurt a. M.

44   *Vernichtungslager Treblinka. Mahnmal für die Opfer (17000 Felssteine), 1964.*
Friedrich-Ebert-Stiftung (Hg.), Schweigendes Grauen – Ehemalige NS-Vernichtungslager in Polen. Fotografien von Axel Thünker, Bonn 1995, S. 115.

45   *Konzentrationslager Buchenwald, Jüdisches Mahnmal. 1993. Entwurf: Klaus Schlosser, Tine Steen.*
Detlef Marschall.

46   *Berlin, »Denkmal für die ermordeten Juden Europas«. Wettbewerbsmodell »Eisenman II«, 1998. Architekt: Peter Eisenman.* Landesbildstelle Berlin.

47   *Berlin, »Denkmal für die ermordeten Juden Europas«. Wettbewerbsmodell »Eisenman II«, 1998. Architekt: Peter Eisenman.* Landesbildstelle Berlin.

Salomon Korn: Veröffentlichungen

Stand: August 1999

Sozialtherapie als Alibi? Materialien zur Strafvollzugsreform, Frankfurt a. M. 1973, 245 S. (Fischer Taschenbuch Nr. 1333); Co-Autor: Werner Heinz

Sozialtherapie im Strafvollzug, in: Dieter H. Frießem (Hg.), Kritische Stichwörter zur Sozialpsychiatrie, München 1979, S. 517-532; Co-Autor: Werner Heinz

Architektur der Barocksynagoge in Deutschland – Untersuchungen zur synagogalen Raumantinomie, maschinenschr. Manuskript 1981, 102 S., 84 Abb.

Die schweigende Orgel in der Westend-Synagoge, in: Frankfurter Jüdische Nachrichten, Nr. 59, September 1983, S. 3 f.

Der jüdische Konflikt findet auch im Baustil seinen Ausdruck, in: Frankfurter Allgemeine Zeitung vom 20. September 1985, S. 51

Der Bruch als Symbol – Zur jüdischen Baukultur in Deutschland, in: Frankfurter Allgemeine Zeitung vom 13. September 1986, S. 25

Rede anläßlich der Einweihung des Gemeindezentrums Frankfurt am Main am 14. September 1986, in: Frankfurter Jüdische Nachrichten, Oktober 1986, S. 4

Ausflug in die jüdische Vergangenheit – Das Judenbad in Friedberg, in: Jüdische Gemeindezeitung Frankfurt, 19. Jg., Nr. 3/4 1987, S. 34 f.

Die Mikwe am Börneplatz, in: Jüdische Gemeindezeitung Frankfurt, 19. Jg., Nr. 5/6 1987, S. 16 f.

Börneplatz 1977-1987 – Kurzchronologie der Ereignisse, in: Jüdische Gemeindezeitung Frankfurt, 19. Jg., Nr. 7/8 1987, S. 9-14

Die gegenwärtige Vergangenheit am Börneplatz, in: daselbst, S. 15 f.; in gekürzter Fassung erschienen in: Michael Best (Hg.), Der Frankfurter Börneplatz – Zur Archäologie eines politischen Konflikts, Frankfurt a. M. 1988, S. 109-111

Börneplatz Frankfurt – Die Moral des Ortes, in: Der Architekt, Zeitschrift des Bundes Deutscher Architekten, April 1988, S. 258-263; in gleicher Textfassung erschienen in: Micha Brumlik / Petra Kunik (Hg.), Reichspogromnacht – Vergangenheitsbewältigung aus jüdischer Sicht, Frankfurt a. M. 1988, S. 79-93; in gekürzter Fassung erschienen in: Michael Best (Hg.), Der Frankfurter Börneplatz – Zur Archäologie eines politischen Konflikts, Frankfurt a. M. 1988, S. 152-161

Synagogenarchitektur in Deutschland nach 1945, in: Hans-Peter Schwarz, Die Architektur der Synagoge, Frankfurt a. M., Stuttgart 1988, S. 287-343; in gekürzter Textfassung erschienen in: Andreas Nachama und Julius H. Schoeps (Hg.), Aufbau nach dem Untergang, Deutsch-Jüdische Geschichte nach 1945, Berlin 1992, S. 187 ff.

Synagoge '88 – ein Entwurf, in: daselbst, S. 344-346

Synagogen und Betstuben in Frankfurt am Main, in: daselbst, S. 347-395; in gekürzter und überarbeiteter Form erschienen unter dem Titel: »Synagogenarchitektur in Frankfurt am Main« in: Karl E. Grözinger (Hg.), Jüdische Kultur in Frankfurt am Main von den Anfängen bis zur Gegenwart, Harrassowitz Verlag, Wiesbaden 1997, S. 287-319. Das Kapitel »Die Entwicklung nach 1945« erschien in überarbeiteter und erweiterter Fassung unter dem Titel »Synagogen in Frankfurt am Main nach 1945« im Katalog des Jüdischen Museums Frankfurt am Main: Wer ein Haus baut, will bleiben. 50 Jahre Jüdische Gemeinde Frankfurt am Main, Anfänge und Gegenwart, Frankfurt am Main 1998, S. 130-143.

Die Synagoge in der Friedberger Anlage, in: Garten- und Friedhofsamt Frankfurt a. M. (Hg.), Die Synagoge in der Friedberger Anlage (Broschüre), Frankfurt a. M. o. J. (1988), S. 1-20

Börneplatz-Mahnmal oder Mahnmal Börneplatz?, in: Babylon, Heft 5, Frankfurt a. M. 1989, S. 133-137

Das historische Gedächtnis – Die Bedeutung von Paul Arnsberg für die Geschichtsschreibung der Juden in Hessen und Frankfurt am Main, in: Jüdische Gemeindezeitung Frankfurt, 22. Jg., Nr. 1/2 1990, S. 11 f.; erschienen in überarbeiteter und erweiterter Fassung als Einführung in das Buch: Moses Jachiel Kirchheim‹sche Stiftung (Hg.), Paul Arnsberg – Zivilcourage zum Widerstand. Beiträge zum Verhältnis von Deutschen, Juden, Israelis, Frankfurt am Main 1998.

Die 4. jüdische Gemeinde in Frankfurt am Main – Zukunft oder Zwischenspiel?, in: Karl E. Grözinger (Hg.), Judentum im deutschen Sprachraum, Frankfurt a. M. 1991, S. 409-433 (edition suhrkamp Nr. 1613)

Der Konflikt um den Börneplatz, Nachbetrachtung eines Beteiligten, in: Frankfurter Allgemeine Sonntagszeitung Nr. 48 vom 29. November 1992, S. 27

Das Ende der Schonzeit, Zur veränderten Seelenlage der Juden in Deutschland, in: Allgemeine Jüdische Wochenzeitung Nr. 48/4 vom 28. Januar 1993, S. 15; in gleicher Textfassung erschienen unter dem Titel »Die Großdemonstrationen waren ermutigend«, in: Frankfurter Allgemeine Sonntagszeitung Nr. 52 vom 27. Dezember 1992, S. 4

»Ad mea we´esserim shana«. Grußwort der Jüdischen Gemeinde Frankfurt a. M., in: Adolph Lowe zu Ehren, Dokumentation der Festveranstaltung anläßlich des 100. Geburtstages von Prof. em. Dr. Dres. h.c. Adolph Lowe am 4. März 1993, Johann Wolfgang Goethe-Universität Frankfurt am Main, S. 18-21

Die Aktualität der »Reichskristallnacht«, in: Frankfurter Jüdische Nachrichten, Nr. 83, Dezember 1993, S. 11 f.; in gleicher Textfassung erschienen in: LBI (Leo Baeck Institut) Information Nr. 4/1994, S. 60-66

Heiteres Identitätenraten, Anmerkungen zu Seligmann, Wolffsohn und anderen, in: Allgemeine Jüdische Wochenzeitung Nr. 49/13 vom 30. Juni 1994, S. 2

Tempel und tragbares Vaterland, Die Frankfurter Westend-Synagoge als Spiegelbild jüdischer Geschichte in Deutschland, in: Frankfurter Allgemeine Zeitung vom 31. August 1994, S. 29

In der Schieflage. Nachtrag zum Denkmal für die ermordeten Juden Europas, in: Frankfurter Allgemeine Zeitung vom 22. März 1995, Nr. 69, S. 37; in gleicher Textfassung erschienen in: Michael S. Cullen (Hg.), Das Holocaust-Mahnmal – Dokumentation einer Debatte, Zürich 1999, S. 31-35, und in: Ute Heimrod, Günter Schlusche und Horst Seferens (Hg.), Der Denkmalstreit – Das Denkmal? Die Debatte um das »Denkmal für die ermordeten Juden Europas« – Eine Dokumentation, Berlin 1999, S. 417

Marcel Reich-Ranicki und die Liebe, in: Frankfurter Jüdische Nachrichten Nr. 88, April 1995, S. 29 f.

Im Hohlraum der Zivilisation. Notizen zu einer Reise nach Auschwitz, in: Frankfurter Allgemeine Zeitung vom 20. Mai 1995, Nr. 117, Beilage: Bilder und Zeiten, S. 2; erschienen unter dem Titel »Hohlraum der Zivilisation« in: Jüdische Gemeindezeitung Frankfurt, März/April 1995, 28. Jg., Nr. 1, S. 10-13

Eine Symmetrie für Völkermord? Dr. Salomon Korn zum »Denkmal für die ermordeten Juden Europas«, in: Neues Deutschland vom 29. Juni 1995

Monströse Platte, Zur Debatte um das Holocaust-Denkmal, in: Frankfurter Allgemeine Zeitung vom 3. Juli 1995, S. 27; in gleicher Textfassung erschienen in: Michael S. Cullen (Hg.), Das Holocaust-Mahnmal – Dokumentation einer Debatte, Zürich 1999, S. 36-41, und in: Ute Heimrod, Günter Schlusche und Horst Seferens (Hg.), Der Denkmalstreit – das Denkmal? Die Debatte um das »Denkmal für die ermordeten Juden Europas« – Eine Dokumentation, Berlin 1999, S. 448 f.

Pro & Contra: Überzeugt das geplante Holocaust-Mahnmal in Berlin?, in: Focus Nr. 27 vom 3. Juli 1995, S. 19

Hochkarätiger Kuhhandel, Dem Holocaust-Denkmal droht ein fauler Kompromiß, in: Frankfurter Allgemeine Zeitung vom 27. September 1995, S. 39; in gleicher Textfassung erschienen in: Ute Heimrod, Günter Schlusche und Horst Seferens (Hg.), Der Denkmalstreit – das Denkmal? Die Debatte um das »Denkmal für die ermordeten Juden Europas« – Eine Dokumentation, Berlin 1999, S. 485 f.

Trauerfeier in der Westendsynagoge. Gedenkansprache in Frankfurt am Main anläßlich der Ermordung des israelischen Ministerpräsidenten Yitzhak Raben, in: Frankfurter Jüdische Nachrichten, Dezember 1995, Nr. 91, S. 2

Es gilt, gegen die Herrschaft dumpfer Gefühle anzukämpfen, in: Nationaler Totenkult. Die Neue Wache. Eine Streitschrift zur zentralen deutschen Gedenkstätte, Berlin 1995, S. 101-103

Die Tafeln sind zerbrochen. Über die Darstellung des Unvorstellbaren, das Vergessen und den Streit um das Holocaust-Denkmal in Berlin, in: Frankfurter Allgemeine Zeitung vom 9. Februar 1996, S. 36; in gleicher Textfassung erschienen in: Michael S. Cullen (Hg.) Das Holocaust-Mahnmal – Dokumentation einer Debatte, Zürich 1999, S. 49-60, und in: Michael Jeismann (Hg.), Mahnmal Mitte – Eine Kontroverse, Köln 1999, S. 137-147, sowie in: Ute Heimrod, Günter Schlusche und Horst Seferens (Hg.), Der Denkmalstreit – das Denkmal? Die Debatte um das »Denkmal für die ermordeten Juden Europas« – Eine Dokumentation, Berlin 1999, S. 499 ff.

Ein neuer Wettbewerb für einen neuen Standort. Das Holocaust-Mahnmal in Berlin: Umdenken tut not, in: Focus Nr. 8 vom 17. Februar 1996, S. 98

Phantomschmerzen. Was wird aus Berlins Jüdischem Museum? (4) Eingefrorener Blitz, in: Der Tagesspiegel, Berlin, vom 22. Februar 1996, S. 21

Logik der Argumente schlittert auf schiefer Ebene. Ein Widerspruch zu Vorstellungen Lea Roshs für ein zentrales Holocaust-Denkmal in Berlin, in: Frankfurter Rundschau vom 22. Februar 1996, S. 5

Die zweigeteilte und die gemeinsame Erinnerung. Was es in Israel heißt, des Holocaust zu gedenken, und was in Deutschland, in: Frankfurter Allgemeine Zeitung vom 16. April 1996, S. 45

Balance zwischen Versöhnlichkeit und Verweigerung. Rede zur Einweihung der Gedenkstätte Neuer Börneplatz in Frankfurt am gestrigen Sonntag, in: Frankfurter Allgemeine Zeitung vom 17. Juni 1996, S. 38; in gekürzter Fassung erschienen unter dem Titel »Die Würde der Bescheidung« in: Amt für Wissenschaft und Kunst, Stadt Frankfurt am Main (Hg.), Gedenkstätte am Neuen Börneplatz (...), Frankfurt a. M. 1996, S. 24 ff; und in: Deutsches Architekturmuseum Frankfurt am Main (Hg.), Architektur Jahrbuch 1996, München-New York 1996, S. 100 ff.

Neugeboren aus der Tiefe. Frühe christlich-jüdische Symbiose: Mikwe und Dom in Speyer sollten zugleich saniert werden, in: Frankfurter Allgemeine Zeitung vom 22. Juli 1996, S. 33

Der Tragödie letzter Teil – das Spiel mit der Zeit. Anmerkungen zum Holocaust-Denkmal in Berlin, bevor über das Mahnmal für die ermordeten Juden Europas entschieden wird, in: Frankfurter Rundschau vom 13. September 1996, S. 18; in gleicher Textfassung erschienen in: Michael S. Cullen (Hg.), Das Holocaust-Mahnmal – Dokumentation einer Debatte, Zürich 1999, S. 71-84, und in: Ute Heimrod, Günter Schlusche und Horst Seferens (Hg.), Der Denkmalstreit – das Denkmal? Die Debatte um das »Denkmal für die ermordeten Juden Europas« – Eine Dokumentation, Berlin 1999, S. 550

Dilemma des Gedenkens. Holocaust-Denkmal und »Nationale Pietät«, in: Universitas, 51. Jg., Stuttgart , September 1996, Nr. 603, S. 876-884

Architektur und Geschichte der Börneplatzsynagoge, in: Magistrat der Stadt Frankfurt am Main (Hg.), Die Synagoge am Frankfurter Börneplatz,

Frankfurt am Main 1996, S. 3-20 (Erschienen auch in englischer Übersetzung unter dem Titel: Architecture and History of the Börneplatz Synago-
gue)

Die Würde der Bescheidung. The Dignity of Modesty, in: Amt für Wissenschaft
und Kunst, Stadt Frankfurt am Main (Hg.), Gedenkstätte Neuer Börneplatz Frankfurt am Main, Sigmaringen 1996, S. 24-27; in leicht gekürzter
Fassung erschienen in: Deutsches Architekturmuseum Frankfurt am Main,
Architektur Jahrbuch 1996, München - New York 1996, S. 100-103

Bestelltes Alibi. Holocaust-Denkmal in Berlin: Experten sollen akklamieren, in:
Frankfurter Allgemeine Zeitung vom 7. Januar 1997, S. 21; in gleicher
Textfassung erschienen in: Ute Heimrod, Günter Schlusche und Horst Se-
ferens (Hg.), Der Denkmalstreit – das Denkmal? Die Debatte um das
»Denkmal für die ermordeten Juden Europas« – Eine Dokumentation,
Berlin 1999, S. 596

Holocaust-Gedenken: Ein deutsches Dilemma, in: Aus Politik und Zeitgeschichte,
Beilage zur Wochenzeitung Das Parlament vom 17. Januar 1997, S. 23-30

Unruhe ist die erste Bürgerpflicht. Am Freitag soll ein Kolloquium Deutschlands
Holocaust-Denkmal auf den Weg bringen. Zuspitzung? Konsensfalle? ein
Gespräch mit dem Gedenkstättenbeauftragten im Zentralrat der Juden, Sa-
lomon Korn, in: Der Tagesspiegel, Berlin, vom 12. Februar 1997, S. 19

»Auslober des Wettbewerbs sitzen in der Konsens-Falle«. Experten wollen »Schein-
diskussion« über Holocaust-Denkmal nicht hinnehmen/FR-Interview mit
Salomon Korn, in: Frankfurter Rundschau vom 12. Februar 1997, S. 5

Im Gespräch: Salomon Korn: »Ich habe die Hoffnung verloren«. Warum die Debatte über das Berliner Holocaust-Denkmal so festgefahren ist, in: Das
Sonntagsblatt, Hamburg, 50. Jg., 21. Februar 1997, S. 5

Durch den Reichstag geht ein Riß. Wenn Kunst die Barbarei gestalten soll: Das geplante Berliner Holocaust-Mahnmal und die nationale Identität, in: Frankfurter Allgemeine Zeitung vom 17. Juli 1997, S. 32. Ungekürzter Nachdruck in: Memory, Zeitung zur Ausstellung »deutschlandbilder, kunst in
einem geteilten land« im Martin-Gropius-Bau Berlin vom 7. September
1997 bis 11. Januar 1998, S. 48; in gleicher Textfassung erschienen in: Michael S. Cullen (Hg.), Das Holocaust-Mahnmal – Dokumentation einer
Debatte, Zürich 1999, S. 124-129, und in: Ute Heimrod, Günter Schlusche und Horst Seferens (Hg.), Der Denkmalstreit – das Denkmal? Die
Debatte um das »Denkmal für die ermordeten Juden Europas« – Eine Dokumentation, Berlin 1999, S. 528 f.

»Das Holocaust-Mahnmal muß weh tun«. Zentralratsmitglied Korn fordert Verbindung mit nationalen Symbolen wie Reichstag oder Brandenburger Tor,
in: Frankfurter Rundschau vom 19. Juli 1997

Mit falschem Etikett. Verhindert das Denkmal für die ermordeten Juden ein zentrales Mahnmal gegen Tat und Täter? in: Frankfurter Rundschau vom 4.
September 1997; in gleicher Textfassung erschienen in: Michael S. Cullen

(Hg.), Das Holocaust-Mahnmal – Dokumentation einer Debatte, Zürich 1999, S. 171-177, und in: Ute Heimrod, Günter Schlusche und Horst Seferens (Hg.), Der Denkmalstreit – das Denkmal? Die Debatte um das »Denkmal für die ermordeten Juden Europas« – Eine Dokumentation, Berlin 1999, S. 145 f.

Gescheitert, bevor noch begonnen wurde. Der falsche Standort entwertet das Berliner Holocaust-Denkmal, in: FOCUS 40/1997 vom 29. September 1997

Ein Bau wie Kain und Abel. Vom Sündenfall zum Glücksfall: Die Architektur des Jüdischen Museums in Berlin, in: Frankfurter Allgemeine Zeitung vom 31. Oktober 1997, S. 39

Geteilte Erinnerung. Unteilbare Lasten: Finale im Streit um das Berliner Holocaust-Mahnmal, in: Frankfurter Allgemeine Zeitung vom 10. Dezember 1997; in gleicher Textfassung erschienen in: Ute Heimrod, Günter Schlusche und Horst Seferens (Hg.), Der Denkmalstreit – das Denkmal? Die Debatte um das »Denkmal für die ermordeten Juden Europas« – Eine Dokumentation, Berlin 1999, S. 967

Brüchige Selbstdefinition. Gastkommentar zum Gedenktag für die Opfer des Holocaust, in: Frankfurter Rundschau vom 24. Januar 1998, S. 8

Alles oder nicht. Diepgens falsches Spiel, in: Frankfurter Rundschau vom 27. März 1998, S. 8

Auf der Suche nach innerer Festigung. Über die Gefährdung der jüdischen Gemeinden in Deutschland und Europa / Ein Ausblick auf das 21. Jahrhundert, in: Frankfurter Rundschau vom 21. April 1998, S. 16. Ungekürzter Nachdruck in: AUFBAU, New York, 64. Jg. Nr. 10 vom 8. Mai 1998, S. 3 f.

Aufgeschoben, aufgehoben? Dem Berliner Holocaust-Mahnmal könnte aus politischem Kalkül das Aus drohen, in: Allgemeine Jüdische Wochenzeitung, Bonn, 53. Jg. Nr. 11 vom 28. Mai 1998, S. 1

Viel Lärm um Nichts. Richard Serras Ausscheiden aus dem Wettbewerb um das Berliner Holocaust-Mahnmal, in: AUFBAU, New York, Jg. 64, Nr. 13 vom 19. Juni 1998, S. 2

Das Mahnmal und der wachsende Bedenkenberg. Übertragung in die rauhe Wirklichkeit von Stahl und Beton: Die Angst der Kritiker vor der Verwirklichung, in: Frankfurter Allgemeine Zeitung vom 24. Juli 1998, S. 36

»Mahnmal, Mahnmal an der Wand ...« Helmut Kohl vor der Entscheidung zum Holocaust-Denkmal, in: FOCUS 34/1998 vom 17. August 1998, S. 118

Mahnmal! Mahnmal! Ihr seid's gewesen! Wie Eberhard Diepgen das Holocaust-Denkmal zum Verschwinden bringen will, in: Der Tagesspiegel vom 18. August 1998, S. 8; in gleicher Textfassung erschienen in: Ute Heimrod, Günter Schlusche und Horst Seferens (Hg.), Der Denkmalstreit – das Denkmal? Die Debatte um das »Denkmal für die ermordeten Juden Europas« – Eine Dokumentation, Berlin 1999, S. 1096

Deutsch-jüdische Gedenkkultur nach dem Holocaust, in: Julius H. Schoeps (Hg.), Neues Lexikon des Judentums, Gütersloh/München 1998, S. 283-287

Millionen Deutsche profitieren noch heute von der »Arisierung«. Die Reichspogromnacht wirft Schatten weit in das kommende Jahrhundert / Salomon Korn zur 60. Wiederkehr des 9. November 1938, in: Frankfurter Rundschau vom 10. November 1998; in gekürzter Fassung erschienen unter dem Titel »Von der Ausplünderung bis zur ,Endlösung'«, in: Frankfurter Allgemeine Zeitung (Rhein-Main-Zeitung) vom 11. November 1998, S. 52

Es ist Zeit. Die andere Seite des Walser-Bubis-Streits, in: Frankfurter Allgemeine Zeitung vom 1. Dezember 1998, S. 41; in gleicher Textfassung erschienen in: Frank Schirrmacher (Hg.), Die Walser-Bubis-Debatte – Eine Dokumentation, Frankfurt a. M. 1999

»Es kommt darauf an, wie man Rituale mit Leben erfüllt«. Salomon Korn, Präsidiumsmitglied des Zentralrates der Juden, über die Kontroverse zwischen Walser und Bubis«, in: Frankfurter Rundschau vom 11. Dezember 1998, S. 9

Wir brauchen eine neue Sprache für die Erinnerung. Das Treffen von Ignatz Bubis und Martin Walser: Vom Wegschauen als lebensrettender Maßnahme, von der Befreiung des Gewissens und den Rechten der Literatur, in: Frankfurter Allgemeine Zeitung vom 14. Dezember 1998, S. 39-41

»Brüder reden miteinander« – Zu den Aussichten der christlich-jüdischen Gesellschaften, in: Frankfurter Rundschau vom 1. März 1999, S. 5

Es kann keinen Ablaßhandel mit den Opfern geben – Die künstlerische Umsetzung erfordert nicht Monumentalismus oder Inszenierungen, sondern Bescheidenheit und Aufrichtigkeit: Salomon Korn und György Konrad zum Stand der Mahnmalsdebatte, in: Frankfurter Allgemeine Zeitung vom 4. März 1999, S. 51; in gleicher Textfassung erschienen in: Ute Heimrod, Günter Schlusche und Horst Seferens (Hg.), Der Denkmalstreit – das Denkmal? Die Debatte um das »Denkmal für die ermordeten Juden Europas« – Eine Dokumentation, Berlin 1999, S. 1257 ff.

Rückkehr der Mythen? Zur Zukunft des »deutsch-jüdischen« Verhältnisses, in: Frankfurter Allgemeine Zeitung vom 21. April 1999, S. 54; in gekürzter Fassung und in englischer Sprache erschienen unter dem Titel »The ,normality' of German-Jewish relations« in: Bertelsmann Foundation, Germany (Hg.), forum international, Gütersloh 1999, S. 6 f.

Und jetzt mahn mal!, in: AUFBAU, New York, 65. Jg., Nr. 14 vom 9. Juli 1999, S. 1 f.

Normalität läßt sich nicht herbeireden« Das Verhältnis zu den Juden in Deutschland und der Zentralrat nach Bubis' Tod: Fragen an Präsidiumsmitglied Salomon Korn, in: Frankfurter Allgemeine Sonntagszeitung vom 22. August 1999, S. 5.

In Vorbereitung: Synagogen in Frankfurt am Main (Buchpublikation, ca. 300 S.)